Nautilus

Biologie 2
Ausgabe C

Elisabeth Eckerskorn
Almut Gerhardt-Dircksen
Manfred Hesse
Gregor Hoffmann
Rainer Nowak
Eva-Maria Schnebel-Mohr
Birgit Schuh

unter Mitarbeit von
Gabriele Kisser-Priesack
Eugen Thomas

mit Beiträgen von
Hermann Deger
Axel Götz
Petra Reinold

Bayerischer Schulbuch Verlag

Zahlreiche Abbildungen wurden angeregt von Abbildungen früherer Auflagen; wir danken insbesondere den Autoren der Biologie GN, Frau Prof. Gerhardt-Dircksen, Herrn Prof. Hesse, Frau Dr. Schuh, sowie dem Herausgeber der bayerischen Biologie G, Herrn Prof. Daumer.

Das Papier dieser Ausgabe ist aus chlorfrei gebleichtem Zellstoff hergestellt, säurefrei und recyclingfähig.

1. Auflage 2008 R06
Druck 13 12 11 10 09 08
Die letzte Zahl bezeichnet das Jahr des Drucks.
Alle Drucke dieser Auflage sind untereinander unverändert und im Unterricht nebeneinander verwendbar.

Umschlaggestaltung: Lutz Siebert-Wendt, München
Lektorat: Natascha Kohnen, Neubiberg / Dr. Hans-Peter Waschi, Holzkirchen
Computergrafik: Detlef Seidensticker, München
Herstellung: Eva Fink
Satz: fidus Publikations-Service GmbH, Augsburg
Druck: Himmer AG, Augsburg

ISBN 978-3-7627-**0124**-8

Ökosysteme 87

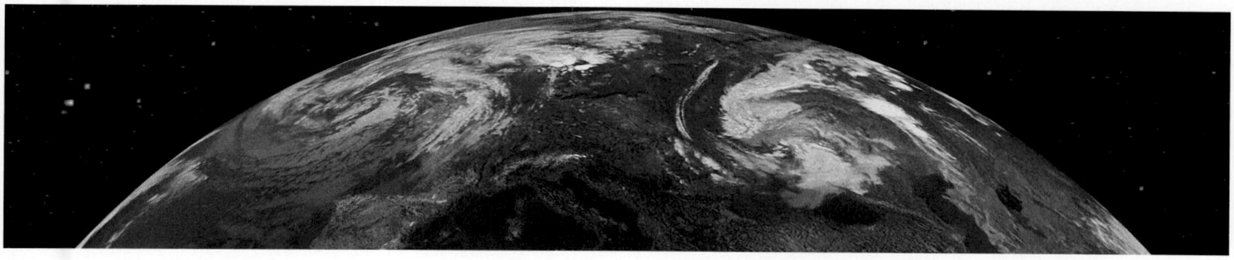

Vorwort

Liebe Kolleginnen und Kollegen, liebe Schülerinnen und Schüler,

unser Lehrwerk zur Biologie für die Klasse 7 wurde als **Lern- und Arbeitsbuch** konzipiert und orientiert sich an den Vorgaben des neuen hessischen Lehrplans für das 8-jährige Gymnasium.

Das Buch ist in vier **Großkapitel** gegliedert: „Blütenpflanzen und ihr Lebenszyklus", „Mikroskopie – Zellen und Gewebe", „Photosynthese und Zellatmung" und „Ökosysteme".
Zu Beginn jedes dieser Großkapitel gibt es eine **Auftaktseite**, die mit einer Bildcollage einen Einstieg in das jeweilige Kapitel bietet.

Innerhalb der Großkapitel finden sich fortlaufend nummerierte **Hauptkapitel** mit **Unterkapiteln**, die in der Regel nach dem Doppelseitenprinzip aufgebaut sind. Auf jeder Doppelseite wird ein Thema behandelt; der Stoff ist übersichtlich gegliedert – durch zusätzliche kleinere Überschriften, durch Fettdruck wichtiger Begriffe.

Kurze Zusammenfassungen (= **Grundwissen**), die sich am Ende der Seiten im roten Kasten in der Randspalte finden, verdeutlichen den Schüler/-innen den Kern des Lernstoffes.

In (hellgrün unterlegten) **Infokästen** werden zusätzliche Informationen gegeben; häufig handelt es sich um weitere Veranschaulichungen oder Präzisierungen.

Aufgaben (A) finden sich in den Randspalten. Sie beziehen sich nicht nur auf den Text, sondern bieten an vielen Stellen Gelegenheit, die im Schwerpunkt „Naturwissenschaftliches Arbeiten" erworbenen methodischen Kenntnisse einzusetzen. Fakultativ werden zusätzlich Aufgaben **für besonders Interessierte** zur Vertiefung angeboten.

In den Hauptkapiteln finden sich „Mit Hand und Verstand" bzw. „Wiederholen – Üben und Vertiefen", die den Schüler/-innen eigene Aktivitäten ermöglichen.

Auf den (Doppel-)Seiten **„Mit Hand und Verstand"** sind Vorschläge für eigenständiges Experimentieren zu finden. Die Experimente wurden so ausgewählt, dass sie von den Schüler/-innen mit möglichst geringem Aufwand und in der Regel ohne Gefahr nachvollzogen werden können. Sie können im Klassenzimmer oder auch zu Hause durchgeführt werden. Hier wird auch naturwissenschaftliches Arbeiten eingeübt.

Auf den (Doppel-)Seiten **„Wiederholen – Üben und Vertiefen"** können die Schüler/-innen ihre Kenntnisse teilweise spielerisch überprüfen; sie werden jedoch auch zur weitergehenden kreativen Auseinandersetzung mit dem Gelernten aufgefordert. Hier wird wiederholt, vertieft und verknüpft und es werden Zusammenhänge innerhalb der biologischen Themen und zu den Naturwissenschaften hergestellt.

Die im Buch verstreuten Seiten **„Ausflug in Nachbarreviere: Stoff zum Lesen und Weiterdenken"** greifen über die Biologie hinaus in die Naturwissenschaften oder auch in Fächer wie die Geschichte. Sie sind kein im Lehrplan vorgesehener Stoff, sondern sind vielmehr ein Angebot an die Schüler/-innen, die Welt als Ganzes zu begreifen und einen Eindruck davon zu gewinnen, wie vielfältig die Wechselwirkungen sind. Die Themen sind so gewählt, dass sie ausgehend vom Stoff der vorangegangenen Kapitel den Faden weiterspinnen, jedoch auch immer wieder zur Biologie zurückfinden. Die Aufgaben auf diesen Seiten dienen ebenfalls diesem Zweck. Es sei nochmals betont, dass weder Inhalte noch Aufgaben Pflichtstoff sind.

Autoren und Verlag

Blütenpflanzen und ihr Lebenszyklus

Abb. 1 Feldthymian

1 Die Organe einer Blütenpflanze

Aufbau

Alle Blütenpflanzen können auf einen gemeinsamen Grundbauplan von **Wurzel** und **Spross** zurückgeführt werden. Der Spross besteht aus **Sprossachse, Laubblättern** und **Blüten.** Die Sprossachse kann als Stamm, Stängel oder Halm ausgebildet sein.

Nach dem Grad der Verholzung und der Art der Verzweigung unterscheiden wir zwischen **Bäumen, Sträuchern** und **Kräutern.** Bäume und Sträucher sind Holzgewächse. In ihren Spross ist Holzstoff, das sog. **Lignin,** eingelagert, das die Stabilität der Pflanzen erheblich erhöht. Bäume bilden erst einen Stamm, bevor sie sich verzweigen. Bei Sträuchern hingegen verzweigt sich die Sprossachse bereits kurz über dem Boden. Bei den Kräutern ist der Stängel nicht verholzt, sondern krautig.

Blüte

Die Blüte dient der geschlechtlichen Fortpflanzung. Sie besteht aus Fruchtblättern, Staubblättern, Kronblättern und Kelchblättern.

Sprossachse

Die Sprossachse enthält Festigungs- und Leitelemente.

Blatt

Das Blatt setzt sich zusammen aus Blattspreite (Blattfläche), Blattstiel und Blattadern.

Wurzel

Die Wurzel besteht aus Haupt- und Nebenwurzeln.

A1 Ordne die Pflanzen von S. 7 den Kräutern, Sträuchern und Bäumen zu.

! Grundorgane der Pflanze: Wurzel, Sprossachse, Laubblätter und Blüten.

2 Die Aufgaben der Pflanzenorgane

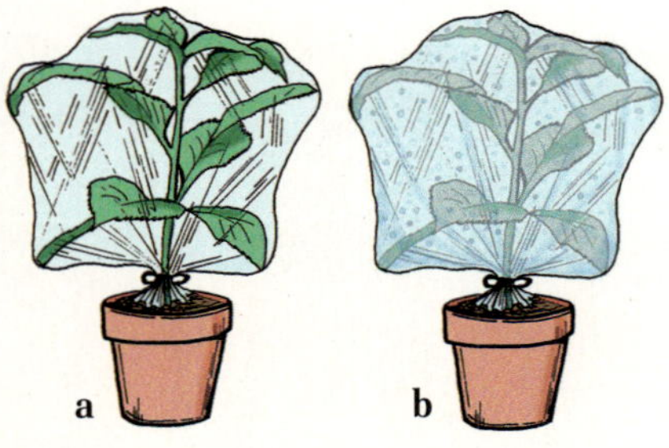

Abb. 2 Pflanze unter Folie: **a** frisch eingepackt, **b** nach ca. 1 Tag

Stellt man frisch abgeschnittene Blumen in eine verdünnte Farb- oder Tintenlösung, so sieht man nach etwa einer Stunde, dass sich Blätter und Blüte verfärbt haben *(Abb. 3)*.
Gibt man eine Topfpflanze unter eine Plastikfolie, so stellt man nach etwa einem Tag fest, dass diese beschlagen ist *(Abb. 2a, b)*. Der Grund dafür ist **Verdunstung** oder **Transpiration**.

Abb. 3 Tulpe: **a** in sauberem Wasser, **b** in einer Farblösung

Abbildung 4 zeigt wesentliche Aufgaben der Pflanzenorgane bei einer krautigen Pflanze. Wurzel, Stängel und Spross können als Speicherorgane für Nährstoffe dienen, was auch für Holzpflanzen gilt.

A2 Warum hat sich die Blüte der Tulpe **b** *(Abb. 3)* verfärbt? Erkläre.

A3 Erkläre, was unter der Plastikfolie passiert *(Abb. 2a, b)*. Gib ein weiteres Beispiel an, wo die Verdunstung eine Rolle spielt.

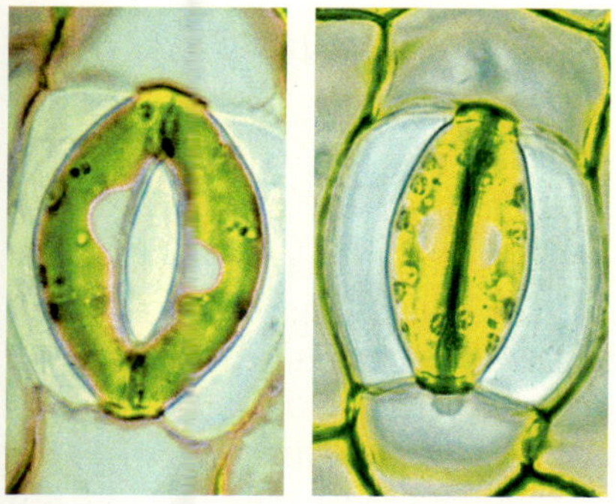

Abb. 5 Spaltöffnungen an der Blattunterseite (offen und geschlossen)

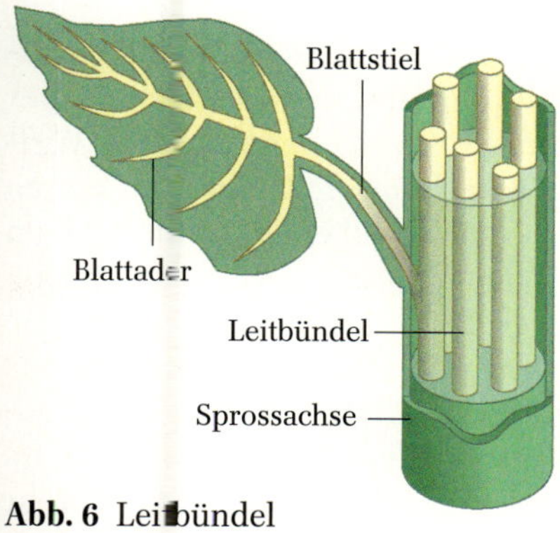

Abb. 6 Leitbündel

Abb. 7 Wurzelhaare

Das Blatt verdunstet vor allem über die **Spaltöffnungen** *(Abb. 5; vgl. S. 65)* Wasser. Dadurch wird Wasser in den **Leitungsbahnen** von Wurzel und Spross nachgesaugt. Im Blatt werden **Nährstoffe** gebildet. Bei Wassermangel schließen sich die Spaltöffnungen.

Leitbündel *(Abb. 6)* der Sprossachse münden in den Blattstiel und die Blattadern. Dadurch wird das Blatt mit Wasser und Nährsalzen versorgt.
Die Leitbündel der Sprossachse schließen an die Leitungsbahnen der Wurzel an. Wasser und Nährsalze werden nach oben in die Blätter geleitet, in den Blättern gebildete Nährstoffe nach unten in Stängel oder **Wurzel**. Die Leitbündel geben dem Stängel auch Festigkeit.

Die Wurzeln verankern die Pflanze im Boden. Nahe der **Wurzelspitze** bilden sich **Wurzelhärchen** *(Abb. 7)*, die Wasser und Nährsalze aus dem Boden aufnehmen können.

Ist der Wassergehalt im Boden größer als in den Wurzelhaaren, wird auch Wasser über die Wurzel in die Sprossachse gedrückt. Man spricht vom sogenannten **Wurzeldruck**.

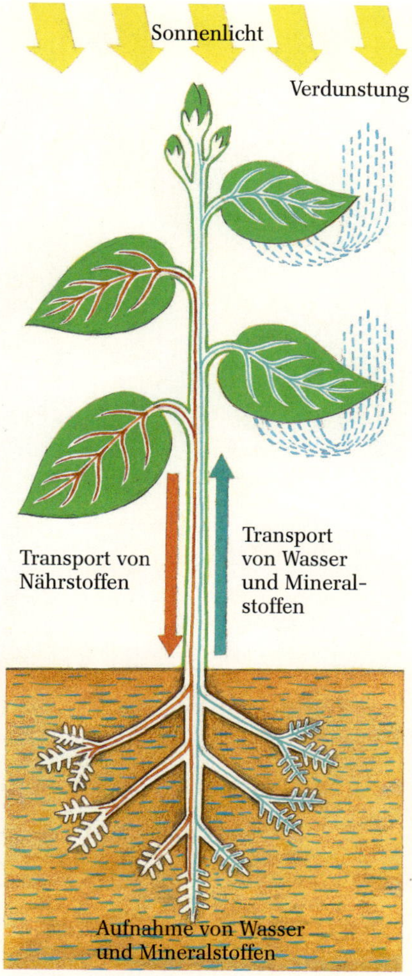

Abb. 4 Der Güterverkehr in der Pflanze (nur aus Gründen der Übersichtlichkeit seitenaufgeteilt dargestellt!)

Die **Nährstoffversorgung** geschieht über die Blätter der Pflanze. Mithilfe des Sonnenlichts und des grünen Blattfarbstoffs (Chlorophyll) können Pflanzen aus dem Kohlenstoffdioxid der Luft, das über die Spaltöffnungen aufgenommen wird, und aus Wasser den Nährstoff Traubenzucker bilden. Dabei wird Sauerstoff an die Luft abgegeben.
Aus dem Traubenzucker baut die Pflanze u. a. den Speicherstoff Stärke auf, den sie in Speicherorganen wie Zwiebeln oder Knollen lagert, oder sie verbraucht ihn für Lebensvorgänge.
Mit den Mineralien aus dem Boden und dem Traubenzucker kann die Pflanze alle Stoffe aufbauen, die sie braucht: Sie ist ein **Selbstversorger** (autotropher Organismus).
Alle Baustoffe werden durch Leitungen, die parallel zu den Wasserleitungen liegen, durch die ganze Pflanze zu den nichtgrünen Teilen transportiert.

A4 Welche Speicherorgane von Pflanzen kennst du? Wie macht der Mensch sich diese Organe zu Nutze? Nenne drei Beispiele.

! Transpiration und Wurzeldruck sorgen in der Pflanze für den Wassertransport von unten nach oben in einem geschlossenen Leitungssystem.
Pflanzen sind autotrophe Organismen (Selbstversorger).

Abb. 1 Blühende Sonnenblumen

3 Jahresgang von Blütenpflanzen

Kräuter können in einjährige, zweijährige und mehrjährige Pflanzen gegliedert werden. **Einjährige** wachsen in einem Jahr heran, bilden Blüten und Samen und sterben danach ab. Dazu gehören auch die in Gärten so beliebten Sonnenblumen oder Nutzpflanzen wie die Bohnen. Entweder sie werden im Gewächshaus bzw. in der Wohnung vorgezogen und nach den Eisheiligen Mitte Mai ausgebracht oder im Frühjahr direkt ausgesät. Sie müssen sich beeilen, denn ihnen bleibt nur bis September Zeit heranzuwachsen, zu blühen und Samen zu bilden. Eindrucksvoll zeigt die Sonnenblume, wie man diese Zeit nutzen kann *(Abb. 1)*. Nach dem Aussamen sterben die Pflanzen im Herbst ab.

Die **Zweijährigen** benötigen zwei Jahre zum Auskeimen, Heranwachsen, Blühen, zur Frucht- und Samenbildung und zum Absterben. Der Rote Fingerhut *(Abb. 2)* gehört zu diesen Kräutern ebenso wie der Winterweizen und der Winterroggen. Der Rote Fingerhut bildet im ersten Jahr eine Rosette mit grundständigen Blättern und einer pfahlförmigen Wurzel. Im zweiten Jahr sprießt daraus der Blütenstängel. Nach Frucht- und Samenbildung stirbt die Pflanze ab.

Mehrjährige Kräuter werden **Stauden** genannt. Jährlich treiben sie aus Reserveorganen, zu denen Zwiebeln, Knollen, Erdsprosse oder Ausläufer zählen, Stängel aus, die wiederum Blüten, Samen und Früchte bilden. Sie legen auch bereits Reserveorgane für das kommende Jahr an. Die oberirdischen Teile sterben entweder ganz ab oder überdauern zum Teil dicht an der Bodenoberfläche. Eine geschätzte Ausläuferpflanze ist die Wild- und Gartenform der Erdbeere *(vgl. Abb. 2, S. 22)*.

Abb. 2 Roter Fingerhut

A1 Schlag nach: Gib zwei ein- und zwei zweijährige Pflanzen an.

A2 Verfolge den Jahresgang eines Laubbaumes. Besuche ihn jeden Monat wenigstens ein Mal und protokolliere deine Beobachtungen. Veranschauliche sie durch Zeichnungen oder Fotos.

Auch **Bäume** wie der Apfelbaum sind bei uns an den Jahresgang des Klimas angepasst.

Winter: Der Apfelbaum steht kahl. Die Zweige tragen jedoch zahlreiche Knospen, in denen die Blätter und Blüten bereits angelegt sind. Diese Anlagen werden von wasserdichten, verklebten Knospenschuppen geschützt.

Frühjahr: Mit steigenden Temperaturen schlägt der Apfelbaum im April/Mai aus, d. h., die angelegten Blätter und Blüten treiben aus den Knospen.

Sommer: Aus befruchteten Blüten haben sich die Früchte entwickelt.

Herbst: Der Apfelbaum macht sich „winterfest“. Nutzbare Stoffe verlagert der Baum aus den Blättern in Stamm und Wurzel. Die Blätter werden mit einer Trennschicht vom Stiel abgekoppelt, vertrocknen und fallen ab.

Abb. 3 Apfelbaum im Winter

Abb. 4 Apfelblüten im Frühjahr

Abb. 5 Apfelbaum im Sommer

Abb. 6 Apfelbaum im Herbst

Wiederholen – Üben und Vertiefen

Abb. 1 Buche

1. Benenne die vier Grundorgane der Pflanzen.
2. Stelle die Funktionen einer Pflanzenwurzel zusammen.
3. Ein Buchenbaum verdunstet über seine Blätter pro Tag 400 Liter Wasser. Wie viele Eimer voll Wasser verbrauchen fünf Buchen, wenn ein Eimer 10 l fasst?

4. Eine Maispflanze verdunstet über die Blätter pro Tag einen Liter Wasser. Wie viel Wasser verdunstet auf einem 1 ha großen Maisfeld, wenn 10 Pflanzen auf 1 m² stehen?
5. Vergleiche die Werte der Tabelle miteinander: Wie lange braucht das Wasser von der Wurzel bis zu den obersten Blättern, wenn der jeweilige Baum 20 m hoch ist?

Geschwindigkeit der Wasserleitung bei	
Buche:	1 m/h
Eiche:	43 m/h
Weide:	3 m/h
Birke:	1,6 m/h

6. Die Verdunstung bei Pflanzen kühlt die Blätter. Beschreibe einen Vorgang beim Menschen, der die gleiche Funktion erfüllt.
7. Erläutere die Folgen für eine Pflanze, die aufgrund großer Hitze ihre Spaltöffnungen schließen muss.
8. Holz ist ein von Menschen sehr vielfältig genutzter Werkstoff. Wie viele Verwendungsmöglichkeiten fallen dir ein? Wie viel Holz verbraucht wohl jeder Einwohner von Deutschland jährlich?

Info Papier, das wohl bekannteste beschreibbare Material neben Papyrus und Pergament, wurde um das Jahr 105 n. Chr. in China als Beschriftungsmaterial erfunden. Es bestand im Wesentlichen aus Lumpen und Maulbeerbast, dessen lange Fasern beim Schöpfen des wässerigen Breis verfilzen und so ein stabiles Geflecht bilden.

Im Jahr 751 gelangte die Kunst der Papierherstellung durch Kriegsgefangene zu den Arabern, die die Technik über Nordafrika nach Europa (Spanien) brachten.

1389 entstand mit der Gleismühle bei Nürnberg die erste Papiermühle Deutschlands. Die älteste deutsche Papierhandschrift stammt aber bereits aus dem Jahr 1246.

9. Erstelle eine Liste von Papier- und Zellstoffprodukten, die du ständig in deinem Alltag gebrauchst.

Abb. 2 Kaktus – eine Pflanze, die an große Hitze angepasst ist

Abb. 1 Hahnenfußblüte, Längsschnitt

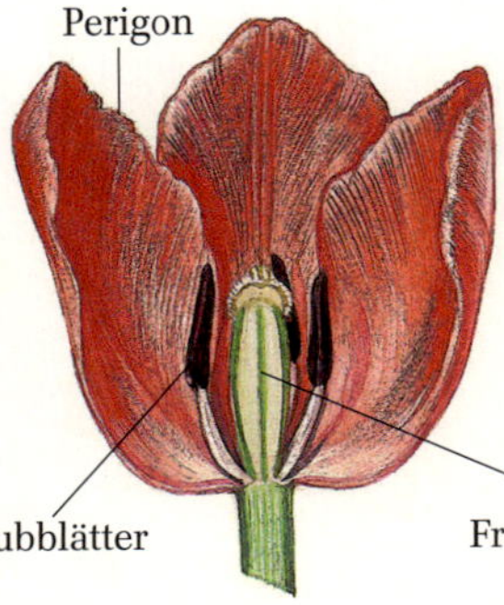

Abb. 2 Tulpenblüte, Längsschnitt

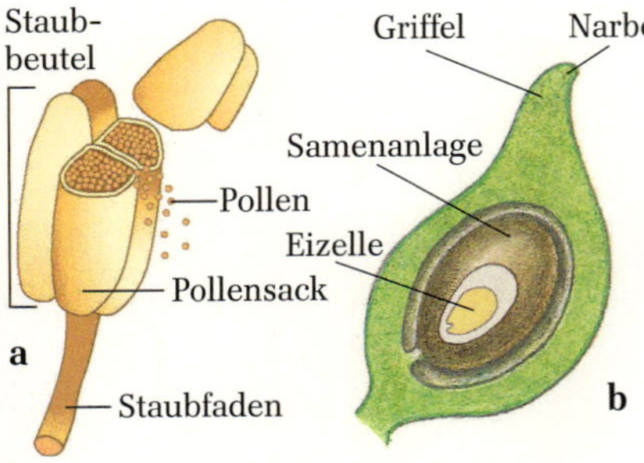

Abb. 3 Staubblatt (a), Fruchtblatt (b) beim Hahnenfuß

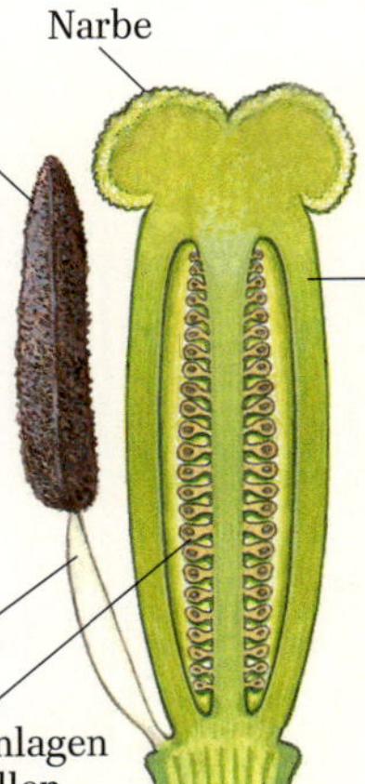

Abb. 4 Stempel der Tulpe mit Samenanlage

4 Der Blütenaufbau

Blütenhülle

Der auffälligste Teil der Blüte ist die Blütenhülle. Sie schützt die Staub- und Fruchtblätter vor Verletzung, Kälte und Nässe und dient zur Anlockung von Insekten. Die Blütenhülle setzt sich aus mehreren Blütenhüllblättern zusammen. Beim Hahnenfuß gibt es zwei Typen von Blütenhüllblättern: die äußeren grünen **Kelchblätter** und die inneren, gelb glänzenden **Kronblätter**. Man spricht deshalb beim Hahnenfuß von einer **doppelten Blütenhülle.**

Die fünf Kronblätter sind wie die fünf Kelchblätter gleichmäßig im Kreis angeordnet und stehen zu den Kelchblättern auf Lücke. An ihrem Grunde tragen die Kronblätter eine taschenförmige Schuppe, die Nektar ausscheidet. Wegen der Fünfzahl der Hüllblätter nennt man die Blüte des Hahnenfußes fünfzählig *(Abb. 1)*. Bei der Tulpe besteht die Blütenhülle aus lauter gleich gestalteten farbigen Blütenblättern. Solche Blütenhüllen werden als **Perigon** bezeichnet. Die Blütenblätter stehen jeweils zu dritt in zwei Kreisen; die Blüte ist deshalb dreizählig *(Abb. 2)*.

Staubblätter

Im Inneren der Tulpenblüte stehen sechs Staubblätter. Sie sind ebenfalls in zwei Dreierkreisen angeordnet. Die Staubblätter der Hahnenfußblüte dagegen sind zahlreich und erscheinen ungeordnet. Die Staubblätter bestehen jeweils aus dem **Staubbeutel** und dem **Staubfaden** *(Abb. 3 a)*. In den **Pollensäcken** der Staubbeutel wird der **Blütenstaub** oder **Pollen** gebildet. Betupft man mit dem Finger die reifen Staubbeutel einer Blüte, so öffnen sie sich und der gelbe Blütenstaub bleibt am Finger haften. Pollen besteht aus winzigen **Pollenkörnchen.** In ihnen können sich die männlichen Geschlechtszellen entwickeln. Die Staubblätter stellen deshalb die **männlichen Blütenorgane** dar.

Fruchtblätter

Beim Hahnenfuß sitzen in der Blütenmitte auf dem hochgewölbten Blütenboden zahlreiche kleine Fruchtblätter mit rundlichen **Fruchtknoten** und einem hakenförmigen **Griffel** mit kleiner Narbe. Jeder Fruchtknoten birgt nur eine einzige Samenanlage mit einer Eizelle *(Abb. 3 b)*.

Der Stempel der Tulpe *(Abb. 4)* hat die Gestalt einer dreikantigen Säule. Er trägt an der Oberseite eine dreilappige **Narbe**; der Griffel ist kurz, der Fruchtknoten ist dreigeteilt und enthält viele übereinander liegende **Samenanlagen.** In den Samenanlagen befinden sich die **Eizellen.** Der **Stempel** ist also das **weibliche Organ** der Tulpe. Die Dreiteiligkeit des Stempels zeigt, dass er aus drei verwachsenen Fruchtblättern zusammengesetzt ist.

Die Blüten von Hahnenfuß und Tulpe enthalten mit den Staubblättern und den Fruchtblättern sowohl die männlichen als auch die weiblichen Organe. Daher werden diese Blüten **Zwitterblüten** oder zweigeschlechtige Blüten genannt. Daneben gibt es die eingeschlechtigen Blüten, die entweder Staubblätter oder Fruchtblätter haben. Kommen diese Blüten an einer einzigen Pflanze vor, spricht man von **einhäusigen Pflanzen.** Sind die männlichen und weiblichen Blüten auf zwei verschiedene Pflanzen verteilt, sind sie **zweihäusig.**

Mit Hand und Verstand

Untersuchung von Tulpen- und Rapsblüten

Blütenzeichnung

So gehst du vor:
1. Zeichne die beiden Blüten von oben mit Farbstiften. Beschrifte deine Zeichnungen.
2. Betrachte die Blüten von der Seite. Entferne zwei Hüllblätter, sodass du die Staub- und Fruchtblätter gut sehen kannst.
3. Beschreibe die Längsschnitte durch die Blüten. Fertige farbige Skizzen von Raps- und Tulpenblüten an und beschrifte sie.

Material:
Tulpenblüten, Rapsblüten (bzw. Ackersenfblüten), DIN-A4-Papier, Zirkel, Schere, Rasierklinge, Pinzette, Stifte, Klebstoff, Zeitungspapier, Lupe

Abb. 1 Tulpenfeld

Abb. 2 Rapsfeld

Legebilder

So gehst du vor:
1. Male mit dem Zirkel in die Mitte von zwei DIN-A4-Blättern (Querformat) je vier Kreise mit verschiedenen Radien.
2. Präpariere die verschiedenen Blätter der Tulpen- und Rapsblüten von außen nach innen ab.
3. Klebe die Blätter jeder Pflanze an die einzelnen Kreise. Achte auf die Winkelabstände in und zwischen den Kreisen.
4. Lege mehrere Lagen saugfähiges Papier über die Klebebilder und beschwere sie mit einem Buch. So werden deine Legebilder trocken und haltbar.

Material:
Tulpenblüte, Rapsblüte, Zirkel, 2 DIN-A4-Blätter, Klebstoff, Schere

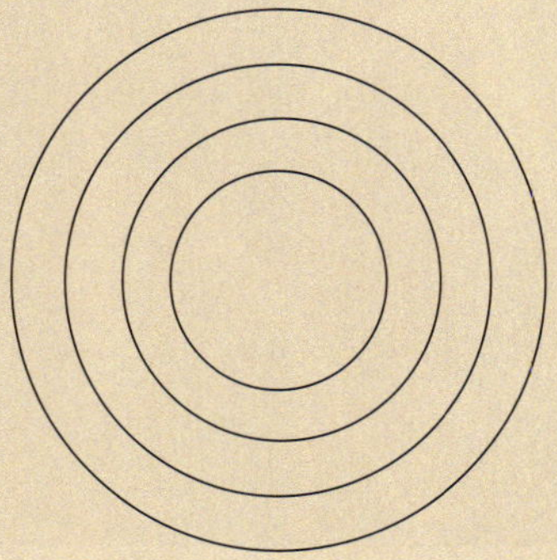

Abb. 3 So sollen die Kreise aussehen.

Unter der Lupe

So gehst du vor:
1. Betrachte den Staubbeutel mit der Lupe. Was stellst du fest?
2. Schneide mit der Rasierklinge einen Staubbeutel quer durch. Betrachte das Innere mit einer Lupe. Wie viele Fächer erkennst du?
3. Schneide mit der Rasierklinge den Fruchtknoten quer durch. Skizziere und beschrifte den Querschnitt.

Material:
Tulpe, Rapsblüte, Rasierklinge, Lupe

Abb. 1 Der Pollen wird als „Pollenhöschen“ außen an den Hinterbeinen transportiert.

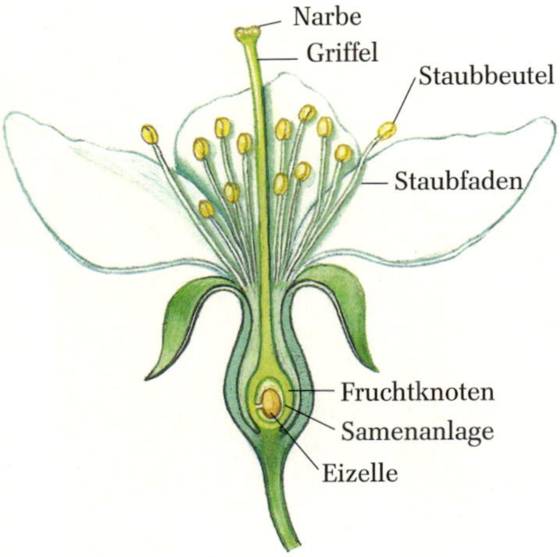

Abb. 2 Längsschnitt durch eine Kirschblüte

Abb. 3 Stäubende Gräser

! Gegenüber der eher zufälligen Windbestäubung bietet die Insektenbestäubung eine gesicherte Fremdbestäubung. Diese ist vorteilhafter als die Selbstbestäubung, da eine größere Vielfalt an Nachkommen entsteht.

5 Die Bestäubung der Blüten

Insektenbestäubung

Eine Biene saugt mit ihrem Rüssel den Nektar am Fruchtknoten auf und wird dabei vom Pollen der reifen Staubblätter gelb eingepudert. Mit den Hinterbeinen kämmt sie einen Teil des Pollens heraus und verknetet ihn zu „Pollenhöschen“ *(Abb. 1)*. Bei der nächsten Blüte sind die Staubblätter noch geschlossen, doch die Narbe ist schon reif und klebrig. Als die Biene den Nektar vom Blütengrund aufnimmt, bleiben Pollenkörner der Vorblüte an der Narbe haften. Die Biene hat also den Pollen der einen Blüte auf die Narbe einer anderen übertragen. Da die Biene ein Insekt ist, nennt man das **Insektenbestäubung**. Sie hat aber dabei auch eine **Fremdbestäubung** durchgeführt. Der Begriff „Fremd“ bezieht sich auf die Übertragung des Pollens zwischen zwei Blüten des gleichen Baumes oder verschiedener Bäume einer Art.

Eine Kirschblüte ist eine Zwitterblüte *(Abb. 2)* und könnte sich selbst bestäuben. Die Natur verhindert eine **Selbstbestäubung** aber häufig, indem sie zunächst die Narbe reifen lässt und dann erst die Staubblätter. Das Erbgut kann bei Fremdbestäubung viel stärker durchmischt und neu kombiniert werden. Dies bedeutet mehr Vielfalt und die Möglichkeit, dass neue positive Eigenschaften und Merkmale entstehen.

Bei vielen Pflanzen wird der Pollen durch Insekten von einer Pflanze zur nächsten übertragen. Die Blüten sind dann besonders auffällig in Farbe, Form und Duft. Im Innern der Blüte wird ein zuckerreicher Saft, der Nektar, abgegeben. Die anfliegenden Insekten nehmen ihn als Nahrung zu sich. Der Nektar ist sozusagen die „Gegengabe“ der Blüten an die Insekten. Der Nektar einer Blüte kann beispielsweise einer Hummel die Energie für eine Flugminute liefern.

Viele Insekten fliegen wahllos von einer Blütensorte zur nächsten, andere sind **blütenstet** und besuchen nur ganz bestimmte Blütensorten.

Windbestäubung

Es gibt Pflanzen, die viele unscheinbare, duftlose Blüten besitzen, die dicht gedrängte Blütenstände bilden. Gräser, Eiche, Buche, Hasel, Pappel und Nadelhölzer sind Beispiele hierfür. Sie haben ihre Staubbeutel an langen Staubfäden (Gräser) oder in herabhängenden Blütenständen. Wenn die Staubbeutel aufplatzen, verweht der Wind den Pollen *(Abb. 3)*. Rein zufällig kann der Pollen auf einer klebrigen Narbe hängen bleiben und, gehört er zur gleichen Pflanzenart, auswachsen.

Im frühen Erdmittelalter gab es nur die Windbestäubung. Erst im Laufe von Jahrmillionen hat sich die Insektenbestäubung entwickelt. Hierbei sind besondere Anpassungen bei Tieren und Pflanzen entstanden. Die Tiere wurden durch Nektar und Pollen ernährt und für die Pflanzen bestand der Vorteil in der gesicherten Fremdbestäubung. Diese Entwicklung führte auch zu **gegenseitigen Anpassungen**:

- Auffällige Blüten wurden besser erkannt und öfter aufgesucht. Insekten mit empfindlicheren Sinnesorganen fanden Blüten sicherer und schneller.
- Klebriger Pollen haftete besser und Insekten mit z. B. Pollenhöschen konnten mehr Nahrung pro Flug aufnehmen.
- Duft und Nektar lockten Insekten verstärkt an, wobei das Wiedererkennen und Mitteilen „guter“ Blüten den Ertrag steigerte.

6 Fremdbestäubung ist meistens besser

Die meisten Blütenpflanzen haben Zwitterblüten. In Zwitterblüten kann es leicht zur Selbstbestäubung kommen. Dies ist manchmal gewollt; dann kann es sein, dass sich die Blüten erst gar nicht öffnen, z. B. bei der Gerste. Doch meistens führt Fremdbestäubung zu einem wesentlich besseren Fruchtansatz. Daher verhindern viele Blütenpflanzen die Selbstbestäubung und fördern die Fremdbestäubung. Wie sie das machen, das sollt ihr an drei Beispielen herausfinden.

Wiesenglockenblume

Diese Blütenpflanze *(Abb. 1)* trifft man von Mai bis August auf Wiesen und Heiden. Im Schema siehst du Phasen der Blütenentwicklung *(Abb. 2)*.

Wiesensalbei

Blühenden Wiesensalbei *(Abb. 3)* kannst du von April bis August häufig an Wegrändern, Wiesen und Bergwiesen finden. Im Prinzip verhindert er, ähnlich der Glockenblume, die Selbstbestäubung. Als zusätzliche Sicherung verfügt er auch noch über den sog. Schlagbaum-Mechanismus *(Abb. 4)*. Mit einem Bleistift kannst du diesen bei einer Salbeiblüte selbst auslösen.

Die Hohe Schlüsselblume

Dieser Frühlingsbote *(Abb. 5)* blüht von März bis Mai auf feuchten Wiesen und in Mischwäldern. Bei ihr kannst du zwei Blütenformen finden *(Abb. 7)*. Bestäubt wird die Schlüsselblume von langrüsseligen Hummeln oder Schmetterlingen, die am Grunde der Blütenröhre Nektar suchen.

Abb. 6 Bestäubung

Abb. 1 Wiesenglockenblume

Abb. 3 Wiesensalbei

Abb. 5 Hohe Schlüsselblume

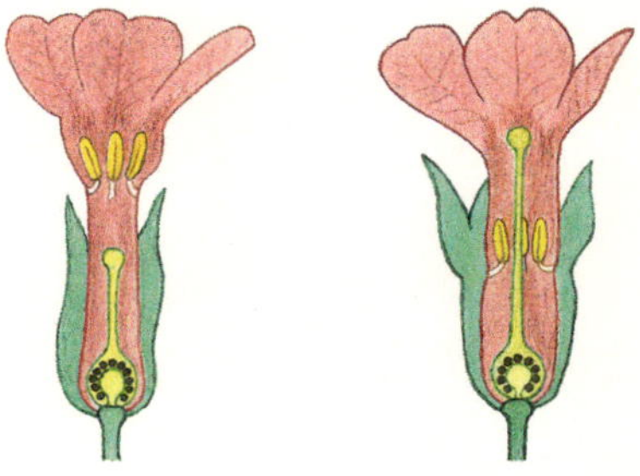

Abb. 7 Längsschnitt durch die beiden Blütenformen der Schlüsselblume

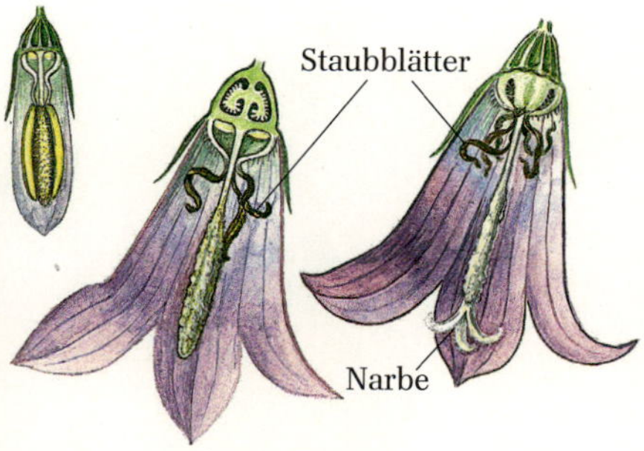

Abb. 2 Entwicklungsstadien der Glockenblumenblüte

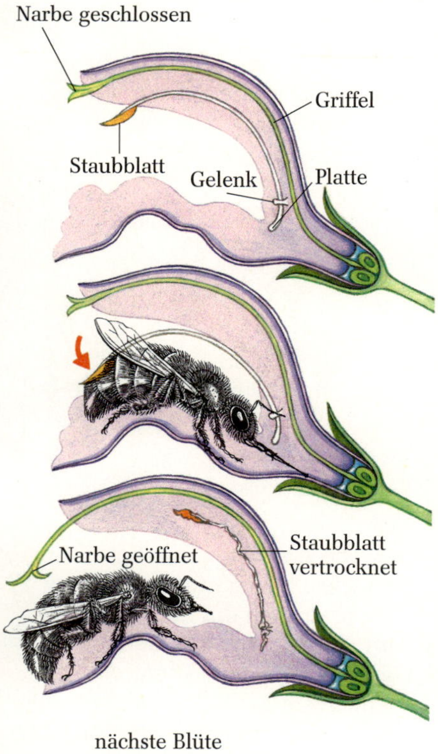

Abb. 4 Schlagbaum-Mechanismus

A1 Erkläre, wie die Glockenblume mit ihren Entwicklungsstadien die Selbstbestäubung verhindert.

A2 Erkläre anhand der Abbildung 4 den Schlagbaum-Mechanismus. Erläutere, wie die Selbstbestäubung verhindert wird.

A3 Beschreibe die beiden Blütenformen der Schlüsselblume. Erkläre mithilfe der Schemata, weshalb durch diese beiden Blütenformen die Fremdbestäubung gefördert wird.

7 Befruchtung und Fruchtentwicklung

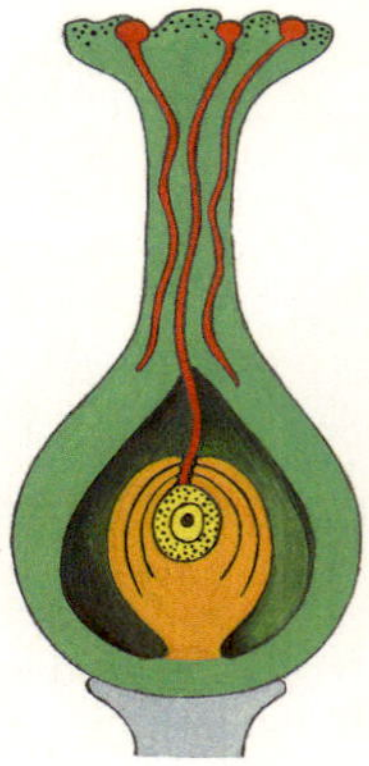

Abb. 1 Pollenkornwachstum

A1 Übertrage Abbildung 1 in dein Heft und beschrifte sie mit den *kursiv* gesetzten Begriffen aus dem ersten Abschnitt.

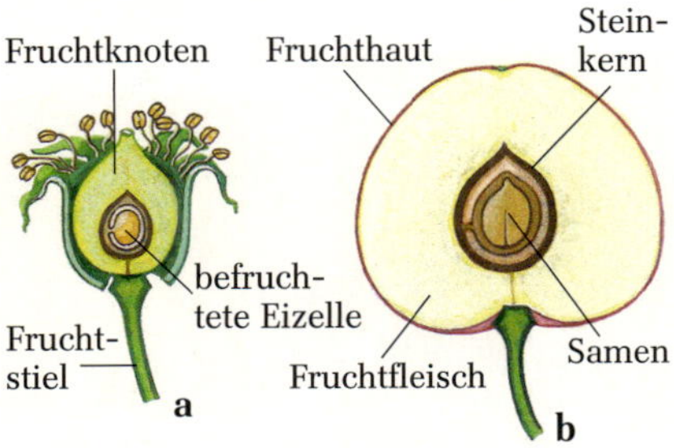

Abb. 2 Entwicklung der Kirschfrucht

! Die Zygote (befruchtete Eizelle) entwickelt sich mit der Samenanlage zum Samen; der Fruchtknoten bildet meist die Frucht. Fruchtformen sind sehr vielfältig; jedoch sind alle Früchte entweder Schließ-, Öffnungs- oder Sammelfrüchte (Scheinfrüchte).

Abb. 3 Reife Äpfel

Befruchtung

Bei der Bestäubung überträgt eine Biene *Pollenkörner* auf die klebrige *Narbe* der Kirschblüte. Die Pollenkörner bilden mikroskopische kleine schlauchförmige Gebilde, die ***Pollenschläuche***, die durch Narbe und *Griffel* zur ***Samenanlage*** hin wachsen *(Abb. 1)*. Der am schnellsten wachsende Pollenschlauch dringt in die Samenanlage ein. Mittlerweile hat sich im Pollenschlauch eine **männliche Geschlechtszelle** gebildet. Nun erfolgt die Befruchtung. Die männliche Geschlechtszelle vereinigt sich mit der *Eizelle* und auch die beiden Kerne verschmelzen miteinander. Danach entwickelt sich die befruchtete Eizelle, die **Zygote**, mit der Samenanlage zum **Samen**; der Fruchtknoten bildet meist die Frucht.

Die Entwicklung zur Frucht

Schon wenige Tage nach der Befruchtung werden die Kronblätter der Kirschblüte welk und fallen ab. Auch Griffel und Narbe vertrocknen. Der Fruchtknoten wächst stark heran und zerreißt den kelchförmigen Blütenboden *(Abb. 2a)*. Dieser fällt zusammen mit den vertrockneten Kelch- und Staubblättern ab. Die Wand des Fruchtknotens entwickelt sich zur **Fruchtwand** mit glatter Außenhaut, saftigem **Fruchtfleisch** und steinharter **Innenschale** *(Abb. 2b)*. Der Steinkern schützt den Samen im Innern. Diese Fruchtform wird **Steinfrucht** genannt. Kirschen bezeichnet man deshalb auch als **Steinobst**.

Nahe verwandt mit dem Kirschbaum ist der **Apfelbaum**. Beide gehören zu den **Rosengewächsen**. Blütendiagramm und Blütenformel zeigen viele Gemeinsamkeiten, unterschiedlich aber ist die Anzahl der Fruchtblätter.

Der Längsschnitt durch die Apfelblüte macht deutlich, dass der Fruchtknoten mit den fünf Samenanlagen vom Blütenboden umschlossen wird *(Abb. 4)*. Nach der Befruchtung fallen die welken Kronblätter ab. Die Kelch- und Staubblätter sowie der Griffel vertrocknen und bleiben als kleine Krone auf dem Blütenboden *(Abb. 5)*. Dieser wächst enorm und bildet die Apfelform. Im Innern entwickelt sich aus der Fruchtknotenwand das pergamentartige **Kerngehäuse**. Die reifen Samen im Gehäuse sind durch die schwarzbraune Samenschale geschützt. Da vor allem der Blütenboden und nicht der Fruchtknoten die Apfelfrucht formt, wird diese auch als Scheinfrucht bezeichnet. Wegen des Kerngehäuses zählen die Äpfel zum **Kernobst**.

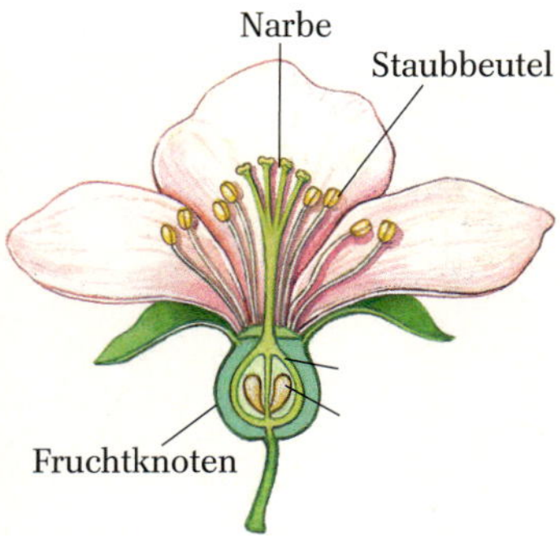

Abb. 4 Apfelblüte, Längsschnitt

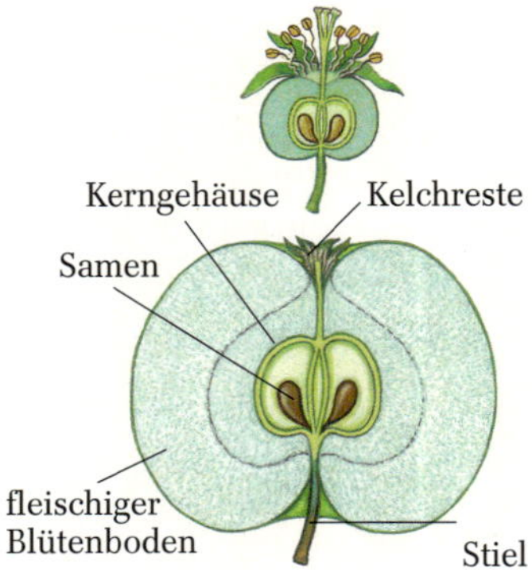

Abb. 5 Die Apfelfrucht

8 Vielfalt der Fruchtformen

Erfolgt die Fruchtbildung durch den Fruchtknoten, so sprechen wir von **echten** Früchten. Es können sich auch weitere Teile, wie die Blütenachse, in mannigfacher Weise an der Fruchtbildung beteiligen. Vor allem bei Blüten mit mehreren freien Fruchtblättern können sich auch weitere Teile an der Fruchtbildung beteiligen. Sie werden **Sammelfrüchte** oder **Scheinfrüchte** genannt. Öffnet sich die Frucht bei der Reife oder bleibt sie geschlossen, ist zwischen **Öffnungsfrüchten** und **Schließfrüchten** zu unterscheiden.

Schließfrüchte

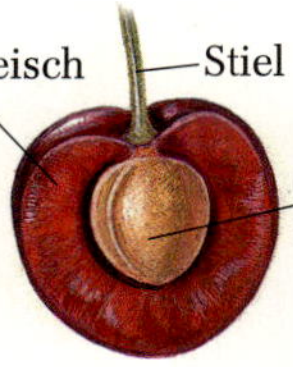

◀ **Steinfrucht,** Beispiel Kirsche: Bei ihr wird die Fruchthülle zu einem inneren Steinkern und zu einem fleischig-saftigen bzw. ledrig-faserigen Außenteil.

Nussfrucht, Beispiel Haselnuss: Die Fruchthülle wird zu einem harten, dickwandigen Gehäuse, das meist nur einen Samen umschließt. Sonderformen der Nussfrüchte sind Karyopse (Getreide), Achäne (Sonnenblume) und Spaltfrucht (Mohrrübe). ▶

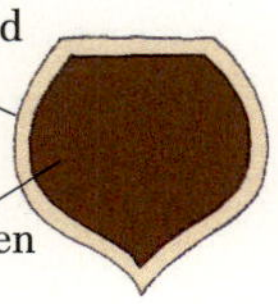

◀ **Beerenfrucht,** Beispiel Stachelbeere: Bei der Beere wird die Fruchthülle in allen ihren Teilen fleischig und saftig.

Öffnungsfrüchte

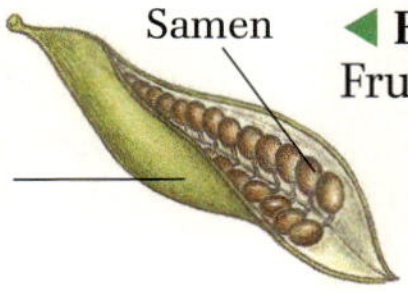

◀ **Balgfrucht,** Beispiel Rittersporn: Sie wird aus einem Fruchtblatt gebildet und springt an der Bauchnaht auf.

Hülsenfrucht, Beispiel Erbse: Sie öffnet sich an Bauch- und Rückennaht. Die beiden Fruchtblatthälften rollen sich bei Trockenheit spiralig zusammen. ▶

◀ **Schotenfrucht,** Beispiel Rapsfrucht: Die Schote wird aus zwei Fruchtblättern gebildet, zwischen denen sich eine Scheidewand ausbildet. Bei der Reife lösen sich die Fruchtblätter ab und die Samen verbleiben noch einige Zeit an der Scheidewand.

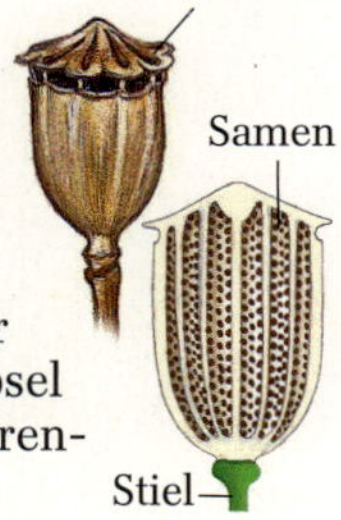

Kapselfrucht, Beispiel Mohn: Sie wird aus mehreren Fruchtblättern gebildet. Nach der Öffnungsweise unterscheidet man Spaltkapsel (Tulpe), Deckelkapsel (Bilsenkraut) und Porenkapsel (Mohn). ▶

Sammelfrüchte (oder Scheinfrüchte)

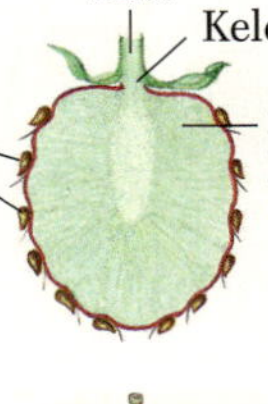

◀ **Sammelnussfrucht,** Beispiel Erdbeere: Der Blütenboden entwickelt sich zu einem fleischigen Gebilde, dem kleine Nüsschen aufsitzen.

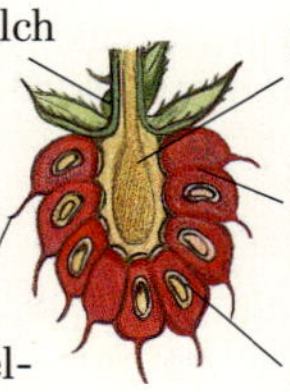

Sammelsteinfrucht, Beispiel Brombeere: Die Steinfrüchte sitzen der kegelförmigen Blütenachse auf. ▶

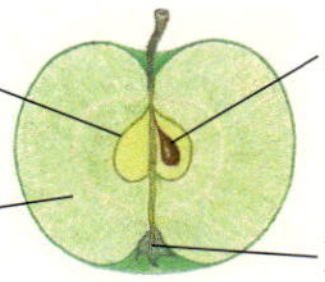

◀ **Apfelfrucht,** Beispiel Apfel: Die Fruchtknotenwände bilden das Kerngehäuse und verwachsen mit dem Blütenboden.

9 Verbreitung von Früchten und Samen

Die Pflanzen haben ganz unterschiedliche Möglichkeiten entwickelt, ihre Samen oder Früchte zu verbreiten. Es muss sichergestellt sein, dass die Samen auf einen geeigneten Untergrund gelangen, um dort auszukeimen. Auch von der Mutterpflanze weit entfernte Standorte können so erreicht und neu besiedelt werden. Tiere fressen **Lockfrüchte** und scheiden die unverdaulichen Samen wieder aus. Sie sammeln **Nussfrüchte** und vergraben sie als Vorrat. Vergessene Nüsse können später auskeimen. **Klettfrüchte** heften sich mit Widerhaken an das Fell von Tieren und werden so an andere Orte transportiert. Ameisen tragen **Schleppsamen** mit sich, um deren kleine ölhaltige Anhängsel zu fressen, und lassen dann die unbeschadeten Samen fallen. Einige Pflanzen sind **Selbststreuer**. Sie verbreiten ihre Samen durch eigene Druck- und Schleudermechanismen. Manchen reicht es aus, die Früchte durch Wachstum des Fruchtstiels in den nahen Untergrund zu pressen. Man bezeichnet dies als **Selbstableger**. Wasser- und Uferpflanzen bildenhäufig **Schwimmsamen** oder **Schwimmfrüchte**, die luftige Gewebe als Schwimmhilfe aufweisen. Bei der Verbreitung durch Wind unterscheidet man zwischen winzigen federleichten **Streusamen** und Flugfrüchten, die besondere Einrichtungen zum Fliegen haben, z.B. **Schirm-**, **Schopf-**, **Gleit-** und **Schraubenflieger**.

Abb. 1 Bergahorn
Dieser Baum ist ursprünglich im Bergwald bis zu 1.600 m Höhe beheimatet. Man findet ihn häufig in Parks und Alleen.

Abb. 2 Löwenzahn
Der Löwenzahn verwandelt viele Wiesen im Mai in leuchtend gelbe Teppiche. Man kann die jungen Blätter zum Salat verwenden.

Abb. 3 Klatschmohn
Der früher sehr häufige Klatschmohn kommt wegen des Einsatzes von Unkrautvernichtungsmitteln immer seltener auf den Äckern vor.

Abb. 4 Gemeines Zimbelkraut
Das Zimbelkraut stammt aus dem nördlichen Mittelmeerraum. Bei uns findet man es häufig in Mauerritzen und Felsspalten.

Abb. 5 Kokospalme
Die bis zu 30 m hohe Palme stammt aus Südostasien und hat sich von dort aus weltweit an den tropischen Küsten verbreitet.

A1 Finde heraus, welche Art der Verbreitung bei den dargestellten Pflanzen stattfindet. Welche dieser Pflanzen schafft dabei die weiteste Entfernung?

Abb. 6 Eberesche
Dieser mittelgroße Baum ist bei uns überall anzutreffen. In den Alpen ist diese anspruchslose Baumart sogar noch an der Baumgrenze zu finden.

Abb. 7 Silberweide
Dieser bis zu 25 m hohe Baum wächst in feuchten Niederungen. Die biegsamen Zweige verwendet man zur Korbwarenherstellung.

Abb. 8 Weiße Seerose
Die Seerose wächst in stehenden und langsam fließenden Gewässern. Ihre Blüten öffnen sich morgens und schließen sich abends.

Abb. 9 Weiße Taubnessel
Die Taubnessel besitzt Blätter, die denen der Brennnessel ähnlich sind. Man kann sie jedoch ohne weiteres berühren, denn sie brennen nicht.

Abb. 10 Echtes Springkraut
Dieses einjährige Kraut wächst in feuchten, schattigen Laubwäldern. Jede Blüte hängt einzeln unter einem Blatt wie unter einem Dach.

Abb. 11 Feldulme
Die Feldulme kann 30 m hoch und sehr alt werden. Leider hat ein Baumpilz in den letzten Jahrzehnten die meisten unserer Ulmen zerstört.

Abb. 12 Hasel
Diesen Strauch trifft man häufig am Waldrand, aber auch in Parks und Gärten an. Die leckeren Haselnüsse enthalten reichlich Fett und Stärke.

Abb. 13 Große Klette
Dieses zweijährige Kraut wächst häufig an Wegrändern und auf Schuttplätzen. Die herzförmigen Blätter können sehr groß werden.

10 Ein Samen keimt

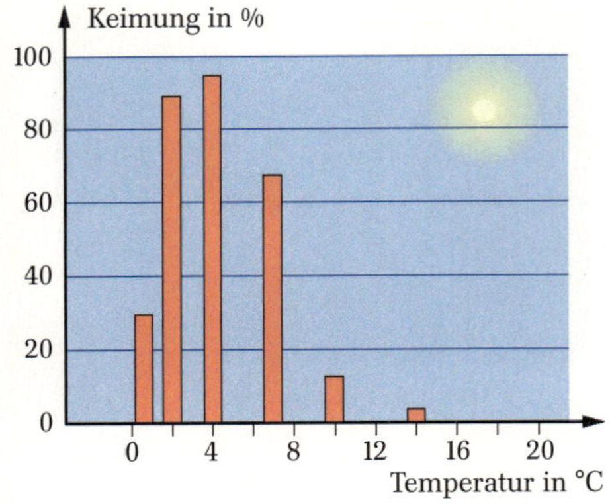

Abb. 1 Keimfähigkeit von Apfelsamen nach dreimonatiger Lagerung bei verschiedenen Temperaturen

A1 In Abbildung 1 ist in einem Balkendiagramm dargestellt, wie die Temperatur die Keimfähigkeit von Apfelsamen beeinflusst. Eine Keimung von 100 % bedeutet, dass von 100 gelagerten Samen alle 100 auskeimen. Ziehe Rückschlüsse aus dem Diagramm.

Keimung

Samen entstehen nach Bestäubung und Befruchtung. Diesen Vorgang nennt man **geschlechtliche Fortpflanzung.** In jedem Samen befindet sich ein Keimling, der pflanzliche Embryo. Dieser Keimling ist durch Wasserentzug in einen Ruhezustand versetzt. Außerdem befindet sich in jedem Samen ein Nährstoffvorrat. Er umgibt den Embryo als Nährgewebe oder ist in dessen Keimblättern gespeichert. Eine harte Samenschale dient als Schutzhülle.

Samen können in trockenem Zustand längere Zeit unbeschadet überdauern. Erst in Gegenwart von Wasser wird dieser Ruhezustand beendet. Das Wasser wird durch die Samenschale aufgenommen und bewirkt ein deutliches Anschwellen. Man bezeichnet diesen Vorgang als **Quellung.** Die gespeicherten Nährstoffe werden dadurch verfügbar und der Keimling kann nun beginnen sich zu entwickeln.

Die Keimung wird äußerlich sichtbar, wenn die Keimwurzel durch die Samenschale bricht. Die Keimwurzel wächst nach unten, verankert die Pflanze im Boden und nimmt Wasser aus dem Boden auf. Der Stängel und die Erstlingsblätter (erste Laubblätter) erheben sich über dem Boden. Die Samenschale wird dabei abgestreift. Mit der Entfaltung der ersten grünen Laubblätter und dem Beginn der Photosynthese ist die Keimung abgeschlossen *(Abb. 2)*. Bis zu diesem Zeitpunkt ist die Keimpflanze ausschließlich auf den Nährstoffvorrat des Samens angewiesen.

Keimungsbedingungen

Zur Keimung braucht die Pflanze neben Wasser auch eine geeignete Temperatur und Sauerstoff zum Atmen. Die Samen einiger Pflanzen werden erst nach einer längeren Kälteeinwirkung keimfähig; man bezeichnet sie dann als **Kältekeimer** (Rotbuche). **Wärmekeimer** benötigen die Einwirkung hoher Temperaturen, damit ihre Samen keimfähig werden (Sojabohne). Auch das Licht kann die Keimfähigkeit beeinflussen. **Lichtkeimer** (Kopfsalat) keimen nur aus, wenn im gequollenen Zustand Licht einwirkt. Bei **Dunkelkeimern** (Kürbis) hemmt Licht die Keimung der Samen.

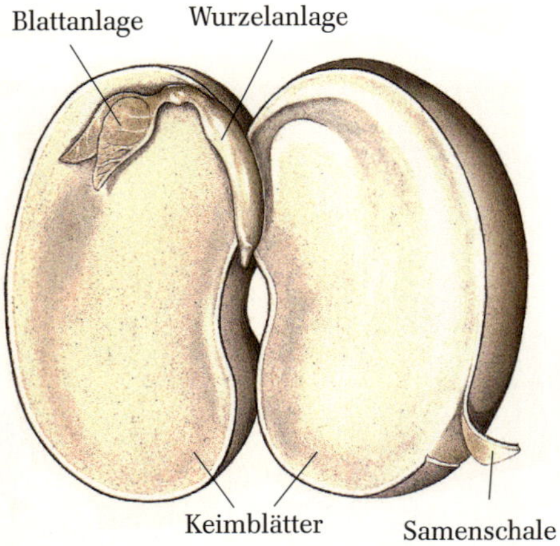

Abb. 2 Samen im Längsschnitt, Keimung der Gartenbohne

Einteilung nach Keimblättern

Blütenpflanzen werden wegen der Samenbildung auch Samenpflanzen genannt. Man teilt die Samenpflanzen aufgrund bestimmter Merkmale in zwei Verwandtschaftsgruppen ein. Die Anzahl der vorhandenen Keimblättern ist dabei Namen gebend:

1. Klasse: **Zweikeimblättrige Pflanzen** besitzen netzadrige Blätter, eine Hauptwurzel mit Nebenwurzeln und meist 5- oder 4-zählige Blüten mit grünen Kelchblättern und farbigen Kronblättern *(Abb. 3)*.

2. Klasse: **Einkeimblättrige Pflanzen** besitzen meist paralleladrige Blätter, keine Hauptwurzel, sondern zahlreiche am Spross hervorbrechende Wurzeln und 3-zählige Blüten ohne grüne Kelchblätter *(Abb. 4)*.

A2 Eine außergewöhnliche Pflanze, die Einbeere *(Abb. 5)*, gehört zu den Einkeimblättrigen, besitzt aber auch Merkmale der Zweikeimblättrigen. Finde sie heraus.

! Nach der Bestäubung und Befruchtung entsteht der Samen, der den pflanzlichen Embryo (Keimling) enthält. Die Keimung beginnt nach der Quellung. Die Keimpflanze ist bis zum Entfalten der ersten Laubblätter auf den Nährstoffvorrat des Samens angewiesen.

Abb. 3 Merkmale zweikeimblättriger Pflanzen

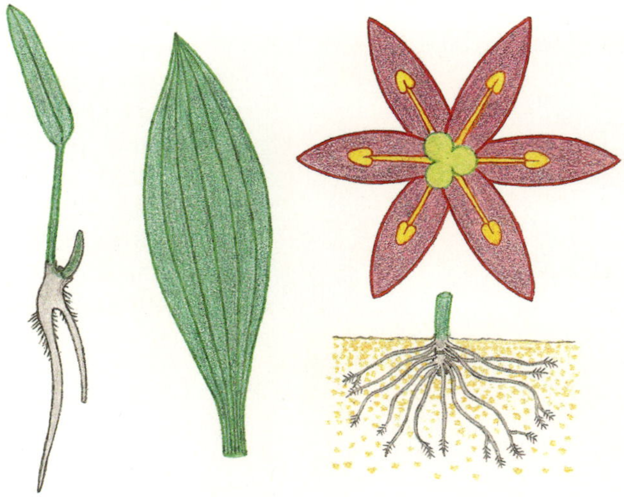

Abb. 4 Merkmale einkeimblättriger Pflanzen

Abb. 5 Einbeere

Einbeere

Name: Vierblättrige Einbeere

Familie: Liliengewächse

Merkmale: bis 30 cm hohes, ausdauerndes Kraut; vier elliptische, ganzrandige und netzadrige Laubblätter bilden einen Quirl; die endständige grüne Blüte ist 4-zählig, die Blütezeit ist Mai; bis Juli reift eine kirschgroße, blauschwarze Frucht heran; sie ist sehr giftig!

Standort: nährstoffreiche und leicht feuchte Böden in schattigen Lagen; recht häufig in Laubwäldern.

11 Es geht auch ohne Samen

Abb. 1 Kanadische Wasserpest

Ungeschlechtliche Vermehrung

Neben der geschlechtlichen Vermehrung durch Samen gibt es bei Pflanzen auch die Möglichkeit der **ungeschlechtlichen Vermehrung**. Da in diesem Fall die Tochterpflanze aus einem Teil der Mutterpflanze hervorgeht, ist sie absolut erbgleich mit ihr (vgl. S. 45).

Die einfachste Art der ungeschlechtlichen Vermehrung ist die Aufteilung einer Pflanze in kleinere **Sprossabschnitte**, die dann unabhängig voneinander weiterwachsen. Die aus Kanada eingeführte, rein weibliche Wasserpest *(Abb. 1)* verbreitete sich ausschließlich auf diese Weise sehr schnell in Europa.

Abb. 2 Erdbeerpflanze mit Ausläufern

Viele Pflanzen vermehren sich außer durch Samen zusätzlich durch **Sprossausläufer**, welche nach der Bewurzelung den Kontakt mit der Mutterpflanze verlieren. Bei der Erdbeere sind dies oberirdische Ausläufer *(Abb. 2)*.

Bei der Kartoffel findet man unterirdische Ausläufer mit endständigen, Nährstoffe speichernden **Sprossknollen** *(Abb. 3)*.

Abb. 3 Kartoffel mit Sprossknollen

Pflanzen, die Zwiebeln als Speicherorgane bilden, vermehren sich oft auch durch Bildung von **Tochterzwiebeln**. Beim Knoblauch werden diese als Zehen bezeichneten Tochterzwiebeln in großer Zahl gebildet *(Abb. 4)*.

Das außergewöhnliche Brutblatt bildet an den Blatträndern kleine, bereits mit Wurzeln versehene Tochterpflänzchen *(Abb. 5)*. Diese **Blattableger** fallen später ab und wachsen selbstständig weiter.

Abb. 4 Knoblauch mit Tochterzwiebeln

Abb. 5 Brutblatt (Goethebaum) mit Blattablegern

A1 **Für besonders Interessierte:** Suche nach weiteren Beispielen für die Vermehrung durch Sprossabschnitte, Sprossausläufer und Tochterzwiebeln. Erstelle eine Präsentation.

Mit Hand und Verstand

Keimung nach Plan

Material: vorgequollener Bohnensamen (über Nacht in einen Becher mit Leitungswasser legen), Blumentopf, Sägemehl, Wasser, Zeichenpapier, Bleistift

Wie du vorgehst: Stecke den vorgequollenen Bohnensamen 2–3 cm tief in einen Blumentopf mit feuchtem Sägemehl. Achte dabei darauf, dass der Nabel (seitliche Einbuchtung beim Bohnensamen) nach unten zeigt. Stell den Blumentopf auf eine Fensterbank und halte das Sägemehl gleichmäßig feucht.

Beobachtung: Nimm den Keimling jeden Tag vorsichtig aus dem Sägemehl und zeichne sein Aussehen. Danach setzt du ihn wieder in die gleiche Position zurück. Welcher Teil wächst zuerst aus dem Keimling heraus? Welcher Teil des Keimlings erscheint zuerst an der Oberfläche? Überlege dir Begründungen.

Abb. 1 Keimungsstadien der Feuerbohne

Keimungsbedingungen

Material: 6 vorgequollene Bohnensamen, 6 Jogurtbecher, Schuhkarton, Watte, Blumenerde, Wasser, Filzstift

Wie du vorgehst: Beschrifte die Jogurtbecher mit den Buchstaben A–F. Fülle die Becher entsprechend der Abbildung unten und drücke in jeden Becher einen Bohnensamen leicht in die Erde bzw. in die Watte, sodass man ihn noch sehen kann. Die Keimung in den verschiedenen Bechern soll so ablaufen, wie es in der Abbildung beschrieben wird.

Beobachtung: Vergleiche die Ergebnisse nach einer Woche. Versuche die Ursachen für die Unterschiede zu finden und die Zusammenhänge zu erklären.

Aufgabe der Keimblätter

Material: 3 junge Bohnenpflänzchen (in Blumentopf mit Erde) mit noch nicht vollständig entfalteten Erstlingsblättern

Wie du vorgehst: Entferne bei einem der Pflänzchen ein Keimblatt, beim nächsten beide Keimblätter. Die dritte Pflanze lässt du unversehrt. Halte die Pflanzen gleichmäßig feucht und lasse sie an einem hellen, warmen Ort einige Tage wachsen.

Aufgabe: Überlege dir, welche Funktion die Keimblätter in der ersten Wachstumsphase der Pflanzen erfüllen.

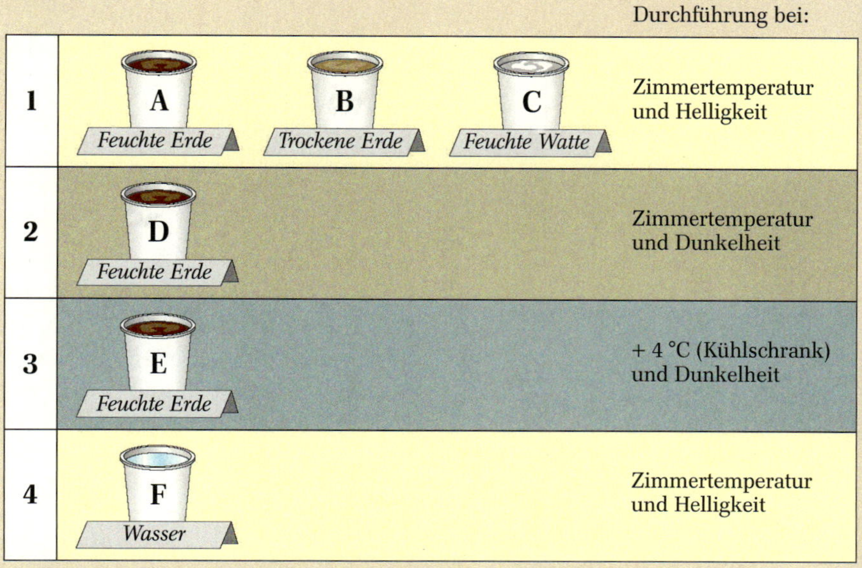

Abb. 2 Keimungsbedingungen von Bohnensamen

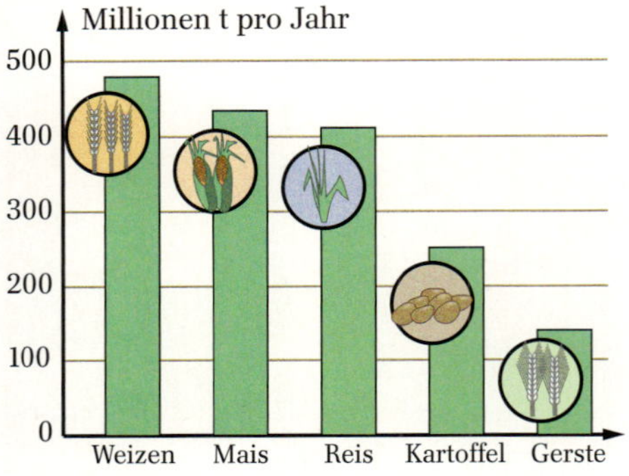

Abb. 1 Die wichtigsten Nutzpflanzen

A1 Benenne die durch unterschiedliche Farben gekennzeichneten Teile der abgebildeten Pflanze.

A2 Suche ein einfaches Brotrezept und backe ein Brot.

12 Bedeutung der Pflanzen für den Menschen

Die Pflanzen bilden die Lebensgrundlage für alle Tiere und Menschen auf der Erde. Sie produzieren Sauerstoff und sind Nahrungsmittel.

Nutzpflanzen

Ursprünglich waren die Menschen Jäger und Sammler. Mit der Zeit wurden sie sesshaft und betrieben Ackerbau. Sie ernährten sich von **Kulturpflanzen** (Nutzpflanzen) und Haustieren, die sie im Laufe von Jahrtausenden aus Wildpflanzen und Wildtieren züchteten. Bei den Kulturpflanzen sind ganz unterschiedliche Teile der Wildpflanze nutzbar geworden *(Abb. 2)*.

Abb. 2 Unterschiedliche Pflanzenteile werden zur Ernährung genutzt.

Vor allem die Gräser wie Weizen, Reis und Mais sind die Grundlage der Ernährung der Menschheit *(Abb. 1)*. Beim Mahlen trennt man das Mehl des Mehlkörpers von den Schalen, der **Kleie**. Der Mehlkörper besteht zum größten Teil aus Stärke. Bei stark ausgemahlenen Körnern ist der Schalenanteil des Mehls gering. Da an der Kleie die äußeren, eiweißreichen Schichten des Mehlkörpers kleben bleiben, scheint schwach ausgemahlenes Mehl gesünder zu sein. Auch die Kartoffelknolle ist als Nahrungsmittel wertvoll. Sie dient aber nicht nur als Speisekartoffel, sondern auch der Gewinnung von Stärke für die Lebensmittelindustrie, von Alkohol und als Viehfutter. Aus der Wildkartoffel sind durch Züchtung etwa 1 000 verschiedene Sorten entstanden.

Merkmale verschiedener Getreidearten

Weizen

bis 2 m hohes Ährengras;
Korn rundlich und an der Spitze behaart;
Ähre aus 20 Ährchen (zwei bzw. drei Ährchen fruchtbar);
stellt hohe Ansprüche an Bodenqualität, Temperatur und Niederschlag;
Welternte ca. 446 Mio. t/Jahr

Gerste

bis 1,2 m hohes Ährengras;
bei Kornreife Ähre nickend;
6- und 2-zeilige Ähren (drei bzw. ein Ährchen fruchtbar);
Deckspelzen sehr lang begrannt;
Korn länglich oval und bespelzt;
Blattgrund mit halmumfassenden Öhrchen;
stellt sehr geringe Ansprüche an Boden und Wärme; Welternte ca. 140 Mio. t/Jahr

Hafer

bis 1,5 m hohes Rispengras;
Korn länglich und bespelzt;
Blattgrund ohne Öhrchen, Häutchen 2–4 mm; wächst auf allen Böden, braucht viel Feuchtigkeit (Nordeuropa);
Welternte ca. 25 Mio. t/Jahr

Reis

0,6 bis 2 m hohes Rispengras; verzweigte Halme, die in 20–30 cm lange Rispen auslaufen;
jede Rispe enthält 50–300 kurze, bestielte Ährchen;
Reiskorn rund oder länglich spitz, fest von Spelzen umschlossen, 1 000–3 000 pro gesätem Reiskorn;
Blätter kräftig, bis zu 60 cm lang und 2 cm breit;
braucht warmes, feuchtes Klima; Nassreisanbau benötigt bis 5 000 l Wasser pro erzeugtem Kilo;
Welternte ca. 420 Mio. t/Jahr

Roggen

bis 2 m hohes Ährengras;
bei Kornreife Ähre nickend;
stäubt 500-mal mehr als andere Arten (Heuschnupfen);
Korn nackt, länglich, graugrün;
Blattgrund mit kurzen Öhrchen, Häutchen 1 mm;
stellt geringe Ansprüche an Boden und Wärme;
Welternte ca. 30 Mio. t/Jahr

Mais

bis 2,5 m hohes „Kolbengras“ mit markigem Stängel;
männliche Blütenstände rispig an Blattspitze;
weibliche Blütenstände kolbig an Blattachseln auf halber Höhe;
Körner kantig, bis 800 Stück in 8 bis 14 Längsreihen auf Kolben;
braucht mildes Klima;
reift bei uns nicht vollständig aus;
Welternte ca. 430 Mio. t/Jahr

Abb. 1 Stockwerke einer Blumenwiese

A1 Wie ist das Mähen zu beurteilen? Denke dabei an die Auswirkungen auf die Pflanzen, aber auch auf die Tiere.

A2 Nenne für jedes der vier Stockwerke *(Abb. 1)* ein Tier, das diese Pflanzenwelt nutzt, und dessen Feinde.

Entdeckungen auf einer Blumenwiese

Blumen kannst du leichter als Tiere kennenlernen. Nichts eignet sich dazu besser als eine Exkursion zu einer Blumenwiese. Salbei, Glockenblumen, Margeriten, Wiesenstorchschnabel und Bärenklau wachsen hier. Es duftet nach Gras und Sommer. Du hörst das Summen der Bienen und Hummeln, das Zirpen der Grillen. Käfer krabbeln emsig über den Boden und Schmetterlinge gaukeln durch die Luft.

Vielfalt Blumenwiesen
Natürliche Wiesen sind bei uns selten. Sie kommen vor in Flussauen oder über der Baumgrenze im Hochgebirge. Alles andere sind künstliche Wiesen, die regelmäßig gerodet, gemäht oder beweidet werden. Wir wollen eine intensiv genutzte Vielschnittwiese, eine Blumen- und Feuchtwiese sowie einen Trockenrasen miteinander vergleichen.

Lebensgemeinschaft Wiese
In der Blütenschicht nutzen Insekten Nektar und Pollen. In der Krautschicht leben Pflanzenfresser. Dicht am feuchten Boden – in der Streuschicht – nagen und fressen verschiedene Tiere. Und auch in der Wurzelschicht kommt es zu Wechselwirkungen zwischen Tieren und Pflanzen *(Abb. 1)*.

Wiesentyp	Anzahl der Pflanzenarten	Anzahl der Schnitte
Vielschnittwiese	gering (unter 20 Arten)	3–6
Blumenwiese	durchschnittlich 60 Arten	2–3
Feuchtwiese	über 100 Arten	1–2
Trockenrasen	über 150 Arten	1

Tab. 1 Wiesentypen

A3 Bestimme anhand des Pflanzenbestimmers fünf Pflanzen auf der Wiese. Notiere dir den Bestimmungsweg, den Pflanzennamen und die Familie.

A4 Betrachte die Blüten mit der Lupe. Welche strukturellen Besonderheiten wie die Beschaffenheit der Staubblätter, der Narbe oder des Fruchtknotens kannst du feststellen? Bilden die Einzelblüten einen Blütenstand? Wenn ja, welchen?

A5 Hat die Pflanze einen bestimmten Geruch? Zerreibe Blatt- bzw. Blütenstückchen mit den Fingern.

Pflanzen bestimmen

Frage deinen Lehrer oder schau in der Roten Liste nach, welche Blütenpflanzen der Wiese geschützt sind. Es ist selbstverständlich, dass wir geschützte Pflanzen nicht sammeln, sondern allenfalls fotografieren. Beachte weiterhin:

- Zertrample nicht die Pflanzen der Wiese.
- Entnimm nur so viel Pflanzenmaterial, wie für das Bestimmen nötig ist. Beschränke dich dabei auf die oberirdischen Teile.
- Nimm fünf Pflanzen in einem Plastikbeutel für Aufgabe 3 mit und presse sie zu Hause.

Pflanzen pressen

Die gesammelten Pflanzen legst du einzeln in Doppelbögen aus Fließ- oder Zeitungspapier. Stärkere Blütenköpfe umfütterst du mit Papiertaschentüchern. Damit den Pflanzen möglichst rasch die Feuchtigkeit entzogen wird, werden weitere Blätter Fließ- und Zeitungspapier zwischen die geschlossenen Doppelbögen gelegt.

Der Stoß Doppelbögen wird nun zwischen die Gitterplatten einer Gitterpresse oder zwischen zwei Holzplatten gelegt und immer enger gezogen *(Abb. 2)*.

- Je wasserhaltiger die Pflanzen sind, um so häufiger musst du Fließpapier, Taschentücher und Zwischenlagen erneuern.
- Klebe die gepressten, trockenen Pflanzen auf und notiere unten rechts Pflanzennamen, Familie, Funddatum und Fundort.
- Stecke die fertigen Pflanzenbögen in eine Klarsichthülle und hefte diese in einen Ordner ab.

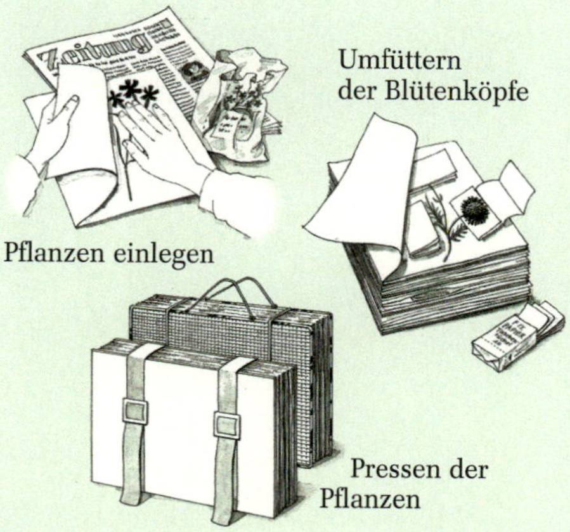

Abb. 2 Anlegen eines Herbariums

Abb. 1 Wegwarte

Abb. 2 Wald-Goldstern

Abb. 3 Giersch

Abb. 4 Hederich

13 Quer durchs Pflanzenreich: Bestimmungsübung

Ordne mithilfe des folgenden Bestimmungsschlüssels die sechs abgebildeten Arten der richtigen Pflanzenfamilie zu.

Bestimmungsschlüssel		
1.	Blüte mit 3 + 3 Perigonblätter, Blätter paralleladrig	Liliengewächse
1*	Blüte mit Kelch- und Kronblättern, Blätter netzadrig	2
2.	Blüten in köpfchenförmigen Blütenständen mit Röhren- und/oder Zungenblüten	Korbblütler
2*	Blüten anders angeordnet und gebaut	3
3.	Kronblätter miteinander verwachsen, mit Lippenblüten, Blätter kreuzgegenständig	Lippenblütler
3*	Kronblätter nicht miteinander verwachsen	4
4.	Staubblätter 10 oder mehr	5
4*	Staubblätter weniger als 10	7
5.	Staubfäden zu einer Rinne oder Röhre verwachsen, Blüte schmetterlingsartig	Schmetterlingsblütler
5*	Staubfäden nicht zu einer Rinne oder Röhre verwachsen	6
6.	Blütenboden teller- bis krugförmig, mit Blütenblättern am Rande, Blätter mit Nebenblättern	Rosengewächse
6*	Blütenboden nicht teller- bis krugförmig, Blätter ohne Nebenblätter	Hahnenfußgewächse
7.	Blüten mit 6 Staubblättern und je 4 Kelch- und Kronblättern	Kreuzblütler
7*	Blüten mit 5 Staubblättern, in Dolden oder zusammengesetzten Dolden	Doldenblütler

Abb. 5 Gemeine Braunelle

Abb. 6 Hornklee

Ausflug in Nachbarreviere

Gift- oder Hexenpflanzen

Nachtschaden …

Als Hexenpflanzen bezeichnet man Pflanzen, die halluzinogene Alkaloide enthalten. Viele dieser Pflanzen gehören zur Familie der **Nachtschattengewächse**, z. B. Stechapfel, Bilsenkraut, Tollkirsche und Alraune; sie enthalten Skopolamin, Atropin oder Hyoscyamin. Der Begriff Nachtschatten stammt vom mittelalterlichen Wort Nachtschaden ab, was so viel wie Albtraum bedeutet. Die Nachtschattengewächse galten als Heilmittel gegen den Nachtschaden und wurden darüber hinaus zur Narkotisierung verwendet. „Hexen" verarbeiteten die Pflanzen zu mysteriösen Flugsalben, deren Alkaloide über die Haut ins Blut übergingen und zu Rauschzuständen wie dem Gefühl des Fliegens führten. Kommt daher die Vorstellung, Hexen würden auf Besen durch die Luft reiten (*Abb. 2*)?

Abb. 3 Engelstrompete

Gefährliche Experimente

Immer wieder experimentieren Menschen mit diesen Drogenpflanzen, da sie leicht zugänglich sind: Tollkirschen findet man an jedem Waldrand, Engelstrompeten zieren oft den Wintergarten oder die Terrasse (*Abb. 3*). Die Alkaloidmengen, die einzelne Pflanzen enthalten, variieren sehr stark. Sie sind z. B. von den Lichtverhältnissen am Wuchsort abhängig. Solche Experimente sind also **lebensgefährlich**, denn die Drogenmenge lässt sich niemals genau definieren und die Dosis, die für Rauschzustände nötig ist, liegt bei diesen Alkaloiden haarscharf an der tödlichen Dosis. Nebenwirkungen des Rausches sind Angstzustände, Verwirrtheit, Herzrasen und im schlimmsten Fall Atemlähmung.

Abb. 4 Tollkirsche

Augenheilkunde

In der Medizin verwenden Augenärzte Atropin aus der Tollkirsche (*Abb. 4*) als Augentropfen zur Weitstellung der Pupille, um den Augenhintergrund zu untersuchen. Übrigens: In unseren Gärten gibt es zahlreiche giftige, teilweise auch zu medizinischen Zwecken genutzte Pflanzen. Früher wurden die Pflanzen direkt verwendet; heute werden – auch wegen der Sicherheit – die Wirkstoffe meist synthetisch hergestellt.

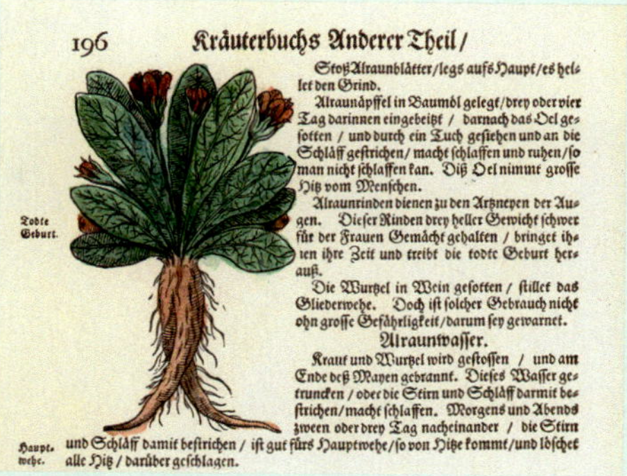
196 Kräuterbuchs Anderer Theil/

Stoß Alraunblätter/legs aufs Haupt/es heilet den Grind.

Alraunäpffel in Baumöl gelegt/drey oder vier Tag darinnen eingebeitzt / darnach das Oel gesotten / und durch ein Tuch gesiehen und an die Schläff gestrichen/ macht schlaffen und ruhen/so man nicht schlaffen kan. Diß Oel nimmt grosse Hitz vom Menschen.

Todte Geburt. Alraunrinden dienen zu den Artzneyen der Augen. Dieser Rinden drey heller Gewicht schwer für der Frauen Gemächt gehalten / bringet ihnen ihre Zeit und treibt die todte Geburt herauß.

Die Wurtzel in Wein gesotten / stillet das Gliederwehe. Doch ist solcher Gebrauch nicht ohn grosse Gefährligkeit/darum sey gewarnet.

Alraunwasser.

Kraut und Wurtzel wird gestossen / und am Ende deß Mayen gebrannt. Dieses Wasser getruncken / oder die Stirn und Schläff darmit bestrichen/macht schlaffen. Morgens und Abends zween oder drey Tag nacheinander / die Stirn

Hauptwehe. und Schläff damit bestrichen / ist gut fürs Hauptwehe/so von Hitze kommt/und löschet alle Hitz / darüber geschlagen.

Abb. 1 Alraun (*Mandragora officinarum*)

A1 Zu den Alraunen gibt es viele Mythen und Geschichten (*Abb. 1*). Finde sie heraus und lies nach, welche davon in der Romanreihe „Harry Potter" verarbeitet wurden.

Abb. 2 Hexenflug

A2 Finde wichtige Nutzpflanzen, die zur Familie der Nachtschattengewächse (Solanaceae) gehören.

A3 Schreibe einen Steckbrief zu einer der abgebildeten Pflanzen.

Grundwissen Blütenpflanzen

Blütenpflanzen bestehen aus den Grundorganen Wurzel, Sprossachse, Laubblätter und Blüten. Entsprechend der Verholzung, welche die Festigkeit der Pflanzen erhöht, unterscheidet man Holzgewächse wie Bäume und Sträucher von Kräutern. Sträucher verzweigen sich kurz über dem Boden, Bäume erst auf einem Stamm. Kräuter sind ein-, zwei- oder mehrjährig. Einjährige Kräuter bilden in einem Jahr die Pflanze mit Blüten, Samen und Früchten, zweijährige in zwei Jahren. Mehrjährige Kräuter, Stauden genannt, haben Reserveorgane wie Knollen, Zwiebeln oder Erdsprosse, aus denen sie rasch austreiben können.

Die Blüte dient der Fortpflanzung. Vollständige zwittrige Blüten bestehen aus Kelch-, Kron-, Staub- und Fruchtblättern. Eine Blüte ist durch Blütendiagramm und -formel gekennzeichnet. Die Krone dient der Anlockung. Bei der Bestäubung wird Pollen von Staubbeuteln auf die Narbe übertragen. Dies geschieht durch Tiere, meist Insekten, oder Wind. Fremdbestäubung, d.h. die Übertragung von Pollen einer Blüte auf die Narbe einer anderen, ist meist vorteilhafter als Selbstbestäubung und wird durch besondere Mechanismen gefördert.

Die Fruchtblätter bilden einen Fruchtknoten, der eine oder mehrere Samenanlagen trägt. Bei den Nacktsamern liegen die Samenanlagen offen auf den Fruchtblättern, bei den Bedecktsamern werden sie von den Fruchtblättern umschlossen. Bei der Befruchtung verschmilzt die männliche Zelle des Pollenschlauches mit der Eizelle der Samenanlage zur Zygote (befruchtete Eizelle). Aus der Samenanlage mit befruchteter Eizelle entwickelt sich der Same, aus dem Fruchtknoten und z.T. aus weiteren Blütenteilen die Frucht. Früchte und Samen werden durch Wind oder Tiere verbreitet. Der Samen besteht aus dem Keimling, dem Nährgewebe und der Samenschale. Zum Auskeimen benötigt er Wasser, Sauerstoff und Wärme. Der Keimling braucht zum Wachstum Licht und Nährsalze. Alle grünen Pflanzen können aus Wasser und Kohlenstoffdioxid bei Licht organische Stoffe und Sauerstoff herstellen. Viele Pflanzen pflanzen sich auch ungeschlechtlich fort, durch Ableger, Knollen oder Zwiebeln.

Wichtige einheimische Familien der Bedecktsamer sind Hahnenfußgewächse, Rosengewächse, Schmetterlingsblütler, Kreuzblütler, Doldengewächse, Lippenblütler, Korbblütler und Liliengewächse. Die wichtigsten Nutzpflanzen sind die Getreidearten Weizen, Roggen, Gerste, Hafer, Mais und Reis. In Jahrtausenden hat der Mensch immer ertragreichere Getreidesorten gezüchtet. Auch die Kartoffel, eine Sprossknolle, ist ein wichtiges Grundnahrungsmittel. Pflanzen können sich an den Wechsel der Jahreszeiten anpassen: Laubbäume und Sträucher werfen im Herbst ihre Blätter ab, stellen ihren Stoffwechsel im Winter fast gänzlich ein und schlagen im Frühjahr neu aus. Einjährige Kräuter sterben im Herbst ab und entstehen im Frühjahr aus ihren Samen neu. Mehrjährige Stauden überwintern mithilfe ihrer unterirdischen Speicherorgane.

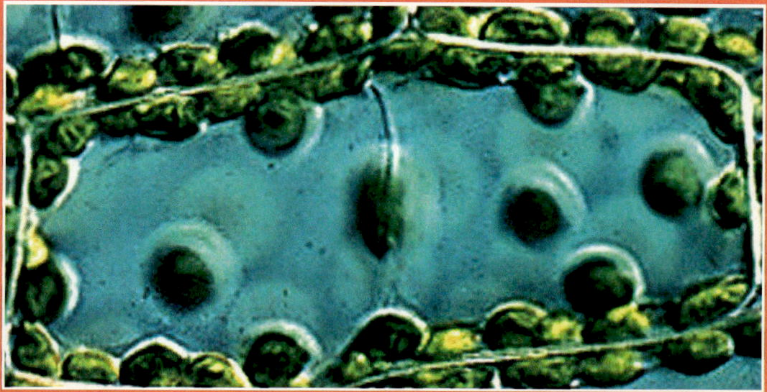

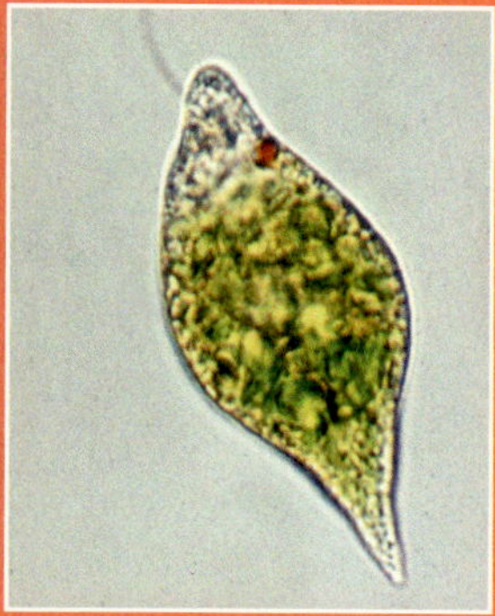

Mikroskopie – Zellen und Gewebe

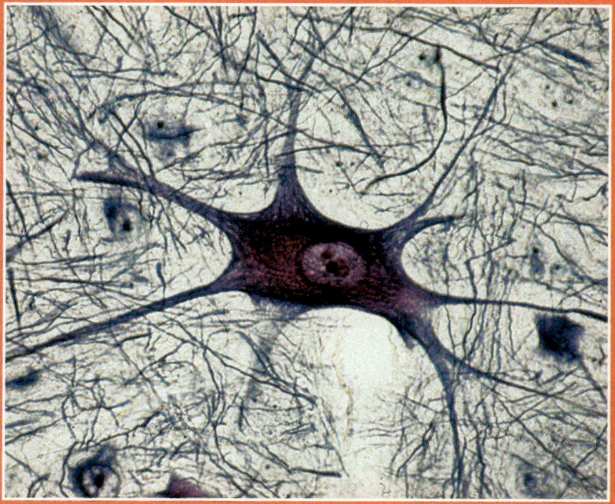

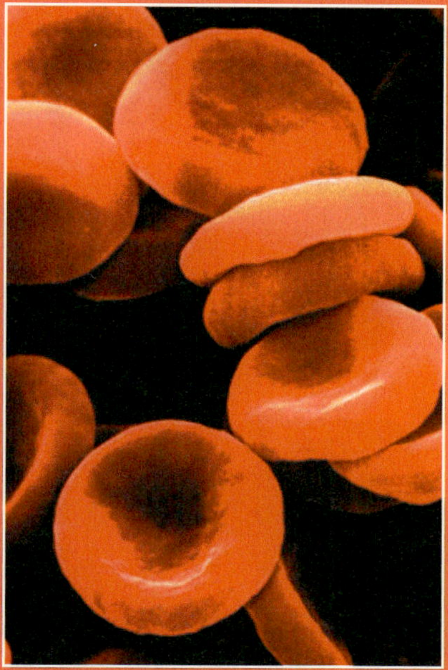

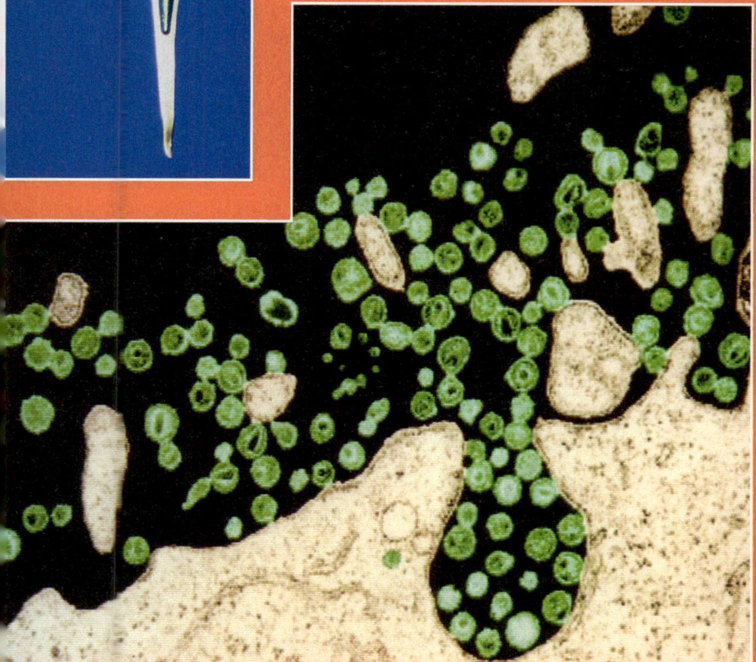

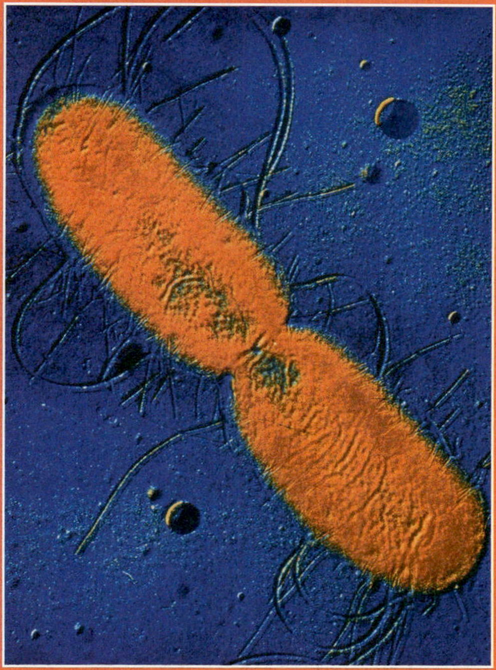

1 Mikroskopieren

1.1 Das Mikroskop gewährt Einblicke in den Mikrokosmos

Abb. 1 Handhabung der Lupe

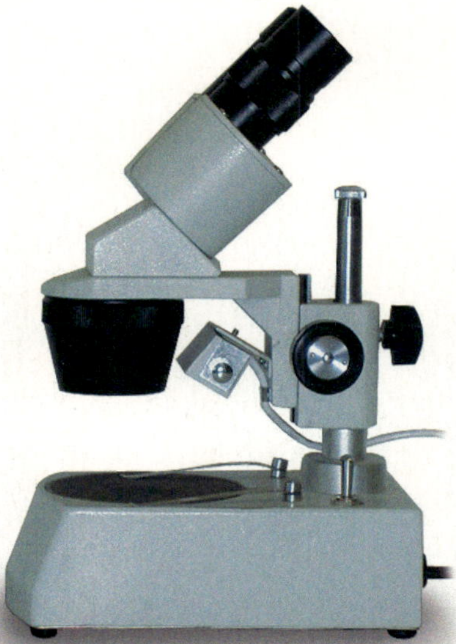

Abb. 2 Stereolupe (oder Binokular)

Betrachtest du ein Blatt durch einen Tautropfen, kannst du eine Entdeckung machen: Details des Blattes, die mit bloßem Auge unsichtbar oder undeutlich sind, werden klar sichtbar. Der Wassertropfen wirkt wie eine Linse. Die Brechung der Lichtstrahlen an der gewölbten Wasseroberfläche führt zur **Vergrößerung**. Forscher erfanden, angeregt durch solche Beobachtungen, lichtbrechende Hilfsmittel.

Lupen *(Abb. 1)* bewirken eine bis zu 20fache Vergrößerung (Schreibweise: 20 ×). Sie besitzen eine nach außen gewölbte oder bikonkave Linse. Je stärker die Linse gewölbt ist, umso stärker ist die Vergrößerung.

Stereolupen oder Binokulare *(Abb. 2)* erreichen Vergrößerungen von 4 × – 40 ×. Sie ermöglichen dadurch eine detailliertere Betrachtung der Objekte und erzeugen ein räumliches Bild.

Werden zwei Linsen hintereinander gehalten, ist die erreichte Vergrößerung das Produkt der Vergrößerungskraft der einzelnen Linsen. Auf diesem Prinzip beruht die Funktionsweise des **Lichtmikroskops** (gr. mikro – klein, skopein – sehen).

Abb. 3 Antoni van Leeuwenhoek (1632–1723)

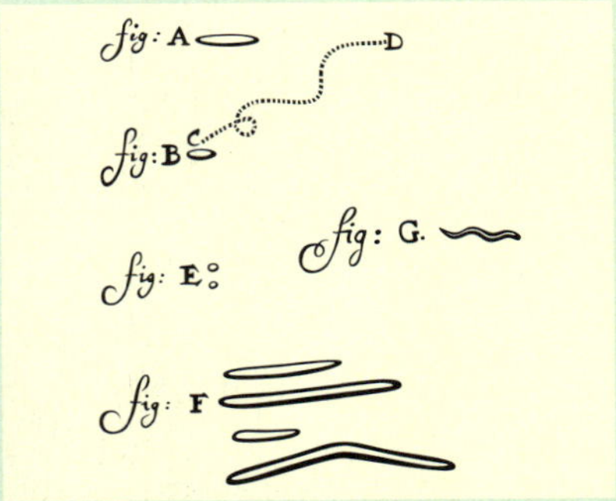

Abb. 4 Zeichnungen von Leeuwenhoek (1683): Lebewesen des Mikrokosmos – Bakterien im Zahnbelag

„Ich erblicke dann immer mit großer Verwunderung, dass sich in besagtem Stoff viele sehr kleine, lebende Tierchen befanden, die sich niedlich bewegten. Die größte Sorte hatte die Gestalt von A. Diese bewegten sich sehr kräftig und flink und schossen durch das Wasser oder den Speichel wie ein Hecht durchs Wasser. (…) Die zweite Sorte hatte die Gestalt von B. Sie wirbelten oftmals herum wie ein Kreisel und nahmen einen Weg zwischen C und D."

Dieser Text wurde 1683 von Antoni van **Leeuwenhoek** *(Abb. 3)* verfasst. Der Kaufmann und Hobbyforscher hatte eine neue Welt entdeckt, die Welt des Mikrokosmos. Kein Mensch vor ihm hatte jemals solch kleine Organismen gesehen. Die Entdeckung war Leeuwenhoek durch den Bau eines einfachen Vergrößerungsgerätes gelungen. Dies war die Geburtsstunde der **Mikrobiologie**. Leeuwenhoek untersuchte neben Bakterien auch winzige Organismen im Wasser. Er beobachtete Blut im Schwanz von Kaulquappen und die Spermien des Menschen.

A1 Betrachte die Schrift in einer Zeitung mit der Lupe.
Was kannst du entdecken, das mit bloßem Auge unsichtbar ist?

A2 Mit welchen Lebewesen befasst sich die Mikrobiologie?

1.2 Aufbau und Funktionsweise des Lichtmikroskops

Die Vergrößerung beim Lichtmikroskop wird durch zwei Linsensysteme erreicht, das Okular und das Objektiv. Das Präparat (S. 34) wird auf dem **Objekttisch** mit Klemmen befestigt. Durch die **Beleuchtung** wird es von unten durchleuchtet. Das Linsensystem des **Kondensors** bündelt das Licht der Lampe. Dadurch wird eine gleichmäßige Ausleuchtung ermöglicht. Mit der **Blende** können die Bildhelligkeit und der Bildkontrast geregelt werden. Am **Objektivrevolver** sind Objektive mit unterschiedlicher Vergrößerung (z.B. 4×, 10× oder 40×) angebracht. Das **Objektiv** ist ein Linsensystem, das ein vergrößertes Bild im Tubus erzeugt. Dieses Zwischenbild wird durch das Okular erneut vergrößert. Das **Okular** wirkt also wie eine Lupe und vergrößert meist 10× oder 12×. Mit Schulmikroskopen wird eine Gesamtvergrößerung bis zu 400× oder 600× erreicht. Forschungslichtmikroskope können bis zu 2.000× vergrößern. Durch den **Grob- und Feintrieb** kann der Abstand zwischen dem Objekttisch und dem Objektiv verändert und dadurch das Objekt scharf eingestellt werden.

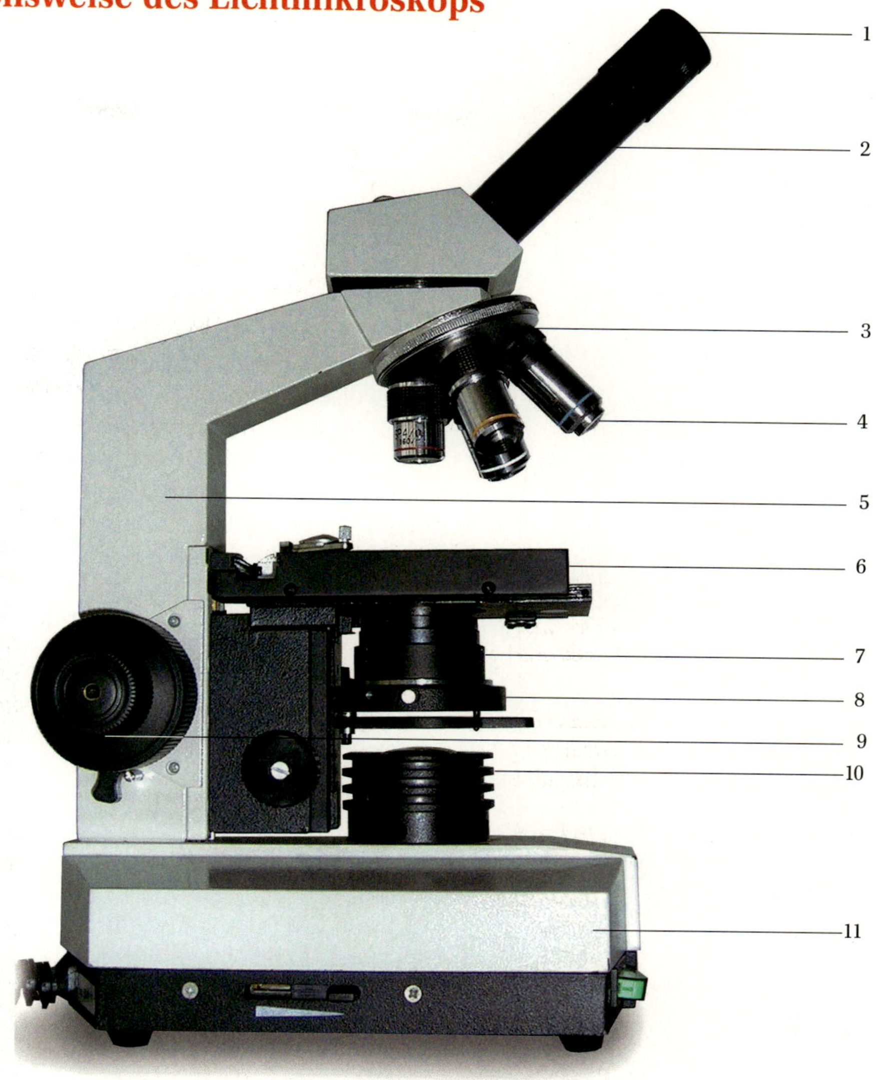

Abb. 1 Das Lichtmikroskop
1 Okular; 2 Tubus; 3 Objektivrevolver; 4 Objektiv; 5 Stativ; 6 Objekttisch; 7 Kondensor; 8 Blende; 9 Grob- und Feintrieb; 10 Beleuchtung; 11 Stativfuß

Info Die **Fluoreszenzmikroskopie** eröffnete der Wissenschaft die molekulare Dimension, also den Bereich der kleinsten Baueinheiten, der Moleküle. Bestimmte Farbstoffe haben die Eigenschaft, bei Bestrahlung mit kurzwelligem Licht längerwellige Strahlung abzugeben. Mithilfe solcher Fluoreszenzfarbstoffe können Objekte angefärbt werden. Bestimmte Bereiche des Objektes zeigen dann z. B. bei blauer Bestrahlung grüne Fluoreszenz.
Erst die Entwicklung der Immunfluoreszenz ermöglichte jedoch den Schritt auf die molekulare Ebene. Bei dieser Methode wird der Farbstoff an ein winziges Trägermolekül gekoppelt. Die Trägermoleküle heften sich im Objekt nur an bestimmte biologische Strukturen, z. B. an bestimmte Eiweiße.
Das **Elektronenmikroskop** ermöglicht stärkere Vergrößerungen als das Lichtmikroskop. Selbst Moleküle können sichtbar gemacht werden. Wissenschaftler können mithilfe des Elektronenmikroskops entscheidende Kenntnisse über den Feinbau von Zellen erlangen.

A1 Stelle die Funktionen der Teile des Mikroskops *(Abb. 1)* in einer Tabelle dar.

A2 Stelle eine allgemeine Wortformel zur Berechnung der Gesamtvergrößerung bei Mikroskopen auf. Berechne die Gesamtvergrößerungen, die durch dein Schulmikroskop erreicht werden können.

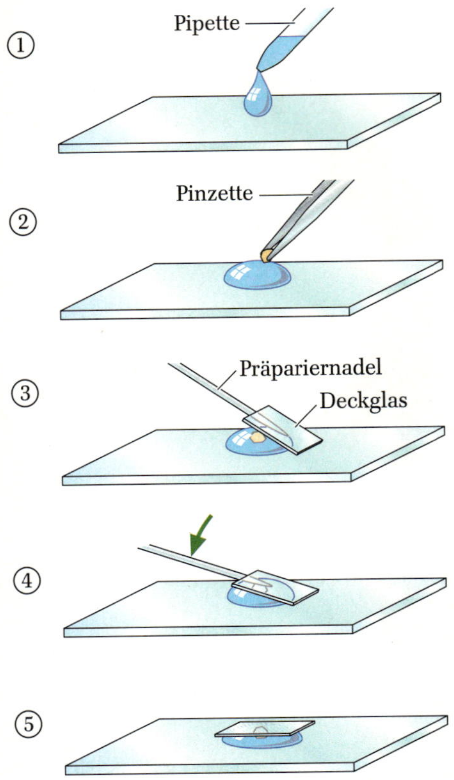

Wenn die Fläche unter dem Deckglas nicht vollständig mit Wasser gefüllt ist, gib seitlich am Deckglas mit der Pipette noch etwas Wasser hinzu. Ist zu viel Wasser unter dem Deckglas, sauge mit einem Filterpapier überschüssiges Wasser ab.

Abb. 1 Herstellen eines Frischpräparates

1.3 Mikroskopische Präparate

Gegenstände (= Objekte) müssen für die Mikroskopie vorbereitet werden. Dazu werden verschiedene Geräte benötigt *(Abb. 2)*. Die Vorbereitung wird Präparation, das vorbereitete Objekt Präparat genannt. Allgemein gilt, dass nur dünne, lichtdurchlässige Präparate zum Mikroskopieren mit dem Lichtmikroskop geeignet sind.

Frischpräparate enthalten unkonserviertes Material von Tieren, Pflanzen oder anderen Organismen und können deshalb nicht aufbewahrt werden. Je nach Objekt sind verschiedene Vorbereitungen notwendig. In Abbildung 1 ist die Herstellung eines Frischpräpaprates dargestellt. Sehr kleine und dünne Objekte können als Ganzes verwendet werden, z. B. das Blatt der Wasserpest oder Einzeller.

Bei Zupfpräparaten werden die bereits dünnen Objekte mit der Pinzette und Präpariernadel zerzupft und dann mikroskopiert, z. B. Muskelgewebe. Um sogenannte Quetschpräparate herzustellen, wird das Objekt auf dem Objektträger vorsichtig gequetscht, z. B. Wurzelspitzen.

Bei größeren Objekten können Schnittpräparate hergestellt werden. Es ist für Querschnitte praktisch, das Objekt in einen Spalt eines Styroporblöckchens zu klemmen. Mit der Rasierklinge werden dann an einem zurechtgeschnittenen kleinen „Schneidetisch" dünne Scheibchen geschnitten.

Sollen Präparate längere Zeit verwendet werden, kann ein **Dauerpräparat** hergestellt werden (S. 50).

Färbung von Präparaten

Viele Bestandteile von Organismen sind farblos und somit im mikroskopischen Bild nicht zu erkennen. Deshalb werden mikroskopische Präparate häufig gefärbt. Je nach verwendetem Farbstoff färben sich unterschiedliche Bestandteile an. So können mithilfe von Iod-Kaliumiodid-Lösung (Lugol'sche Lösung) Stärke und Proteine angefärbt werden. Ein weiterer, oft verwendeter Farbstoff ist Methylenblau, mit dem man Kernstrukturen anfärbt.

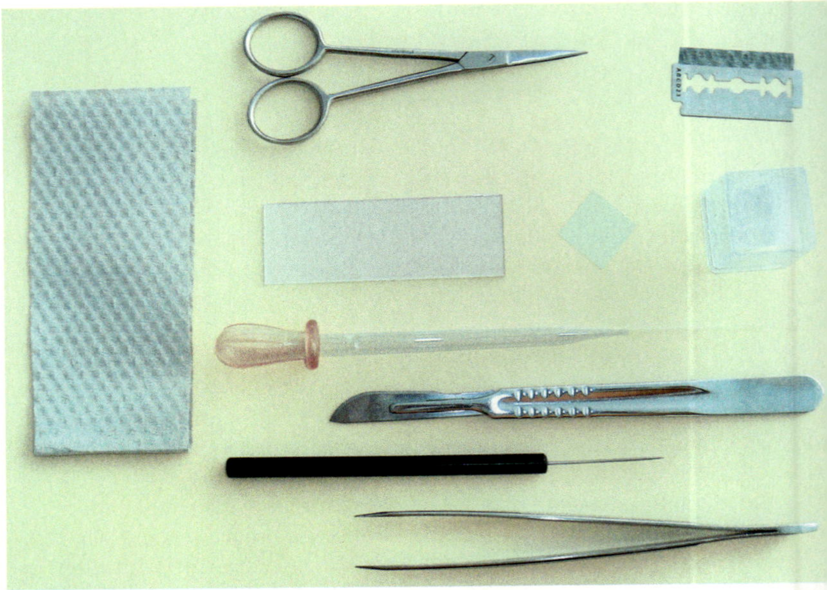

Abb. 2 Mikroskopierzubehör

A1 Benenne die Geräte und beschreibe ihre Funktion *(Abb. 2)*.

A2 Beschreibe anhand der Abbildungen 1 und 2 die einzelnen Schritte bei der Herstellung eines Frischpräparates.

Mit Hand und Verstand

Bedienung und Handhabung des Mikroskops

Mikroskope sind empfindliche und teure Präzisionsinstrumente. Deshalb muss man sorgfältig mit den Geräten umgehen und die folgenden Grundregeln beachten. Zum Transport wird das Mikroskop mit einer Hand am Stativ gehalten, mit der anderen fest von unten gestützt.

1. Vorbereitung
- Stelle das kleinste Objektiv ein und drehe den Objekttisch ganz nach unten; schalte die Beleuchtung an.

2. Auflegen des Präparats
- Verschiebe den Objektträger so, dass der Lichtstrahl das Präparat beleuchtet und klemme den Objektträger auf den Objekttisch.
- Drehe den Objekttisch nach oben. Dabei wird von der Seite kontrolliert, dass Objektiv und Präparat sich fast berühren. Achte darauf, dass Objektiv und Deckglas nicht aufeinander stoßen *(Abb. a)*.

3. Scharfstellen des Präparats *(Abb. b)*
- Blicke nun durch das Okular. Drehe mit dem Grobtrieb den Objekttisch langsam nach unten, bis das Präparat sichtbar wird.
- Stelle das Bild zunächst mit dem Grobtrieb, anschließend mit dem Feintrieb scharf.

4. Suche einer günstigen Objektstelle
- Entklemme das Präparat, bewege es vorsichtig und „durchsuche" es nach der zu beobachtenden Struktur. Schiebe diese in die Mitte deines Bildfeldes, stelle erneut scharf und klemme das Präparat wieder fest.

5. Einstellen von Helligkeit und Bildkontrast
- Reguliere mithilfe der Blende Helligkeit und Bildkontrast.
  Bei relativ hoher Helligkeit sollten möglichst viele Strukturen erkennbar sein.

6. Benutzen stärkerer Vergrößerungen
- Um eine stärkere Vergrößerung zu erreichen, wird ein größeres Objektiv eingeschwenkt. Achte darauf, dass Objektiv und Deckglas sich nicht berühren! Wiederhole Schritt 3.
- Verfahre bei noch stärkeren Vergrößerungen ebenso.

a Auflegen des Präparats, Objekttisch wird nach oben gedreht

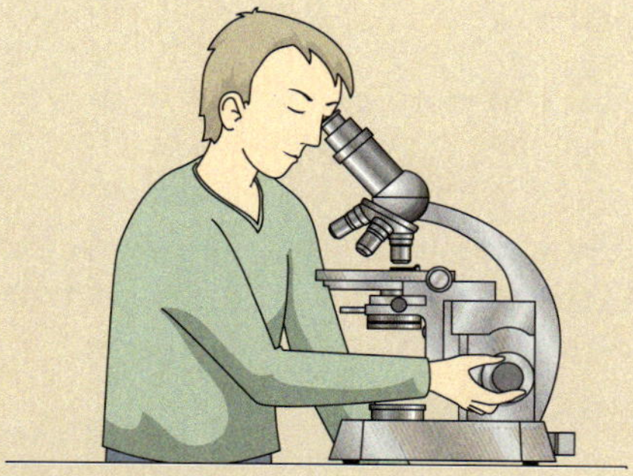

b Scharfstellen des Präparats

Mikroskopieren von Zeitungs- und Millimeterpapier

Material:
Zeitungspapier, Lichtmikroskop, Mikroskopierzubehör (S. 34), Millimeterpapier

So gehst du vor:
1. Schneide ein kleines Stück Zeitungspapier mit Schrift aus.
2. Stelle nach der Anleitung auf Seite 34 ein Frischpräparat her.
3. Mikroskopiere das Zeitungspapier nach der Anleitung oben.
4. Blicke einmal durch das Mikroskop, einmal mit bloßem Auge auf das Präparat. Beschreibe deine Beobachtungen.
5. Blicke durch das Mikroskop. Bewege das Präparat auf dem Objekttisch nach links. Was stellst du fest?
6. Mikroskopiere wie oben beschrieben ein 1×1 cm großes Stück Millimeterpapier. Miss und notiere den Durchmesser des Bildes bei der kleinsten Vergrößerung.

Mikroskopieren und Größenabschätzung eines Haares

Material:
Haar, Mikroskopierzubehör, Lichtmikroskop, Millimeterpapier

So gehst du vor:
1. Zupfe mit der Pinzette ein Haar aus. Schneide das untere Ende mit der Haarwurzel ca. 1 cm lang ab und stelle aus diesem Stück ein Frischpräparat (S. 34) her.
2. Mikroskopiere das Haar wie auf Seite 35 beschrieben und fertige eine Skizze an.
3. Lege ein kleines Stück Millimeterpapier auf einen Objektträger und gib einen Wassertropfen darauf.
4. Lege ein Stück des Haares in den Wassertropfen und vorsichtig ein Deckglas darauf.
5. Schätze mithilfe des Millimeterpapiers den ungefähren Durchmesser des Haares ab.

Anfertigung einer mikroskopischen Zeichnung

Material:
weißes unliniertes DIN-A4-Papier, Bleistift (HB oder B1), Lichtmikroskop, Radiergummi, Farbstifte

Abb. 1 Mikroskopische Übersichtszeichnung eines Blattquerschnittes

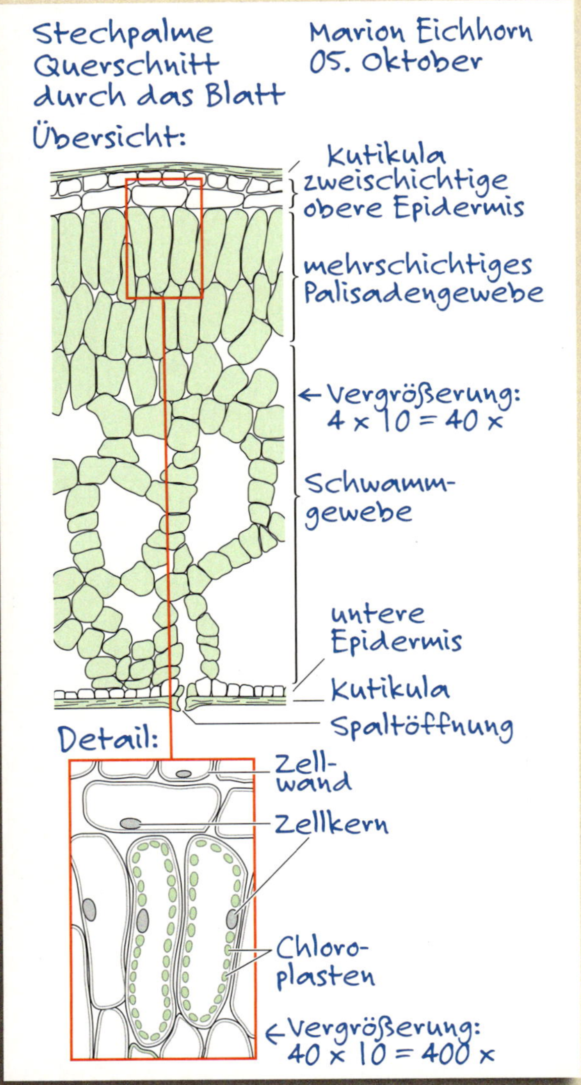

Biologische Sachverhalte können mit Worten beschrieben werden. Häufig ist aber mit einem Foto oder einer Zeichnung die Struktur rascher und effizienter zu erfassen als mit einem langen Text. Voraussetzung ist allerdings eine klare Darstellung und eine genaue Beschriftung. Bei der Anfertigung einer biologischen Zeichnung geht man so vor:

1. **Beschrifte mit folgenden Angaben:** Untersuchungsobjekt und Teil des Objekts als Überschrift, dein Name, Datum, Vergrößerung (Okular × Vergrößerung Objektiv = Gesamtvergrößerung).
2. Überlege vor Beginn der Zeichnung genau, welchen Bereich oder welche Ansicht des Objektes du darstellen willst. Bei mikroskopischen Zeichnungen solltest du einen klar strukturierten Objektbereich auswählen.
3. Je nach Präparat ist es sinnvoll, zunächst eine **Übersichtszeichnung** bei niedriger Vergrößerung anzufertigen, die das ganze oder einen größeren Teil des Präparates zeigt. In der Übersichtszeichnung können auch Farben verwendet werden. Von einem kleinen Teil des Präparates wird bei hoher Vergrößerung eine **Detailzeichnung** mit ausgewählten, im mikroskopischen Bild erkennbaren Strukturen erstellt (z. B. zellulärer Ausschnitt).
4. **Größe**: Eine zelluläre Zeichnung sollte etwa handflächengroß sein. So bleibt genügend Platz für die Beschriftung. Zeichne zunächst einen Umriss einer Zelle und ergänze dann Schritt für Schritt die Details. Zeichne in die Zelle mit klaren Strichen. Du kannst auch Bleistifte verschiedener Härte verwenden. Dunklere Bereiche werden punktiert (evtl. auch schraffiert).
   Ergänze entsprechend die umliegenden Zellen.
5. Achte darauf, dass die Hinweisstriche sich bei der Beschriftung nicht kreuzen. Beschrifte mit den entsprechenden Fachbegriffen.

Mikroskope

Die Auflösung eines Mikroskops ist durch die Wellenlänge des Mediums begrenzt, mit dem das Mikroskop arbeitet. Mit Lichtmikroskopen konnten bislang etwa 200 nm erreicht werden. Da schnelle Elektronen eine sehr viel kleinere Wellenlänge als sichtbares Licht haben, kann mit einem **Elektronenmikroskop** (EM) eine deutlich höhere Auflösung (derzeit etwa 0,1 nm) erzielt werden. Bei biologischen Objekten sind allerdings, auch aufgrund der notwendigen vorbereitenden Arbeiten, nur selten Auflösungen unter 1–2 nm erreichbar. Seit den 1930er-Jahren werden EM verwendet und bis heute weiterentwickelt.

Hauptbestandteile eines EM sind

- eine Elektronenkanone, welche die freien Elektronen erzeugt und beschleunigt,
- Elektronenlinsen, meist magnetisch, welche die Flugbahnen der Elektronen ablenken und sie dadurch bündeln können,
- ein Vakuumsystem, damit die Elektronen nicht durch Zusammenstöße mit Luftmolekülen abgelenkt werden,
- die Probenhalterung, die meist die Probe auch in der Lage verändern sowie sie beispielsweise kühlen oder heizen kann,
- schließlich Detektoren, die entweder die Elektronen selbst oder sekundäre Signale registrieren.

Elektronenmikroskope sind teuer in der Anschaffung und im Unterhalt; daher findet man sie in der Regel nur in Forschungseinrichtungen oder bei spezialisierten Dienstleistern.

Bei **Transmissionselektronenmikroskopen** (TEM, *Abb. 1*) muss das Probenmaterial sehr dünn sein, denn die Elektronen durchstrahlen die Probe. Man beobachtet die Messung entweder direkt auf einem Leuchtschirm oder verwendet zur Aufzeichnung fotografischen Film.

Rasterelektronenmikroskope (REM) arbeiten mit sehr feinen, gebündelten Elektronenstrahlen, die über eine Probe „gerastert" werden. Der Begriff „rastern" bedeutet, dass der Elektronenstrahl zeilenweise über den (rechteckigen) Probenbereich geführt wird. Im Unterschied zum TEM muss die Probe nicht dünn geschnitten werden. Die rückgestreuten Elektronen werden detektiert und aus diesen Daten wird – meist direkt auf Monitoren dargestellt – das Bild aufgebaut, das räumlich und in gewisser Weise realitätsnah wirkt *(Abb. 2)*.

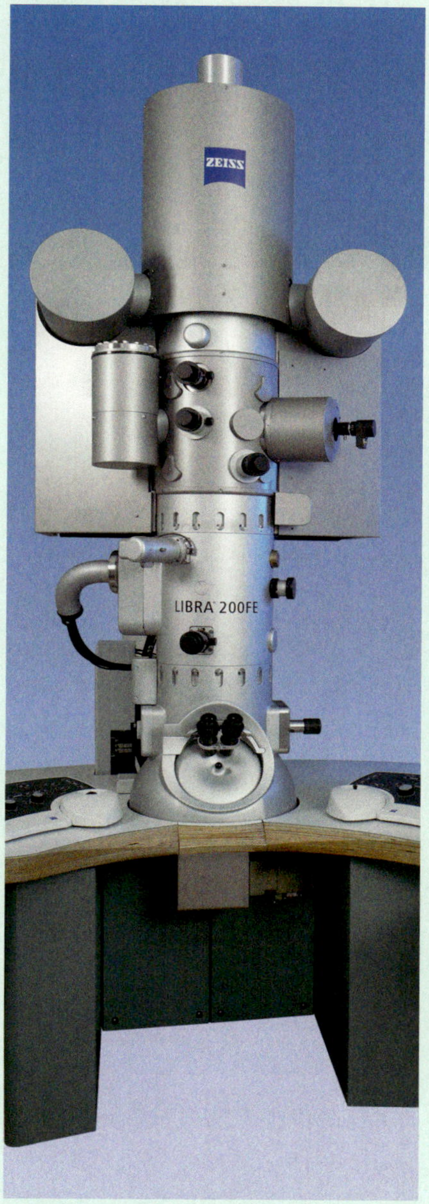

Abb. 1 Transmissionselektronenmikroskop

Biologische Proben, die man in einem EM untersuchen will, müssen – je nach wissenschaftlicher Fragestellung – vorbereitet werden:

Fixierung; dabei werden z. B. die Proteine vernetzt und verhärtet oder die Lipide geschwärzt und fixiert.
Kryo-Fixierung; die Probe wird in flüssigem Ethan bei –88,6 °C schockgefrostet. Unter diesen Bedingungen kristallisiert Wasser nicht, sondern bildet glasartiges Eis. Ein Nachteil der Kryo-Fixierung sind die geringen Kontraste, die sich im Abbild ergeben.
Dehydratisierung: Wasser wird den Proben schrittweise entzogen und durch Ethanol oder Aceton ersetzt.

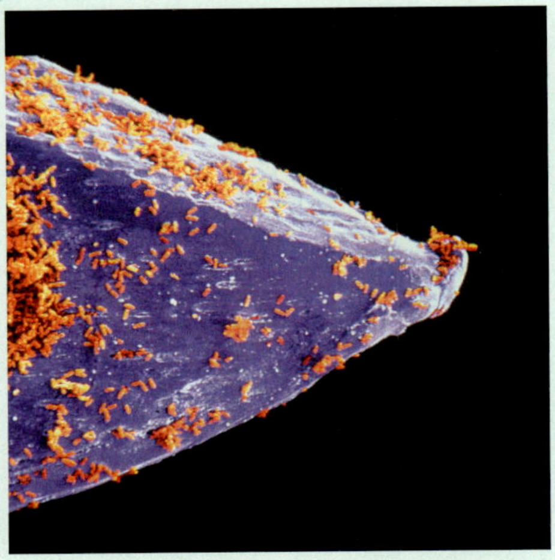

Abb. 2 Bakterien auf einer Nadelspitze (Rasterelektronenmikroskopaufnahme)

Färbung; mithilfe schwerer Atome (z. B. Blei, Uran) wird der Kontrast erhöht, um eine bessere Darstellung zu erreichen.
Einbettung, meist in Acrylharze. Nach Aushärtung wird die Probe mit Diamant- oder Glasklingen in einem sogenannten Ultra-Mikrotom in höchstens 1 µm dicke Scheiben geschnitten.

Diese sehr aufwendige Vorbereitung der Proben kann auch Nachteile haben. So können dadurch z. B. **Artefakte** entstehen, also Strukturen, die mit dem eigentlichen Untersuchungsobjekt nichts zu tun haben, sondern allein durch die Vorbereitung zustande gekommen sind. Bei der Interpretation der Daten muss also immer berücksichtigt werden, wie sie entstehen, damit man keine fehlerhaften Schlüsse zieht.
Die Proben können durch den Elektronenstrahl geschädigt werden; lebende Präparate können gar nicht betrachtet werden.

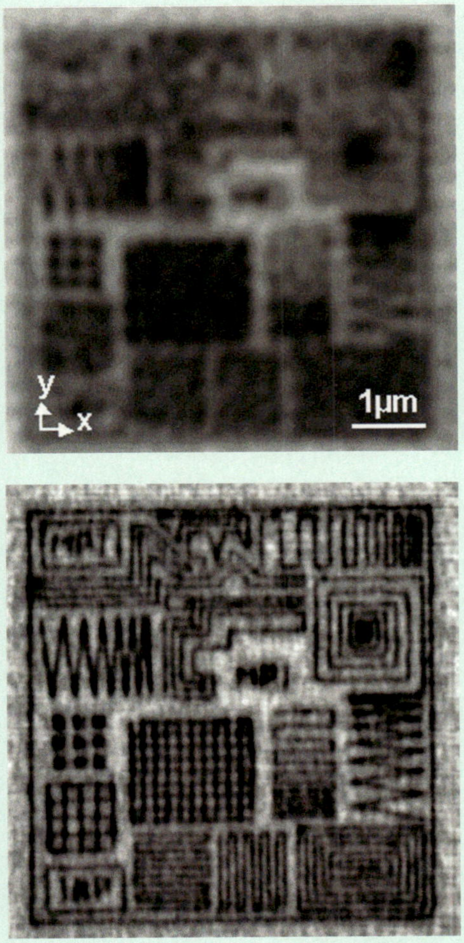

Abb. 3 Aufnahme mit herkömmlicher Auflösung eines Lichtmikroskops (oben), darunter mit STED-Mikroskop

Lichtmikroskopie in ungekannter Schärfe

Wissenschaftlern am Max-Planck-Institut für biophysikalische Chemie (Göttingen) ist es in den letzten Jahren gelungen, die Grenzen der Lichtmikroskopie zu verschieben. Sie haben ein Lichtmikroskop konstruiert, das eine Auflösung von bis zu 50 nm besitzt. Grundsätzlich sind sogar Auflösungen bis zur Größe eines Moleküls (2–5 nm) möglich.
Für die sogenannten **STED-Mikroskope** (Stimulated Emission Depletion) wurde die Fluoreszenzmikroskopie variiert, indem Zellen oder Proteine zunächst mit Markermolekülen versehen und dann mit einem meist blauen Lichtstrahl bestrahlt werden. Die angeregten Markermoleküle beginnen, Licht einer bestimmten Wellenlänge auszusenden. Nun wird mit einer zweiten, parallel zur ersten angebrachten Lichtquelle ein Kranz rotes Licht abgegeben. Die von diesem Lichtkranz beleuchteten äußeren Moleküle fallen wieder in ihren Normalzustand zurück – aber eben nur die äußeren. Das Ergebnis ist nun ein sehr viel feinerer Lichtstrahl, der eine entsprechend höhere Auflösung bringt.

Für die Erforschung des biologischen Mikrokosmos eröffnen sich dadurch faszinierende Möglichkeiten, da nun die im Inneren lebender Zellen ablaufenden Prozesse sehr viel genauer als bisher erkundet werden können. Mit Elektronenmikroskopen, wie schon gesagt, ist dies nicht möglich.

2 Zellen – Bausteine der Lebewesen

Mithilfe von Vergrößerungsinstrumenten, wie Lupen *(Abb. 1)* und Mikroskopen, konnten für das bloße Auge unsichtbare und viele bisher unbekannte Lebewesen entdeckt werden. Gleichzeitig eröffneten die Vergrößerungsinstrumente die Möglichkeit, die Strukturen der Organismen genauer zu studieren. Wissenschaftler machten sich auf die Suche nach den Bausteinen der Organismen. Bei folgenden Versuchen kannst du selbst einige Entdeckungen machen.

Abb. 1 Lupe

Mit Hand und Verstand

Sternmoos – Untersuchung mit der Lupe

So gehst du vor:

1. Betrachte ein Blättchen des Mooses mit der Lupe. Beschreibe deine Beobachtung.
2. Fertige eine Zeichnung eines Moosblättchens an.
3. Erstelle mithilfe eines Bestimmungsbuches und der Abbildung 2 einen Steckbrief des Sternmooses.
4. Untersuche andere Moospflanzen, z. B. ein Schiefmundmoos.

Material:
Sternmoos *(Mnium spec.)*, alternativ: Schiefmundmoos oder Frauenhaarmoos, Lupe, DIN-A4-Papier, Bleistift

Stängelquerschnitt einer Tulpe – Untersuchung mit der Lupe

So gehst du vor:

1. Führe den Versuch durch wie in Abbildung 3 dargestellt.

Material:
Tulpe, Wasser, einige Tropfen Tinte, Becherglas, Rasierklinge, Petrischale, Lupe

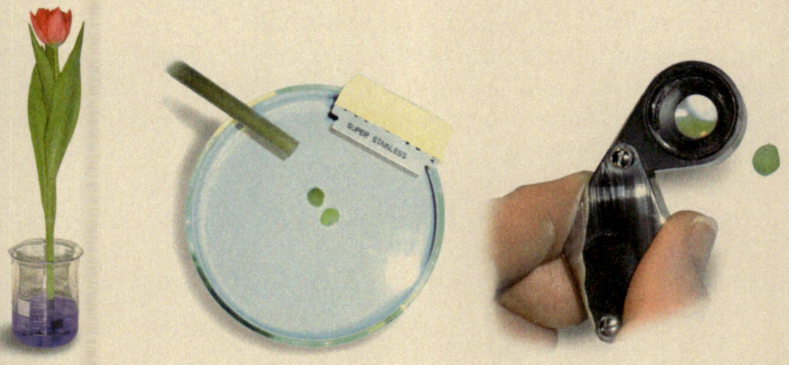

Abb. 3 Versuchsdurchführung

2. Fertige ein Versuchsprotokoll an.
3. Fertige eine Skizze des Querschnitts an.
4. Beantworte in deinem Versuchsprotokoll unter „Erklärung" auch folgende Fragen: Welche Struktur färbt sich blau? Wozu dient sie?

Anmerkung: Der Versuch kann alternativ mit Springkrautarten *(Impatiens spec.*, z. B. *Impatiens parviflora)* oder Pestwurz *(Petasites hybridus)* durchgeführt werden.

Abb. 2 Sternmoos

Wir untersuchen den Aufbau einer Küchenzwiebel mit bloßem Auge

Abb. 4 Küchenzwiebel

Abb. 5 Längsschnitt durch eine Küchenzwiebe

Material:
Küchenzwiebel (am besten eine rote Zwiebel), Skalpell, Lupe, DIN-A4-Papier, Bleistift

So gehst du vor:
1. Halbiere eine Küchenzwiebel und untersuche die Zwiebelhälfte (auch mit der Lupe).
2. Fertige eine Übersichtsskizze einer Zwiebelhälfte an.

Beschrifte – wenn sichtbar – folgende Strukturen: Wurzel, Zwiebelscheibe, Zwiebelschuppe, Außenhaut, austreibende Sprossachse, Tochterzwiebel.

Die Zwiebelhaut – Untersuchung mit dem Lichtmikroskop

Material:
Küchenzwiebel, Mikroskopierzubehör, Becherglas mit Wasser, Lichtmikroskop, DIN-A4-Papier, Bleistift

So gehst du vor:
1. Zerschneide die Küchenzwiebel in vier Teile.
2. Ritze auf der Innenseite einer Schuppe mit dem Skalpell ein Quadrat von ca. 5×5 mm Größe.
3. Ziehe mit der Pinzette vorsichtig das oberste, dünne Häutchen ab. Es ist fast durchsichtig.
4. Stelle ein Frischpräparat her (S. 34). Achte darauf, dass das Häutchen flach im Tropfen liegt und keine Überlappungen entstehen.
5. Mikroskopiere das Zwiebelhäutchen.
6. Suche eine sehr dünne, einschichtige Stelle (meist am Rand) ohne Luftblase.
7. Fertige eine mikroskopische Zeichnung an.

Abb. 6 Viertel einer Küchenzwiebel

Abb. 7 Zwiebelschuppe

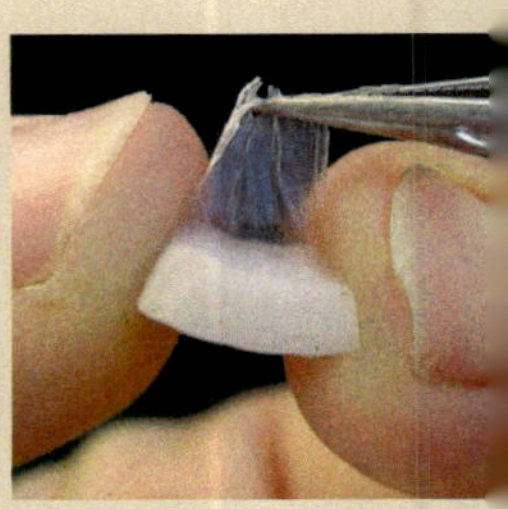

Abb. 8 Abziehen der Zwiebelhaut

A1 Beschreibe den Aufbau der Küchenzwiebel. Gib ihre biologische Bedeutung an.

A2 Erstelle einen Steckbrief der Küchenzwiebel.
Recherchiere: Aus welchem Gebiet der Erde stammt die Küchenzwiebel?

A3 Beschreibe das mikroskopische Bild der Zwiebelhaut.

A4 Welche Organe übernehmen bei anderen Pflanzen die Funktion der Zwiebel?

2.1 Lebewesen bestehen aus Zellen

1665 untersuchte der englische Naturforscher Robert **Hooke** mit einem einfachen Mikroskop Flaschenkork, der aus der Rinde der Korkeiche gewonnen wird *(Abb. 1)*. Dabei entdeckte er ähnliche Strukturen wie du beim Zwiebelhäutchen sehen konntest. Er nannte sie „little boxes or cells“ und gab den Strukturen somit den Namen **„Zellen“**. Allerdings sah Hooke nur die Zellwände toter Zellen und hatte von dem Inneren des komplexen Lebensbausteins keine genaue Vorstellung.
Erst 1838 entdeckte Matthias Jakob **Schleiden** (1804–1881), dass alle Pflanzen aus Zellen bestehen. Er beschrieb die Zelle als Lebenseinheit, als kleines lebendiges Gebilde, aus dem der ganze Organismus besteht. Kurze Zeit später wies Theodor **Schwann** (1819–1882) nach, dass auch Tiere einen zellulären Aufbau besitzen. Die Wissenschaftler stellten die **Zelltheorie** auf, die besagt:

! Alle Lebewesen sind aus Zellen aufgebaut.

10 µm

Abb. 1 Kork unter dem Mikroskop

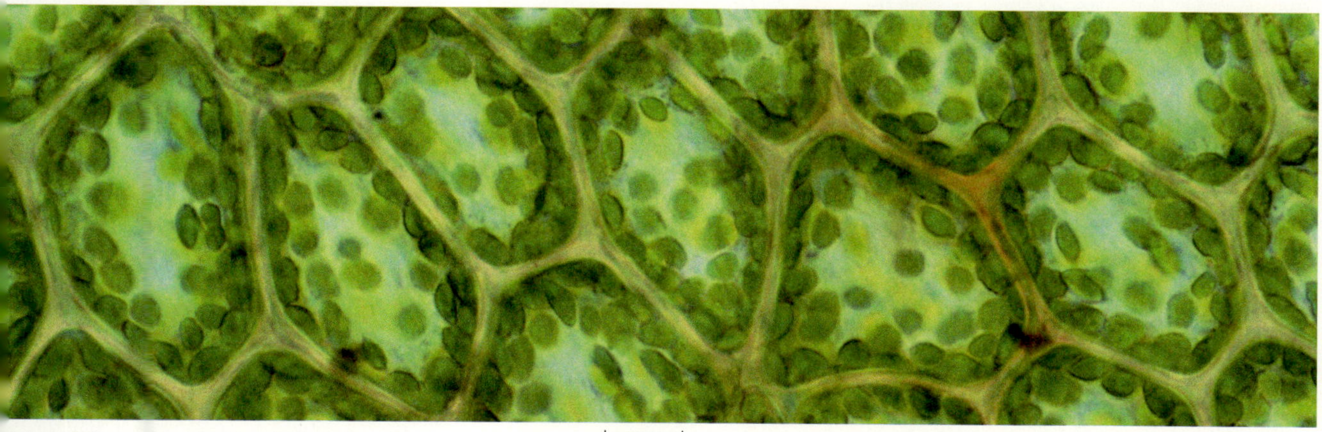

Abb. 2 Pflanzenzellen im Zellverband

10 µm

2.2 Lebenseinheit Zelle

in Lebewesen besteht aus verschiedenen Zelltypen. Dennoch haben lle Zellen einige Grundeigenschaften gemeinsam:
ebende Zellen sind ständig aktiv. Alle Lebensvorgänge, z. B. Bewe-ung, Wahrnehmung, aber auch Wachstum und Fortpflanzung, sind auf ie Aktivität von Zellen zurückzuführen. So laufen in der mikrosko-isch kleinen Lebenseinheit Zelle fortwährend Prozesse wie Stoffauf-au, Stofftransport und Stoffspeicherung ab. Für die Durchführung ieser Prozesse sind spezialisierte Strukturen im Inneren der Zelle erantwortlich. Diese Strukturen werden Zellorganellen genannt; sie rfüllen unterschiedliche Aufgaben. Nach außen ist die Zelle durch ine dünne Haut, die sogenannte Zellmembran, abgeschlossen. Die-e ermöglicht einen geregelten Stoffaustausch mit der Umgebung und it benachbarten Zellen. Die unterschiedlichen Aktivitäten der Zelle, ie Prozesse in ihrem Inneren wie auch die Austauschvorgänge mit der mgebung, werden vom Zellkern gesteuert und koordiniert.

A1 Matthias Schleiden betonte die Bedeutung des Mikroskops für die Biologie: „Wer Zoologe oder Botaniker werden will ohne Mikroskop, ist mindestens ein ebenso großer Thor, als wer den Himmel beobachten will ohne Fernrohr.“
Erkläre diese Aussage.

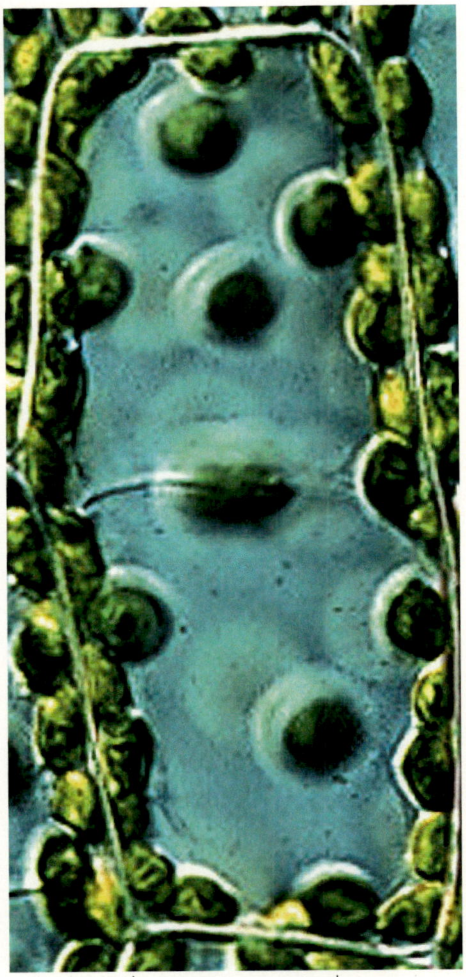

10 µm

Abb. 1 Mikroskopisches Bild einer Pflanzenzelle

2.3 Die Pflanzenzelle und ihr Aufbau

Bei der Betrachtung von Zellen aus verschiedenen Teilen einer Pflanze unter dem Mikroskop erkennt man, dass alle Zellen grundsätzlich gleich aufgebaut sind. Nach außen ist die Zelle durch die Zellwand und ein dünnes Häutchen, die Zellmembran, abgeschlossen. Im Inneren der Zelle sind mit dem Lichtmikroskop verschiedene Strukturen sichtbar *(Abb. 1, 2)*.

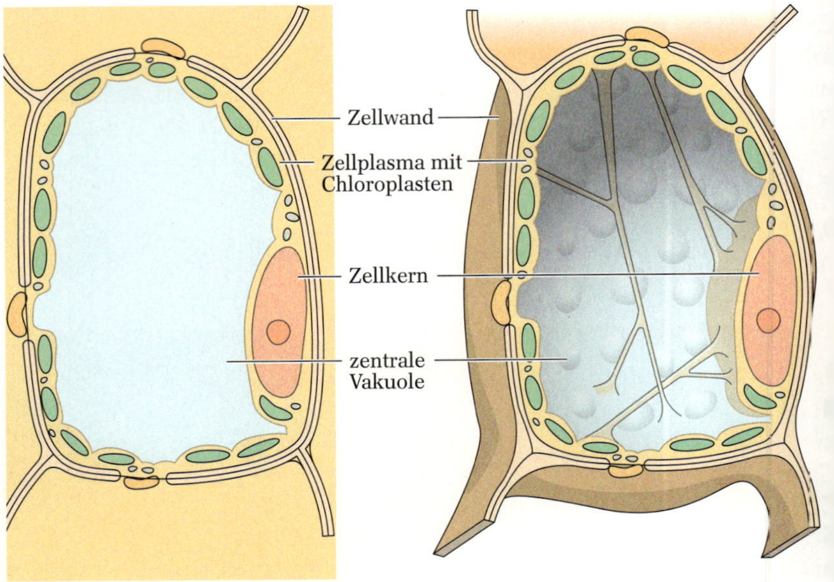

Abb. 2 Aufbau einer Pflanzenzelle; rechts dreidimensional

Die Bestandteile einer Pflanzenzelle und ihre Aufgaben

Die **Zellwand** ist das Exoskelett (gr. exo – außen) der Zelle. Sie wir von der Zelle gebildet und besteht aus einem durchlässigen Cellulose geflecht. Die Zellwand gibt der Zelle ihre Form und verleiht ihr Festig keit.

Die **Zellmembran** umschließt das Zellplasma und grenzt somit die Zel le nach außen ab. Sie besteht aus Fetten und Eiweißen. Die Zellmem bran ist für bestimmte Stoffe durchlässig, für andere nicht. Dadurc kann ein regulierter Austausch mit der Umgebung stattfinden.
Auch innerhalb der Zelle befinden sich Membranen, die gleich aufge baut sind wie die Zellmembran. Sie umschließen bestimmte Strukture wie die Zellvakuole (S. 43).

Das **Zellplasma** ist eine gelartige Masse, die aus Wasser und gelöste Stoffen besteht. Es enthält kleine membranumschlossene Strukturen die **Zellorganellen**. Sie haben für die Funktionstüchtigkeit der Zell große Bedeutung. So dienen zum Beispiel bestimmte Zellorganelle der Energieversorgung der Zelle, andere der Stoffproduktion oder de Stofftransport.
Im Zellplasma und in den Zellorganellen laufen wichtige Stoffwechse prozesse ab. Sie sind auch die Orte der Stoff- und Energiespeicherung

! Pflanzenzellen sind durch Zellwand und Zellmembran abgeschlossen. Im Zellinneren befinden sich Zellkern, Zellplasma, Zellorganellen (wie Mitochondrien), Zellvakuole und ggf. Chloroplasten.

Die zentrale **Zellvakuole** ist ein flüssigkeitsgefüllter Hohlraum in der Pflanzenzelle. Sie füllt den Innenraum der Zelle fast vollständig aus und drückt das Zellplasma an den Rand. Dieser Druck der Vakuole sorgt für die Stabilität von unverholzten Pflanzen. Sinkt der Vakuolendruck, welkt die Pflanze.

Der **Zellkern** oder **Nucleus** (lat. nucleus – Nusskern) ist in Zellen mit dem Lichtmikroskop als ein rundliches Gebilde zu erkennen. Im Zellkern befindet sich die Erbinformation in Form von Nucleinsäuren (S. 45).

Die **Mitochondrien** (gr. mitos – Faden, chondrein – kleines Körnchen) sind die Kraftwerke der Zelle. In der Zelle laufen viele Energieumwandlungen ab. Die Mitochondrien sorgen für die Bereitstellung der Energie (S. 64).

Die **Chloroplasten** oder Blattgrünkörner enthalten den grünen Blattfarbstoff Chlorophyll. Mithilfe des Chlorophylls kann die Pflanze unter Ausnutzung der Sonnenenergie Zucker als Energielieferant herstellen (s. Photosynthese, S. 67).

Verschiedenartige Pflanzenzellen

Je nach Aufgabe der Zelle im Pflanzenkörper ist der Grundbauplan der Zelle abgewandelt. So besitzen z. B. die Zellen der Zwiebelhaut keine Chloroplasten. Andere Zellen, wie Wurzelhaarzellen, zeichnen sich durch eine besondere Form aus. Die Abbildungen 3 bis 7 zeigen spezialisierte Zellen.

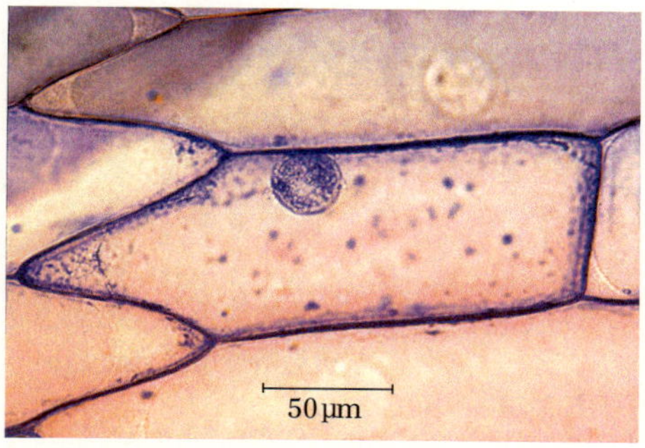

Abb. 3 Zellen der Zwiebelhaut

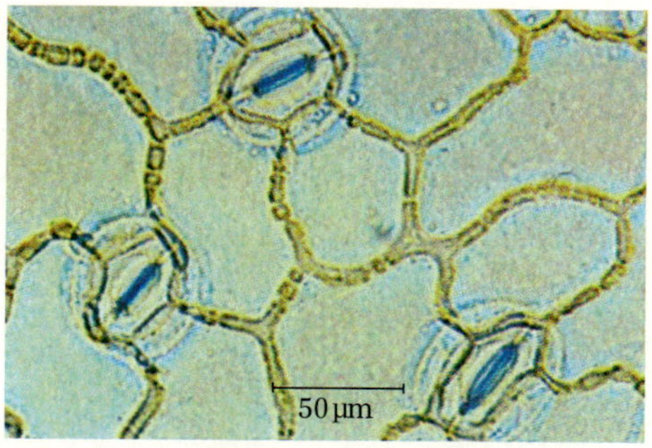

Abb. 4 Epidermiszellen der Blattunterhaut

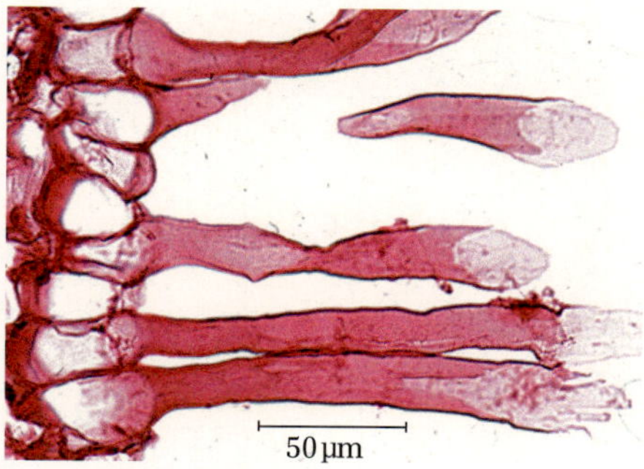

Abb. 5 Wurzelhaarzellen

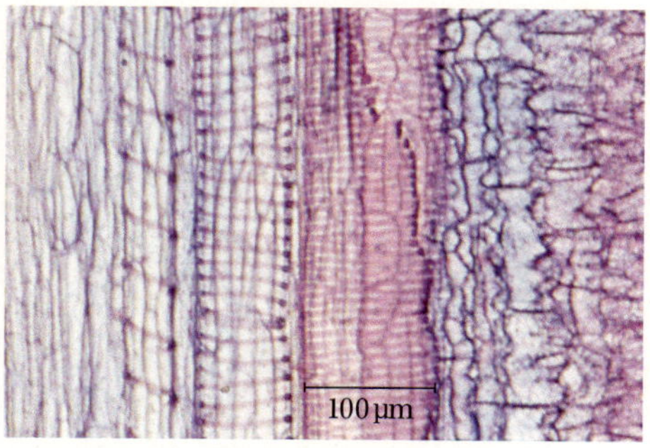

Abb. 6 Wasser transportierende Zellen

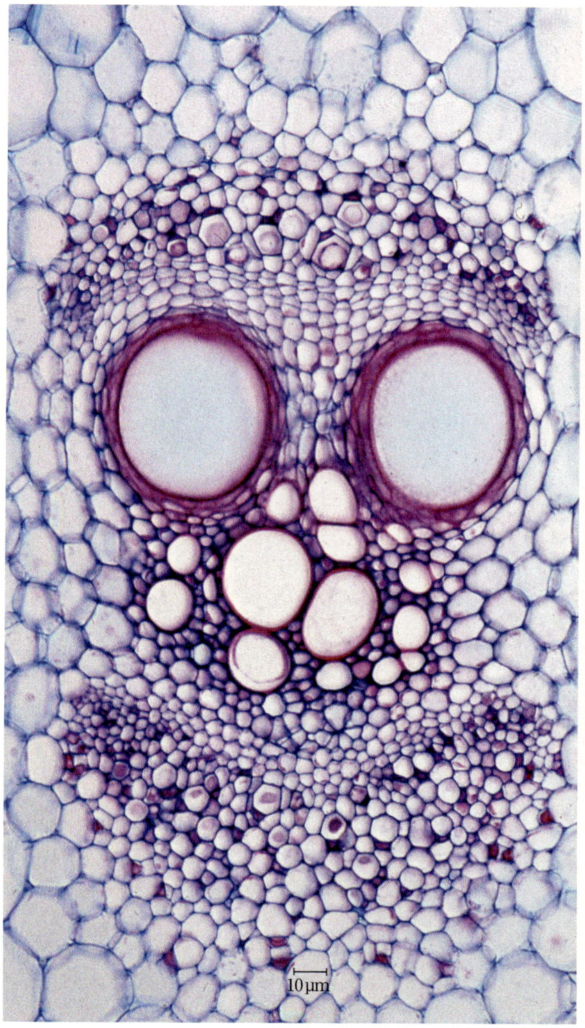

Abb. 7 Querschnitt durch Leitbündel

A1 Vergleiche die verschiedenen Zelltypen. Welche Zellorganellen fehlen? Weshalb besitzen die Zellen des Zwiebelhäutchens keine Chloroplasten?

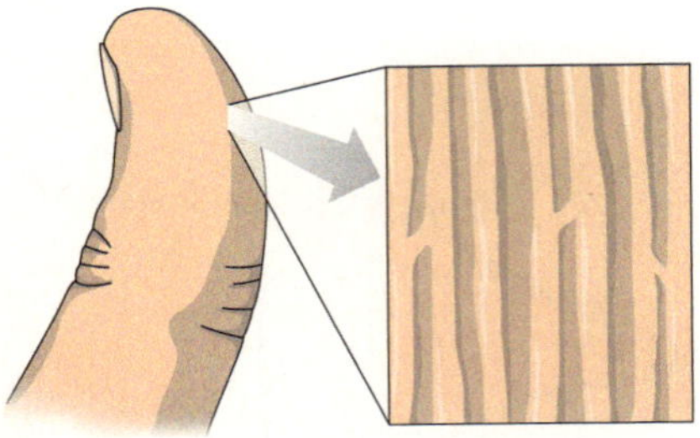

Abb. 1 Aufsicht auf die Haut mit Einkerbungen

2.4 Die tierische Zelle und ihr Aufbau

Betrachtest du deinen Daumen, so siehst du Einkerbungen der Ober-haut *(Abb. 1)*. Verlauf und Abstand der Kerben auf den Fingerbeeren sind bei jedem Menschen einmalig und bilden den charakteristischen Fingerabdruck. Mit der Lupe kannst du das Muster der Einkerbungen genauer erkennen.

Der Aufbau der Haut ist jedoch mit der Lupe nicht sichtbar. Erst die Untersuchung eines Schnittpräparates mit dem Mikroskop zeigt, dass auch die menschliche Haut aus Zellen aufgebaut ist. Der Mensch und alle Tiere bestehen aus Zellen.

Die **tierische Zelle** ist von einer **Zellmembran** umgeben. Im **Zellplasma** befinden sich der **Zellkern** und die **Mitochondrien**. Die Zellmembran sorgt für einen kontrollierten Austausch der Zelle mit den benachbarten Zellen und mit dem **Interzellularraum**. Dies ist der Raum zwischen den Zellen.

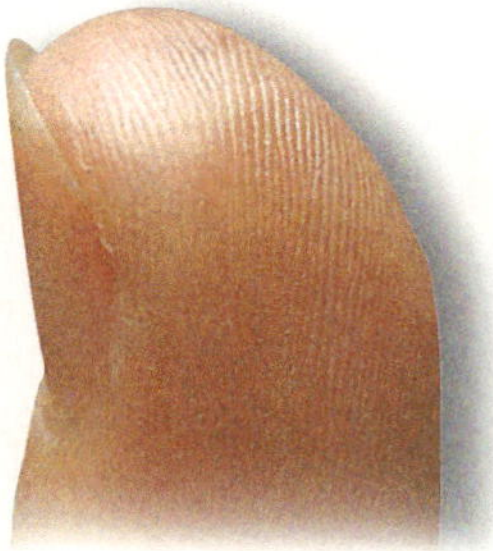

Abb. 2 Daumen

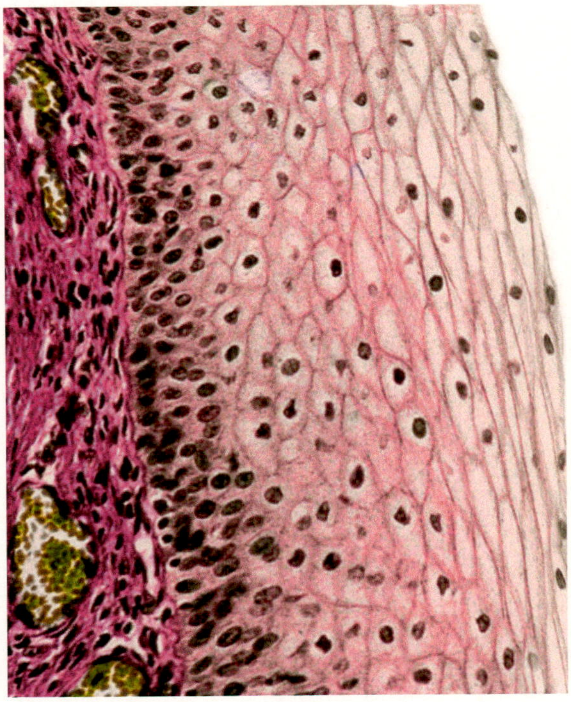

Abb. 3 Schnitt durch die Haut des Daumens

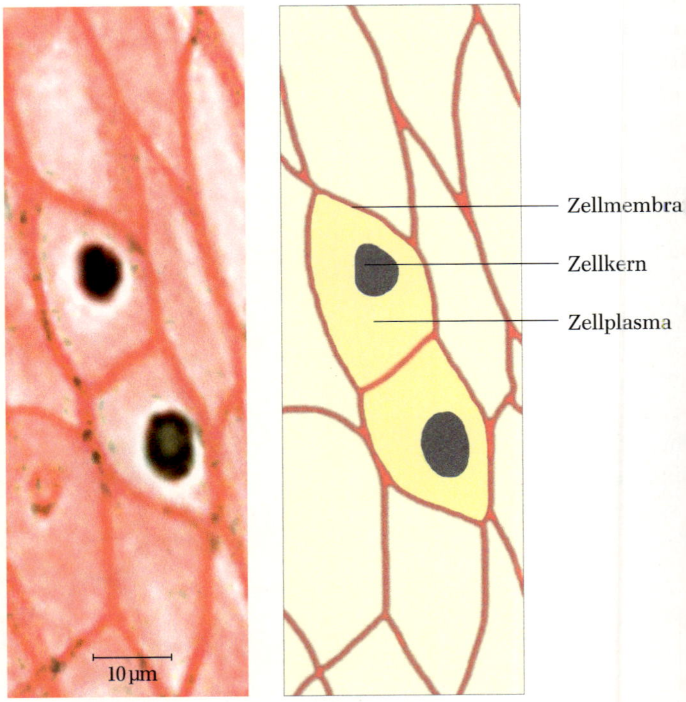

Abb. 4 Zellen der Daumenhaut und ihr Aufbau

A1 Stelle die Bestandteile der tierischen und der pflanzlichen Zelle vergleichend in einer Tabelle gegenüber.

A2 Weshalb besitzen tierische Zellen Mitochondrien?

Bei genauer Betrachtung der Zellen wird deutlich, dass sich die tierische Zelle von der Pflanzenzelle unterscheidet. Die bei Pflanzen vorkommende Zellwand und die zentrale Vakuole fehlen bei tierischen Zellen. Winzige Vakuolen in tierischen Zellen dienen der Nahrungsaufnahme, Verdauung und Ausscheidung.
Tierische Zellen besitzen keine Chloroplasten, denn sie betreiben keine Photosynthese. Deshalb müssen Tiere mit der Nahrung energiereiche Stoffe aus ihrer Umgebung aufnehmen.

3 Zellkern und Zellteilung

Jede Zelle erfüllt als Baustein spezialisierte Aufgaben in einem vielzelligen Lebewesen. Zur Erfüllung dieser Aufgaben bedarf es gespeicherter Information und Steuerung. Die Informations- und Steuerzentrale der Zelle ist der **Zellkern** (**Nucleus**). In ihm befindet sich die **Erbsubstanz** in Form von **Kernsäure** (**Nucleinsäure**). In der Erbsubstanz sind alle für die Struktur und Lebensprozesse der Zelle notwendigen Informationen gespeichert. Die Verschlüsselung dieser Information ist bei allen Lebewesen gleich (Erbschrift). Durch die Nucleinsäuren werden auch Prozesse in Gang gesetzt, die für die Erfüllung der Aufgaben der Zelle notwendig sind. Nicht in jeder Zelle wird dieselbe Information abgelesen; folglich laufen in verschiedenen Zellen unterschiedliche Prozesse ab. Daher entwickeln sich aus anfänglich unspezialisierten Zellen verschieden spezialisierte Zelltypen mit unterschiedlichen Aufgaben. Dieser Prozess wird **Zelldifferenzierung** genannt.

Am Lebensanfang eines Organismus steht eine einzige Zelle, die Zygote (befruchtete Eizelle). Wie kann sich aus einer Zelle ein ganzer Mensch mit ca. 100 Billionen Zellen entwickeln?
Bereits 1858 stellte Rudolf Virchow (1821–1902) die Hypothese „Omnis cellula e cellula" auf: Alle Zellen gehen aus Zellen hervor.
Heute ist bewiesen:

! Zellen können sich nur durch Zellteilung vermehren.

Bei der Zellteilung bilden sich aus einer **Mutterzelle** zwei **Tochterzellen** *(Abb. 1)*, welche die komplette Erbinformation tragen. Der Prozess der Zellteilung schließt deshalb die Kernteilung mit ein. Die Erbinformation muss vor der Kernteilung verdoppelt werden, damit beide Tochterzellen dieselbe und vollständige Erbinformation erhalten. Die Tochterzellen wachsen zur Größe der Ausgangszelle heran.

Die Zellteilung ist Grundvoraussetzung für das **Wachstum** von vielzelligen Lebewesen. Durch die Prozesse der Zellteilung und Zelldifferenzierung bilden sich Gewebe und Organe.

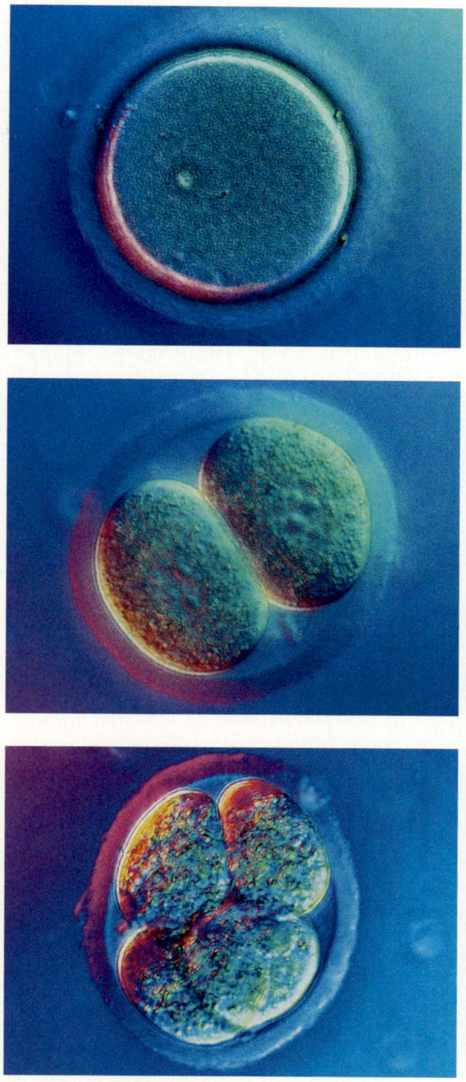

Abb. 1 Die Zellteilung der menschlichen Eizelle (200 µm) – unter dem Mikroskop

Abb. 2 Zellteilung, Phase A–D

Viele Zellen haben nur eine sehr kurze Lebensdauer. Zum Beispiel leben die Zellen der Lippenhaut des Menschen 15 Tage, weiße Blutzellen 1–3 Tage und die Epithelzellen des Dünndarms nur ca. 1 Tag. Die abgestorbenen Zellen müssen ersetzt werden. Die Zellteilung dient also auch der **Regeneration** (lat. regenerare – erneuern, von Neuem hervorbringen) der vielzelligen Lebewesen.

A1 Übernimm das Schema *(Abb. 2)* in dein Heft und ergänze die Phasen B und D. Beschrifte mit Fachbegriffen. Beschreibe die Phasen A–D.

A2 Jede Zelle benötigt die vollständige Erbinformation. Welche Eigenschaft muss die Erbschrift haben, damit dies möglich wird?

4 Gewebe und Membranen

4.1 Die Haut – ein Organ aus Geweben

Das mikroskopische Bild des Längsschnittes durch die **Haut** zeigt, dass die Zellen in mehreren Schichten übereinander liegen *(Abb. 1)*. Sie bilden einen Verband gleichartiger Zellen, ein **Gewebe**. Das von den Epithelzellen gebildete Gewebe wird **Epithel** oder **Deckgewebe** genannt.

Das Epithel bildet den oberen Bereich der Haut, die Oberhaut oder **Epidermis** (gr. epi – auf, darauf; derma – Haut). Sie ist durchschnittlich 0,1 mm dick; 0,02 mm im Gesicht und 1 mm an den Fußsohlen.

Die obersten Schichten der Epidermis sind verhornt. Die Zellen der Hornschicht sind abgestorben und werden ständig abgeschuppt. Durch regelmäßige Zellteilungen in der Keimschicht werden Zellen nachgeliefert. Innerhalb von ca. 27 Tagen „durchwandern" sie die Epidermis und bilden die widerstandsfähige Hornschicht.

Unter der Epidermis liegt die **Dermis** oder **Lederhaut**. Sie ist etwa 1 mm dick und besteht aus **Bindegewebe**. Verschiedene Eiweißstoffe sorgen für eine hohe Stabilität, aber auch für die starke Dehnfähigkeit der Lederhaut. In der Lederhaut befinden sich viele Blutgefäße. Mit der Haut sind verschiedenartige Wahrnehmungen möglich. Die Reizaufnahme erfolgt durch freie Nervenendigungen und Sinneszellen in der Lederhaut. In der tieferen Schicht der Dermis sind Talgdrüsen, Schweißdrüsen und Haarwurzeln eingelagert. An den Haarwurzeln sitzen Muskeln, die das Aufrichten der Haare ermöglichen. Die **Unterhaut** ist die tiefste Schicht der Haut. Sie wird von **Fettgewebe** gebildet. Gewebe, die eine gemeinsame Aufgabe erfüllen, bilden ein **Organ**. So wird auch bei der Haut von einem Organ gesprochen. Sie ist das größte Organ des Körpers: Bei einem Erwachsenen ist die Haut etwa 1,6 – 1,8 m² groß und macht etwa 1/8 des Körpergewichts aus.

A1 Beschreibe die Aufgaben der Hautschichten.

A2 Welche Wahrnehmungen sind mit der Haut möglich?

A3 Viele Redewendungen beziehen sich auf die Haut. Nenne einige.

A4 Mehrere Organe können gemeinsam ein Organsystem bilden; Organe und Organsysteme bilden gemeinsam den Organismus.

Organismus		Gewebe		Organsystem
	Herzmuskelzelle			Herz-Kreislauf-System
			Gehirn	
		Deckgewebe der Magenschleimhaut		

Übernimm die Tabelle in dein Heft und ergänze.

Abb. 1 Aufbau der Haut

a Oberhaut = Epidermis
b Lederhaut = Dermis
c Unterhaut

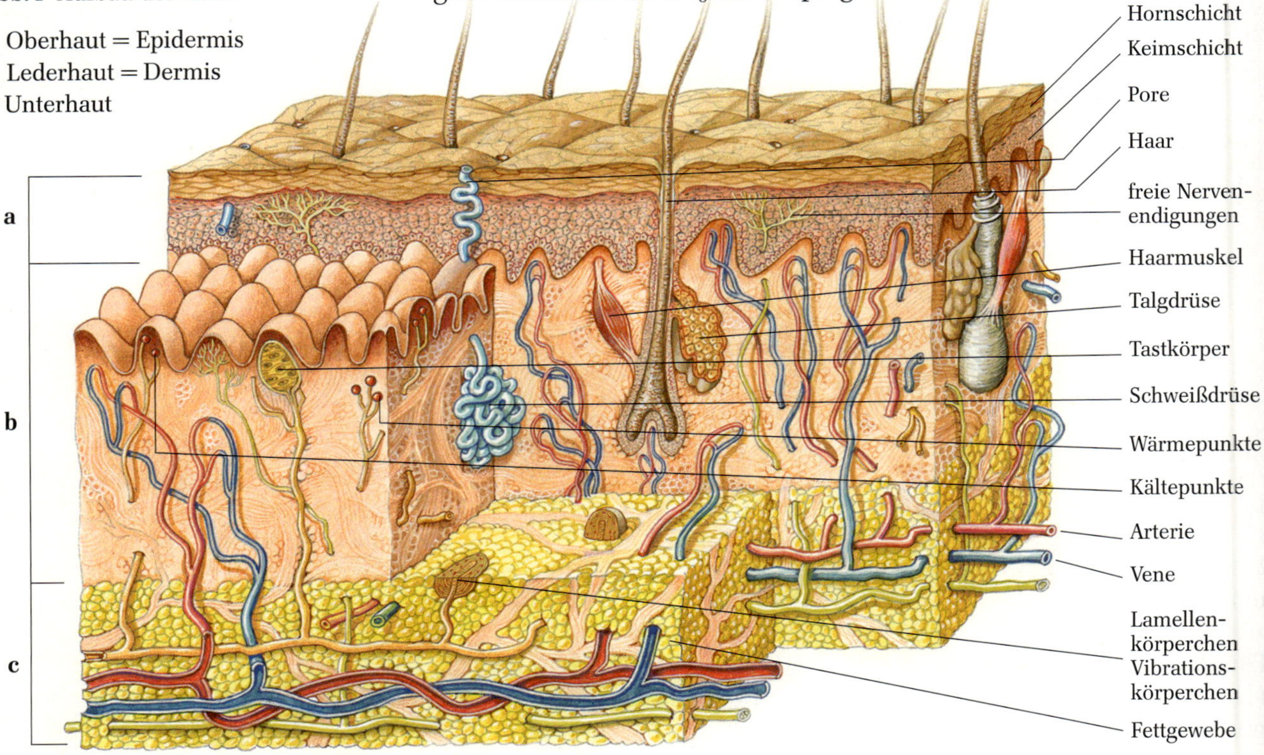

4.2 Gewebe bei Mensch und Tier

Bei Tieren und Menschen finden wir verschiedenartige Gewebe, deren Aufbau und Zellarten sich entsprechend der jeweiligen Funktion unterscheiden. Zwischen den Zellen befindet sich die sogenannte Interzellularsubstanz. Hier werden der Aufbau und die Funktion der wichtigsten menschlichen bzw. tierischen Gewebe vorgestellt.

Deckgewebe: Das Deckgewebe oder **Epithel** bildet eine Abgrenzung nach außen. Epithelien umschließen einzelne Gewebe, Organe oder den Gesamtorganismus als äußerster Teil der Haut. Die Epithelzellen (15 µm) sind stabil, aber elastisch. Sie schließen sehr dicht und lückenlos aneinander. Im Körper kommen mehrschichtige und einschichtige Epithelien vor. Im Deckgewebe können Drüsenzellen eingelagert sein. Diese produzieren verschiedene Stoffe.

Stützgewebe: Das Stützgewebe gibt dem Körper Stabilität und Form. Zum Stützgewebe zählen das elastische Knorpel- und das feste Knochengewebe. Beim Knorpelgewebe sitzen die Zellen (10–18 µm) in der von ihnen produzierten elastischen Knorpelsubstanz. Diese wird von der Knorpelzelle nach außen abgegeben und besteht aus Wasser, organischen und anorganischen Stoffen. Knorpelgewebe kann sowohl Stöße dämpfen als auch das Gleiten verschiedener Knochen gegeneinander ermöglichen. In den Gelenken sind zu diesem Zweck die Gelenkköpfe und Gelenkpfannen mit Knorpel umkleidet. Knorpelgewebe verbindet auch Rippen und Brustbein oder Teile der Nase und der Ohrmuscheln. Im Gegensatz zu den Knorpelzellen geben Knochenzellen eine Substanz ab, die durch Salze, vor allem Calciumsalze, erhärtet. Knochen können außerordentlichen Beanspruchungen standhalten.

Bindegewebe: Bindegewebe umschließt und durchzieht andere Gewebe und dient zu deren Einbettung und Schutz. Als Sehnen und Bänder fungiert Bindegewebe zur Verankerung von Strukturen.
Auch das Fettgewebe ist eine Art von Bindegewebe. Es ist Energiedepot und Baumaterial. Fettzellen sind große, meist rundliche Zellen (50–100 µm). Die eingelagerten Fette drücken das Zellplasma und den Zellkern häufig eng an die Zellmembran.

Nervengewebe: Das Nervengewebe besteht aus zwei Zelltypen, den Nervenzellen und den Hüllzellen. Die Nervenzellen sorgen mit ihren langen Fortsätzen für die Weiterleitung von Informationen. Die Hüllzellen unterstützen die Nervenzellen in ihrer Funktion.

Muskelgewebe: Im Körper von Wirbeltieren finden sich verschiedene Arten von Muskelgewebe. Allen gemeinsam ist die Eigenschaft zur Kontraktion. Die bandförmigen Muskelzellen können mehrere Zentimeter lang werden. Unter dem Mikroskop erscheinen die für die Bewegung des Skeletts zuständige Skelettmuskulatur und die Herzmuskulatur quer gestreift, die Muskulatur der inneren Organe ist glatt.

Blut: Auch im Blut befinden sich Zellen wie die roten Blutkörperchen (7,5 µm). Allerdings liegen sie nicht in einem Verband, sondern bewegen sich einzeln im Blutplasma.

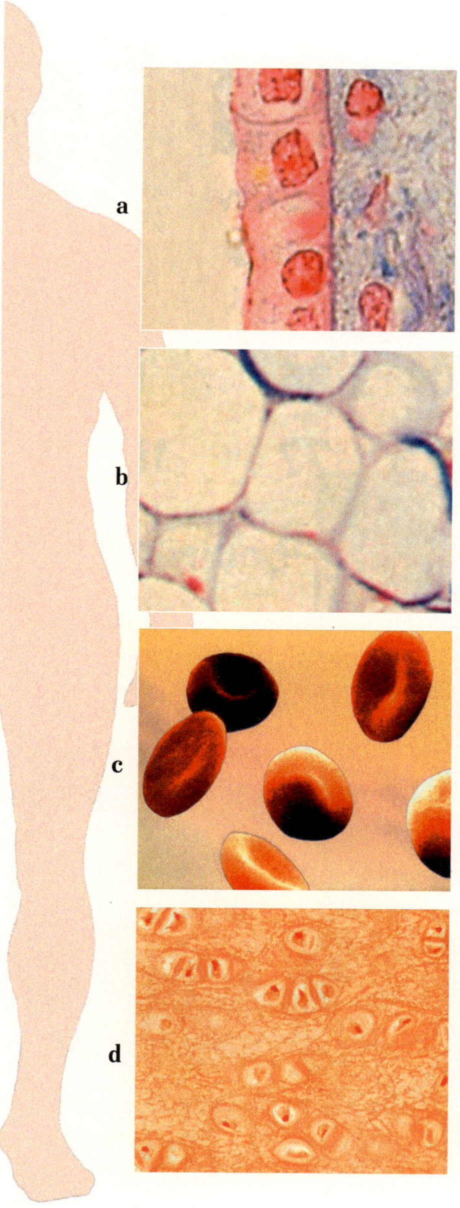

Abb. 1 Verschiedene Gewebe (**a–d**)

A1 Weshalb sollen vor allem Kinder genügend Calcium zu sich nehmen?

A2 Welche Gewebe sind in den Abbildungen 1 a–d dargestellt? Was ist an c besonders?

A3 Beschreibe die Besonderheiten der Zellen, die das jeweilige Gewebe bilden.

A4 Welche Gewebe bilden das Organ Haut (S. 46)?

Mit Hand und Verstand

Verschiedene Typen von Pflanzenzellen

Abb. 1 Wasserpest

Material:
Wasserpest *(Elodea canadensis)*, Lichtmikroskop, Mikroskopierzubehör (S. 34), Zeichenmaterial

A1 Erstelle einen Steckbrief der Wasserpest.

Blattzellen der Wasserpest

So gehst du vor:
1. Zupfe mit der Pinzette ein Blättchen ab. Fertige nach der Anleitung auf S. 34 ein Frischpräparat an. Achte darauf, dass das Blättchen ohne Falten auf dem Objektträger liegt.
2. Mikroskopiere das Präparat (S. 35).
3. Fertige eine mikroskopische Zeichnung mit Beschriftung an (S. 36).
4. Notiere die Unterschiede zu den Zellen der Zwiebelhaut.

Material:
Lichtmikroskop, Mikroskopierzubehör, Zeichenmaterial, Wasserpest

Plasmaströmungen in den Zellen der Wasserpest

So gehst du vor:
1. Stelle wie oben ein Frischpräparat her.
2. Mikroskopiere das Präparat. Konzentriere dich auf eine gut sichtbare Zelle und stelle diese scharf.
3. Fertige eine Skizze an; gib die Bewegungsrichtung des Zellplasmas an.
4. Was kannst du beobachten, wenn sich das Präparat durch die Lampe erwärmt? Versuche eine Erklärung zu finden.

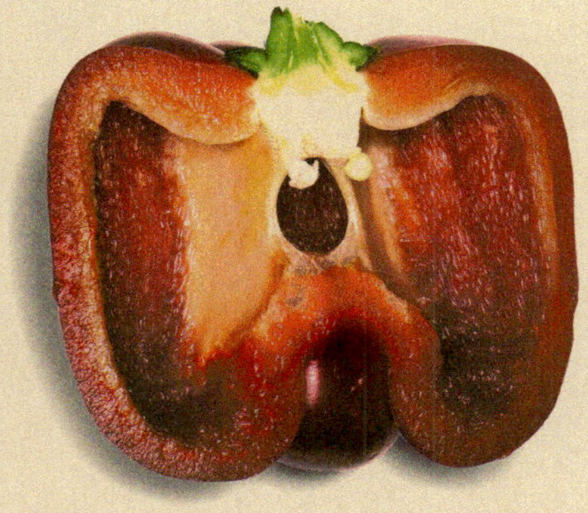

Abb. 2 Rote Gemüsepaprika

Material:
Lichtmikroskop, Mikroskopierzubehör, Zeichenmaterial, rote Gemüsepaprika

Form der Zellwände

So gehst du vor:
1. Schneide die Fruchtwand einer roten Gemüsepaprika auf. Auf der Innenseite der Fruchtwand kannst du eine Haut erkennen, die an Kreppapier erinnert. Ziehe ein kleines Stückchen dieser Haut mit der Pinzette ab.
2. Stelle ein Frischpräparat her.
3. Mikroskopiere und fertige eine mikroskopische Zeichnung an.

Material:
Lichtmikroskop, Mikroskopierzubehör, Zeichenmaterial, Filterpapier, Kartoffelknolle, Iod-Kaliumiodid-Lösung (Lugol'sche Lösung)

„Speichereinheiten"

Die Kartoffel speichert in ihren Knollen den energiereichen Stoff Stärke. Die Stärke wird in der Zelle in speziellen, im Lichtmikroskop sichtbaren Speicherorganellen eingelagert.

So gehst du vor:
1. Schneide die Kartoffelknolle an. Schabe mit der Deckglaskante einige Male über die frische Schnittfläche, sodass etwas flüssige Substanz aufgenommen wird. Gib etwas Wasser hinzu und lege ein Deckglas auf.
2. Mikroskopiere und fertige eine mikroskopische Zeichnung an.
3. Verdünne die Iod-Kaliumiodid-Lösung im Verhältnis 2:1. Ziehe die Lösung durch dein Präparat (S. 49). Beschreibe deine Beobachtung. Welche Aussage über die Iod-Kaliumiodid-Lösung kannst du machen? Überprüfe deine Aussage durch einen Versuch.
4. Durchsuche andere Pflanzen nach Stärke, z. B. Haferflocken, Bananen.

A2 Wozu dient die in der Kartoffel gespeicherte Stärke?

Tierische Zellen

Präparation der Mundschleimhaut

Material:
Lichtmikroskop, Mikroskopierzubehör, Zeichenmaterial, Holzspatel oder Trinkhalm

So gehst du vor:
1. Gib einen Tropfen Wasser auf den Objektträger. Schabe mit dem unbenutzten Holzspatel oder dem Trinkhalm an der Innenseite deiner Backentasche entlang. Übertrage die abgeschabte Schleimhaut in den Wassertropfen. Lege ein Deckglas auf den Tropfen.
2. Mikroskopiere das Präparat und durchsuche es nach Schleimhautzellen. Tipp: Schließe die Blende stark.
3. Fertige eine mikroskopische Zeichnung an.

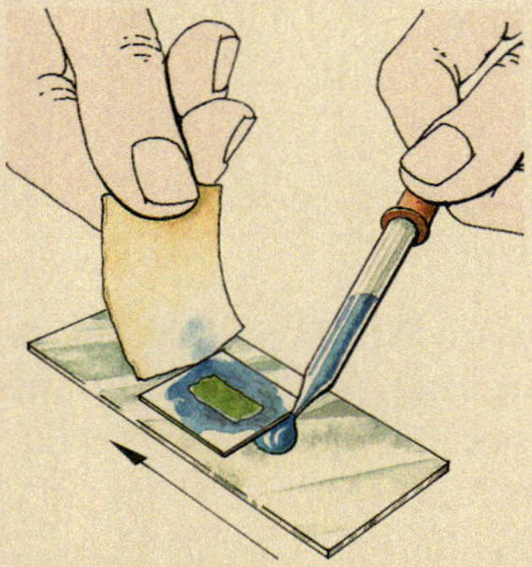

Abb. 1 Färben eines Präparats

Färben von mikroskopischen Präparaten

Material:
Lichtmikroskop, Mikroskopierzubehör, Zeichenmaterial, Filterpapier, Holzspatel oder Trinkhalm, Methylenblau-Lösung

So gehst du vor:
1. Stelle ein Präparat der Mundschleimhaut wie oben beschrieben her.
2. Gib an den Rand des Deckglases einen Tropfen Methylenblau-Lösung (Berührungen mit den Augen und der Haut vermeiden, s. Sicherheitshinweis). Lege an den gegenüberliegenden Rand einen Streifen Filterpapier. Ziehe die Methylenblau-Lösung wie in Abbildung 1 dargestellt durch das Präparat.

Präparation von Leberzellen

Material:
Lichtmikroskop, Mikroskopierzubehör, zweiter Objektträger, Zeichenmaterial, Becherglas, kleines Stück frische Leber, Orcein-Essigsäure, Glasstab

So gehst du vor:
1. Zerschneide ein kleines Stück Leber in einem Becherglas, bis eine bräunliche Flüssigkeit entsteht.
2. Gib einen Tropfen dieser Flüssigkeit ans Ende eines Objektträgers.
3. Stelle nun ein Ausstrichpräparat nach folgender Anleitung her *(Abb. 2)*: Setze einen zweiten Objektträger im spitzen Winkel neben den Tropfen. Ziehe den aufgesetzten Objektträger über den liegenden Objektträger. Die Leberlösung liegt nun in einer dünnen Schicht auf dem Objektträger.
4. Gib mit dem Glasstab einen Tropfen Orcein-Essigsäure hinzu und lege ein Deckglas auf.
5. Mikroskopiere das Präparat und durchsuche es nach unzerstörten Leberzellen.
6. Zeichne eine Leberzelle im Verband. Welche Bereiche werden durch die Orcein-Essigsäure angefärbt?

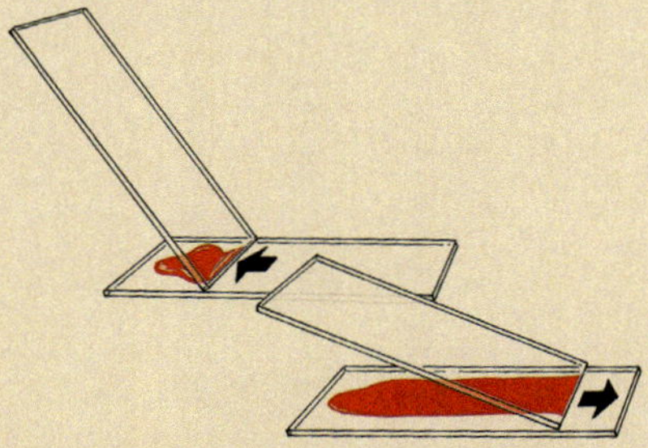

Abb. 2 Herstellen eines Ausstrichpräparats

Fettzellen

Material:
Lichtmikroskop, Mikroskopierzubehör, Zeichenmaterial, kleines Stück roher Schweinebauchspeck, Becherglas, Spülmittel

So gehst du vor:
1. Stelle eine geringe Menge einer Wasser-Spülmittel-Lösung im Verhältnis 1:1 her.
2. Gib einen Tropfen dieser Lösung auf einen Objektträger.
3. Zerzupfe ein Stückchen aus der Fettschicht des Bauchspecks in sehr kleine Portionen und gib eine kleine Portion in den Wasser-Spülmittel-Tropfen. Lege ein Deckglas auf.
4. Mikroskopiere das Präparat.
5. Notiere die Zellbestandteile, die du entdecken kannst.
6. Fertige eine mikroskopische Zeichnung an. Um welches Gewebe handelt es sich?

Sicherheitshinweis: Methylenblau-Lösung und Orcein-Essigsäure: Berührung mit den Augen und der Haut vermeiden!

Herstellung eines gefärbten Dauerpräparates

Abb. 1 Schnitttechnik

Material:
Sprossstück (z. B. vom Kriechenden Hahnenfuß), Astrablau, Safranin, demineralisiertes Wasser, salzsaurer 2-Propanol, 2-Propanol 70 %, 2-Propanol 100 %, Xylol, Entellan (oder anderer Einbettungskunststoff), Glasstab, 8 Einmalpipetten, 2 Objektträger, 2 Deckgläser, Etiketten, Filterpapierstreifen, Becherglas, Klinge, Pinzette, Präpariernadel, evtl. Styropor

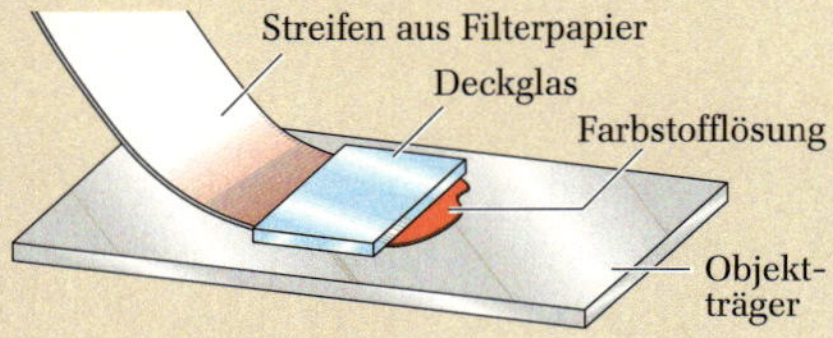

Abb. 2 Wechseln der Flüssigkeit

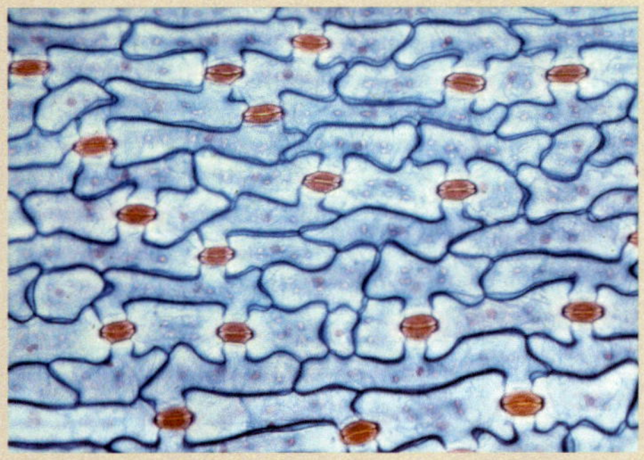

Abb. 4 Mit Safranin/Astrablau gefärbte Blattepidermis einer Tulpe

A1 Astrablau markiert normale Zellwände. Safranin färbt dagegen verholzte, stabile Zellwände rot. Informiere dich über den Bau der Epidermis und nenne die Aufgaben der rot gefärbten Zellen in Abbildung 4.

A2 Zeichne und beschrifte deine Übersicht deines Dauerpräparates und ein Leitbündel im Detail.

So gehst du vor:

1. Fertige mit einer scharfen Klinge einen Querschnitt durch einen Spross an.
   Vorsicht, führe die Klinge nie in Richtung deines Körpers, sondern immer zur Arbeitsunterlage hin!
   Zuerst schneidest du den Spross senkrecht durch. Dann setzt du die Klinge auf die frische Schnittfläche *(Abb. 1)* und schneidest mit leichtem Druck eine hauchdünne Scheibe ab. Es reicht schon die Hälfte des Querschnitts (sehr dünne Sprosse können auch in Styropor eingelegt werden und dann wie beschrieben geschnitten werden, S. 34).
2. Überprüfe unter dem Mikroskop, ob dein Schnitt dünn genug ist. Du erkennst dies daran, dass der Schnitt durchscheinend hell aussieht und die Zellwände deutlich hervortreten.
3. Lass verschiedene Reagenzien in der Reihenfolge der Tabelle 1 nacheinander auf dein Präparat einwirken. Zum Austauschen einer Flüssigkeit gegen die nächste verwendest du Filterpapierstreifen. Man saugt damit die zu entfernende Flüssigkeit aus dem Präparat und zieht gleichzeitig die nächste Flüssigkeit unter das Deckglas *(Abb. 2)*. Verwende für jedes Reagenz eine eigene Einmalpipette.

Reagenz	Dauer (Min.)	Aufgabe
A Astrablau	4	Blaufärbung
B demin. Wasser	2	Auswaschen
C Safranin	6	Rotfärbung
D demin. Wasser	2	Auswaschen
E salzs. 2-Propanol 70 %	4	Differenzieren
F 2-Propanol 70 %	4	Entwässern
G 2-Propanol 100 %	4	Entwässern
H Xylol	4	Einbettungsvorbereitung

Tab. 1 Reagenzien zum Erstellen eines Dauerpräparates

4. Gib mit einem Glasstab einen Tropfen des flüssigen Kunststoffs auf den zweiten Objektträger, lege mit einer Pinzette den gefärbten Schnitt darauf und verschließe mit einem Deckglas (S. 34). Um die richtige Kunststoffmenge zu erhalten, musst du dies vorher mit alten Objektträgern und Gläsern üben.
5. Lass das Präparat dann einige Zeit (hängt vom verwendeten Kunststoff ab) horizontal liegen, damit es aushärten kann. Das Präparat wird mit Etiketten beklebt und beschriftet *(Abb. 3)*.

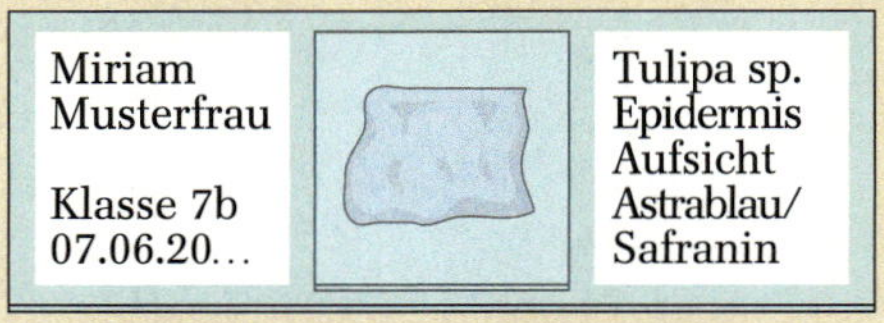

Abb. 3 Beispiel für die Etikettierung

4.3 Eigenschaften der Membran

Zellen sind von einer Zellmembran umgeben, die keine undurchlässige Hülle ist. Ein Austausch von Stoffen mit der Umgebung ist möglich, aber die Austauschvorgänge folgen bestimmten Gesetzmäßigkeiten.

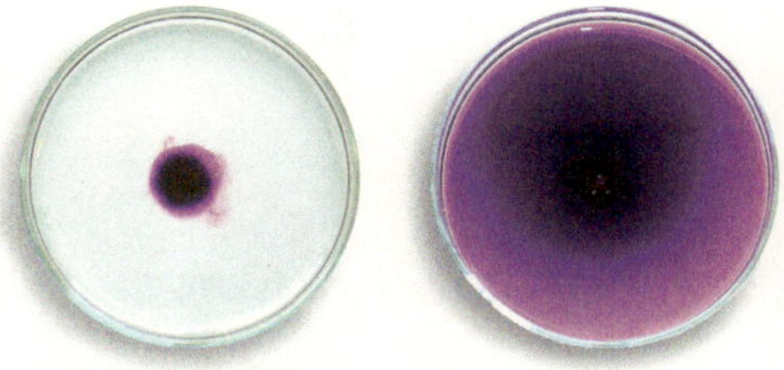

Abb. 1 Versuch: Petrischale mit Kaliumpermanganat (links zu Beginn, rechts nach einer halben Stunde)

Diffusion

In eine Petrischale mit Wasser wird ein Tropfen Kaliumpermanganat gegeben. Das Wasser in direkter Umgebung des Kaliumpermanganats färbt sich violett. Nach einiger Zeit ist das gesamte Wasser in der Petrischale gleichmäßig violett gefärbt *(Abb. 1)*. Da alle Teilchen in Flüssigkeiten eine Eigenbewegung aufweisen, verteilen sich die Farbstoffteilchen in der ganzen Petrischale. Sie bewegen sich von einem Bereich, in dem sie hoch konzentriert sind, in einen Bereich, in dem sie niedrig konzentriert sind. Die durch Eigenbewegung bewirkte gleichmäßige Verteilung der Teilchen im zur Verfügung stehenden Raum wird Diffusion genannt und führt zum Konzentrationsausgleich.

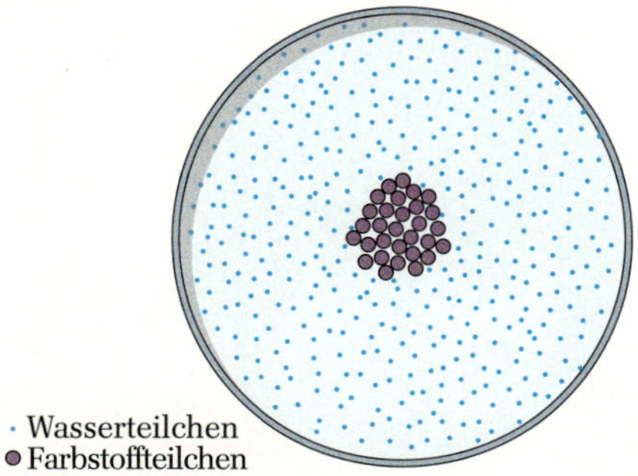

Abb. 2 Schema Diffusion, Beginn des Versuchs

Osmose

Abbildung 3a zeigt ein Gefäß, in dem reines Wasser und eine wässrige Zuckerlösung durch eine Membran voneinander getrennt sind. Die Membran lässt die kleinen Wasserteilchen durch, die großen Zuckerteilchen nicht: Sie ist halbdurchlässig (semipermeabel). In Abbildung 3b sind die Wasserteilchen durch die Membran diffundiert und haben die Zuckerlösung verdünnt. Die Diffusion durch eine semipermeable Membran nennt man Osmose.

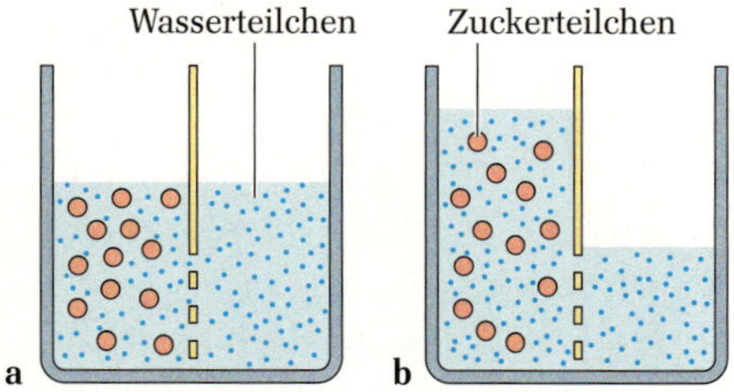

Abb. 3 Osmose: Teilchenbewegung durch eine halbdurchlässige Membran

Vorgänge an der Zellmembran: Im Zellsaft der Vakuole befinden sich gelöste Stoffe. Die Zellwand der Pflanzenzelle ist im Allgemeinen für Wasser und gelöste Stoffe durchlässig. Die das Plasma umgrenzenden Membranen sind halbdurchlässig. Somit ist vereinfacht der ganze Plasmaschlauch für Wasser durchlässig, für gelöste Stoffe nicht. Im Versuch werden Zellen in eine konzentrierte Salzlösung gegeben, sodass die Konzentration der Wasserteilchen außen wegen der vielen gelösten Salzteilchen geringer ist als im Inneren der Vakuole. Deshalb gibt die Vakuole Wasser nach außen ab und schrumpft. Der Plasmaschlauch, der an der Vakuole anliegt, löst sich von der stabilen Zellwand. Dieser Vorgang wird als **Plasmolyse** bezeichnet.

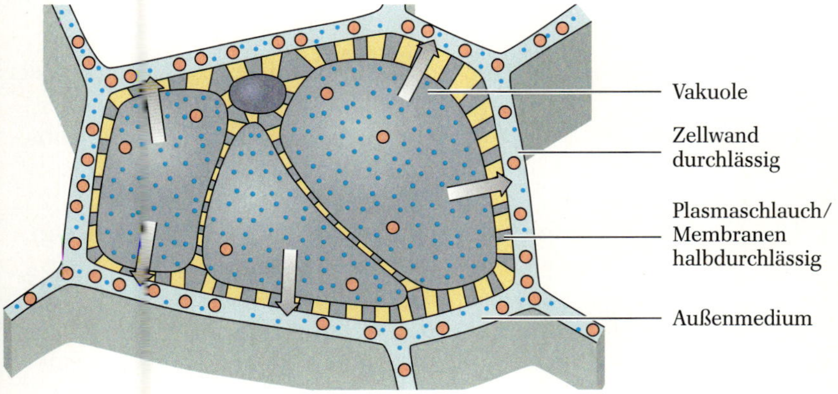

Abb. 4 Pflanzenzelle zu Beginn des Plasmolyseversuchs

A1 Übernimm das Schema *(Abb. 2)* in dein Heft und stelle den Zustand nach einer halben Stunde in einem zweiten Schema dar.

A2 Erkläre das Versuchsergebnis, das in Abbildung 3 dargestellt ist.

A3 Zeichne die Zelle der Abbildung 4 nach dem Ablauf der Plasmolyse.

Mit Hand und Verstand

Material:
3 Hühnereier, Essig, Kochsalz, Bechergläser, Waage, Petrischale, Löffel, demineralisiertes Wasser

A1 Was hat ein Eidotter mit einer Zelle zu tun?

Abb. 1 Hühnerei in Essig

Der Trick mit dem Ei

So gehst du vor:

Teil A

1. Schlage ein rohes Ei auf und trenne den Dotter vom Eiklar. Gib den Dotter in eine Petrischale. Bewege ihn ganz vorsichtig und beachte vor allem die Dotterhülle. Beschreibe die Eigenschaften dieser Hülle. Bestimme und notiere den Durchmesser des Dotters.
2. Gib den Dotter nun in eine konzentrierte Salzlösung. Betrachte den Dotter nach einem Tag und bestimme den Durchmesser.
3. Erkläre die Veränderungen des Dotters.

Teil B

1. Lege zwei rohe Hühnereier in zwei Bechergläser und bedecke sie ganz mit Essig. Lass sie zwei Tage stehen.
2. Du musst mit den Eiern extrem vorsichtig umgehen, denn sie können sehr leicht verletzt werden. Betrachte die Eier. Was ist geschehen? Notiere eine Erklärung.
3. Spüle die Eier mit klarem Wasser ab. Bestimme das Gewicht jedes Eies. (Überlege dir, wie dies möglichst schonend durchgeführt werden kann.)
4. Lege nun ein Ei sehr vorsichtig in konzentrierte Salzlösung, das andere in demineralisiertes Wasser (mindestens einen Tag). Beobachte, was geschieht.
5. Bestimme erneut das Gewicht. Erkläre die Ergebnisse.

Material:
Lichtmikroskop, Mikroskopierzubehör, Kochsalz, Blatt eines Alpenveilchens oder rote Küchenzwiebel, Filterpapier, DIN-A4-Papier, Bleistift

A2 Warum erscheint die Färbung der Vakuole nach dem Vorgang kräftiger als zuvor?

A3 Welche Aussage über die Durchlässigkeit der Zellmembran lässt sich anhand der Beobachtungen machen?

A4 Welche Aussage über die Durchlässigkeit der Zellwand ist möglich?

Zellen in Kochsalzlösung und in demineralisiertem Wasser

So gehst du vor:

1. Stelle eine Kochsalzlösung her. Gib hierzu etwa 1 g Kochsalz in 5 ml Wasser.
2. Ritze ein Quadrat (ca. 3×3 mm) in die Unterseite des Alpenveilchenblattes und zupfe ein dünnes Häutchen ab.
3. Stelle ein Frischpräparat her. Bei Verwendung der roten Zwiebel wird ein Präparat nach der Anleitung auf S. 40 hergestellt.
4. Mikroskopiere das Präparat. Stelle eine günstige einschichtige Stelle scharf.
5. Wähle eine Zelle aus. Fertige eine mikroskopische Zeichnung dieser Zelle an.
6. Gib seitlich an den Objektträger einen Tropfen der Kochsalzlösung und ziehe die Lösung mithilfe eines Filterpapierstreifens durch. Beobachte genau, was geschieht.
7. Fertige nun wieder eine mikroskopische Zeichnung einer Zelle an.
8. Gib anschließend einen Tropfen demineralisiertes Wasser an den Rand des Deckglases und ziehe das Wasser mit einem Filterpapier durch. Beobachte und fertige eine Zeichnung an.
9. Beschreibe deine Beobachtung und finde eine Erklärung. Zeichne in die Skizzen der Zelle beschriftete Pfeile ein, die den Vorgang erklären.

5 Einzellige Lebewesen

Pflanzen und Tiere, die aus vielen (oft Billionen) Zellen aufgebaut sind, bezeichnet man als **Vielzeller**. Jede Zelle erfüllt eine bestimmte Aufgabe und trägt so zur Funktionstüchtigkeit des ganzen Organismus bei.
Im Gegensatz zu den Vielzellern bestehen **Einzeller** nur aus einer einzigen Zelle, die alle lebensnotwendigen Funktionen übernimmt.
Die einzellige **Amöbe** bewegt sich zum Beispiel durch ständige Formveränderung fließend fort *(Abb. 1)*. Die Amöbenzelle ist mit 300 – 600 µm sehr groß. Mit bloßem Auge ist sie als winziges, farbloses Schleimklümpchen zu erkennen.
Auch viele **Algen** sind einzellig. Die Grünalge Chlamydomonas ist in den verschiedensten Gewässertypen zu finden *(Abb. 2)*. Sie ist ca. 20 µm groß.
Bakterien sind einzellige Lebewesen. Sie besitzen keinen „echten" Zellkern, da ihre Erbinformation als Ring frei im Zellplasma liegt, und gehören somit zu den **Prokaryoten** (gr. karyon – Kern). Diese besitzen keine membranumhüllten Organellen; zur Fortbewegung dienen Geißeln *(Abb. 3)*. Unter dem Lichtmikroskop sind die winzigen Bakterien meist nur als kleine Punkte erkennbar.
Bakterien kommen überall in unserer Umgebung vor: Im Boden, im Wasser, selbst in der Luft befinden sich riesige Mengen dieser kleinen Lebewesen *(Tab. 1)*. In unserer Umwelt spielen Bakterien eine entscheidende Rolle, denn sie zersetzen im Boden organisches Material und sind so ein wichtiges Glied im Kreislauf der Stoffe. Manche Bakterien leben in Geweben oder Organen von Menschen. Bestimmte Bakterien rufen aber Infektionskrankheiten hervor. In verschiedenen Bereichen, z.B. in der Lebensmittelindustrie, werden Bakterien vom Menschen gezielt genutzt und spielen eine wichtige Rolle. Auch die Forschung kann auf Bakterien nicht verzichten.

Boden	1000.000.000 Bakterien/g
Trinkwasser	100 Bakterien/ml
Großstadtluft	400 – 1.500 Bakterien/ml

Tab. 1 Anzahl von Bakterien in verschiedenen Bereichen

Die ebenfalls zu den Prokaryoten gehörenden **Archaebakterien** unterscheiden sich von den Bakterien durch einen anderen Aufbau der Zellmembran und inneren Strukturen. Viele Archaebakterien leben in extremen Lebensräumen wie heißen Quellen oder stark säurehaltigen Gewässern, in denen andere Lebewesen nicht überleben können.

Alle Lebewesen, deren Zellen einen Zellkern besitzen, werden **Eukaryoten** genannt. Zu den Eukaryoten gehören alle Vielzeller, aber auch Einzeller wie Amöben oder Grünalgen. Eukaryotische Zellen sind in der Regel viel größer als die der Prokaryoten.

Vermehrung: Einzeller vermehren sich durch Zellteilung. Aus einer Ausgangszelle entstehen durch Teilung zwei neue Lebewesen. Durch eine schnelle Abfolge von Teilungen kann so unter günstigen Bedingungen in kurzer Zeit eine riesige Menge an Einzellern entstehen. Die Zellteilung ist ein grundlegender Vorgang bei allen Lebewesen!

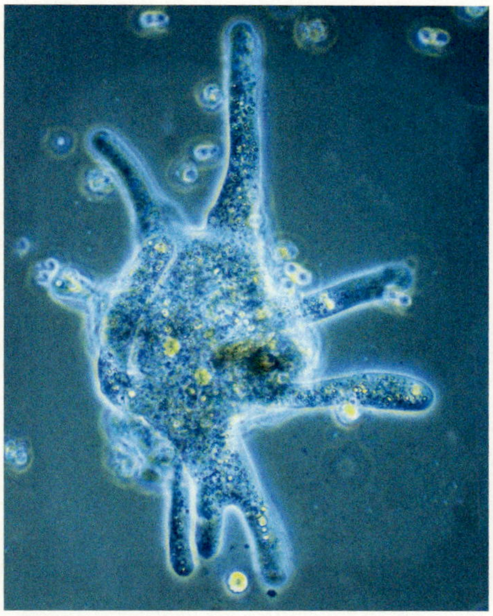

Abb. 1 Amöbe

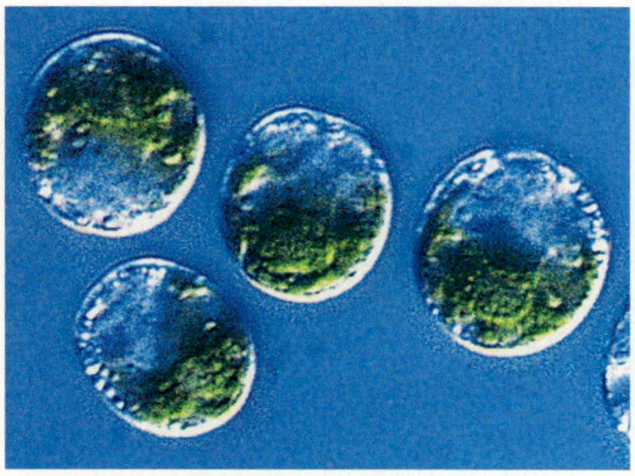

Abb. 2 Einzeller Chlamydomonas

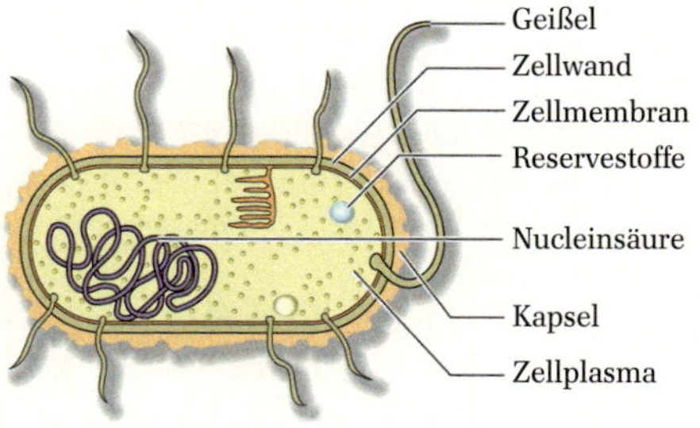

Abb. 3 Aufbau einer Bakterienzelle

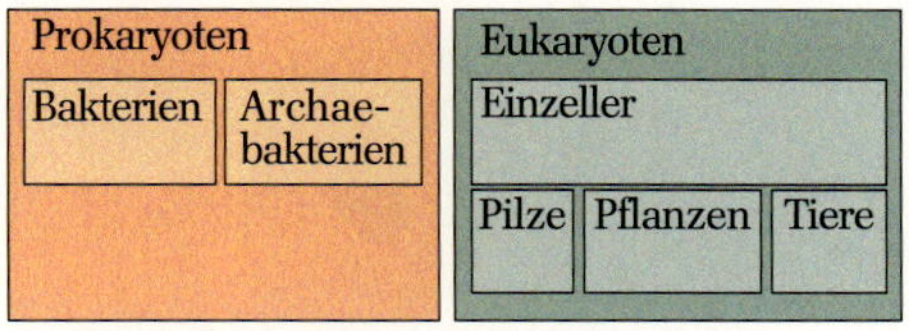

Abb. 4 Prokaryoten und Eukaryoten im System der Lebewesen

A1 Vergleiche die eukaryotische Zelle mit der Prokaryotenzelle.

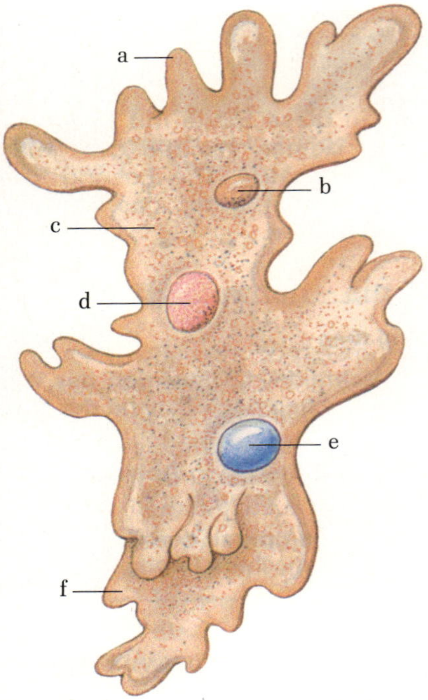

Abb. 1 Amoeba proteus

A1 Ordne den Buchstaben a–f die im Text kursiv geschriebenen Begriffe zu.

A2 Beschreibe den in Abbildung 2 sichtbaren Vorgang.

A3 Verdeutliche den Vorgang der Nahrungsaufnahme und Verdauung in Form einer schematischen Skizze mit Beschriftung.

A4 Erkläre, welche Aufgabe die kontraktile Vakuole hat. Bedenke, dass Amöben im Süßwasser leben.

A5 Informiere dich über parasitisch lebende Amöben, z. B. *Entamoeba histolytica.*

5.1 Die Verwandlungskünstlerin – ein Einzeller genauer betrachtet

Man findet sie an unscheinbaren Orten wie Pfützen oder am Grund von Gewässern mit reichlich Pflanzenbewuchs. Sie lebt dort besonders gerne auf faulendem pflanzlichem Material.

Die Rede ist von der **Amoeba proteus**, der Wechselhaften (gr. amoibe – die Wechselhafte), deren Beiname eben diese Eigenschaft unterstreicht. Er erinnert an den griechischen Meergott Proteus, der für seine Verwandlungsfähigkeit berühmt war. Doch welches geheimnisvolle Lebewesen verbirgt sich hinter diesem Namen?

Der Einzeller Amoeba proteus hat einen Durchmesser von ca. 0,5 mm. Die Amöbe ist von einer *Zellmembran* umgeben. Im Inneren der Zelle befindet sich das *Zellplasma.* Es ist angefüllt mit vielen bläschenförmigen Strukturen. Es handelt sich hierbei um Zellorganellen, wie den *Zellkern,* die Mitochondrien und verschiedenartige Vakuolen.

Lebensweise

Die Fähigkeit zur Formveränderung der Amöbe beruht auf Plasmaströmungen. Die Bewegung des Plasmas erzeugt eine kleine Ausbuchtung, *Pseudopodium* genannt. Mithilfe dieser Scheinfüßchen bewegen sich die Amöben fort.

Gleichzeitig dienen die Pseudopodien auch dem Nahrungserwerb. Amöben ernähren sich von anderen Einzellern, z. B. von Wimperntierchen (z. B. Pantoffeltierchen), Bakterien oder Algen. Der kleine Räuber umfließt seine Beutetiere mit seinen Scheinfüßchen. Die Scheinfüßchen verschmelzen und bilden dadurch eine sogenannte ***Nahrungsvakuole.*** Mit der Nahrungsvakuole verschmelzen kleinste Bläschen mit verschiedenen Verdauungsenzymen (Lysosomen). Die Beute wird verdaut. Verwertbare Bestandteile werden ins Zellplasma aufgenommen. In der Vakuole bleiben nur Abfallstoffe zurück. Sie wandert zur Zellmembran und verschmilzt mit dieser. Dabei werden die Abfallstoffe aus der Zelle geschleust.

Eine besonders wichtige Aufgabe erfüllt die *kontraktile Vakuole* (lat. kontraktil – fähig, sich zusammenzuziehen). Dieses gut sichtbare, ca. 50 µm große Bläschen zieht sich rhythmisch ca. einmal in 5 Minuten zusammen, verschwindet dabei fast und wächst wieder zu seiner ursprünglichen Größe an.

Bei Wassermangel können sich Amöben mit einer harten Kapsel umgeben. In dieser Cyste überdauern sie ungünstige Umweltbedingungen.

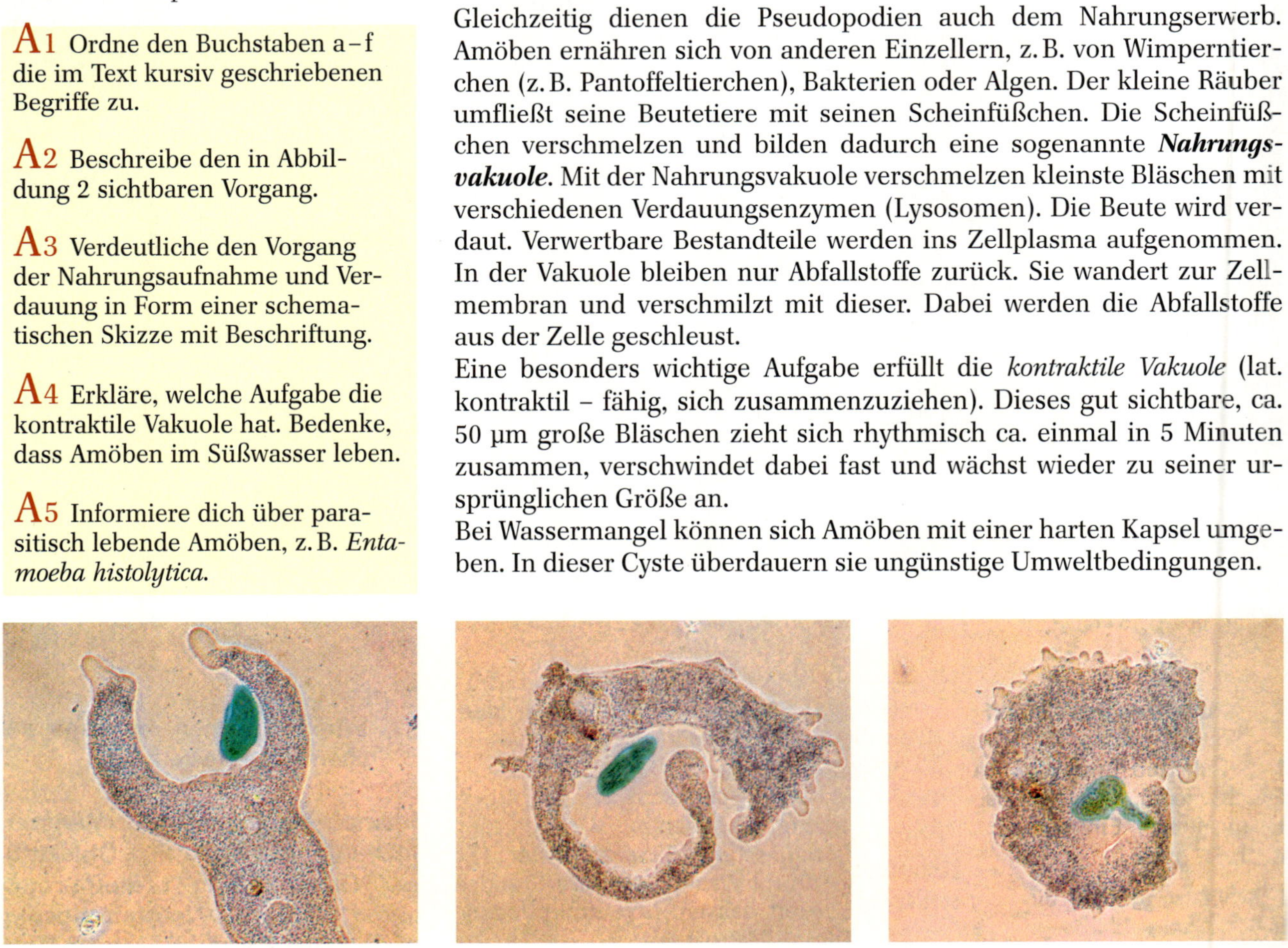

Abb. 2 Was geschieht hier?

Mit Hand und Verstand

Unter den Kleinsten – Einzeller

Die Verwandlungskünstlerin Amöbe

So gehst du vor:
1. Amoeba proteus ist eine große Zelle. Der Raum zwischen Deckglas und Objektträger eines herkömmlichen Frischpräparates ist zu eng. Streife deshalb mit den Ecken des Deckglases über das Plastilin, sodass kleine Füßchen entstehen. Ein Wassertropfen mit Amöben wird mit dem so präparierten Deckglas bedeckt.
2. Mikroskopiere das Präparat.
3. Fertige eine mikroskopische Zeichnung einer Amöbe an. Beschrifte die Zeichnung.
4. Beschreibe das Verhalten der Amöben.

Abb. 1 Auf der Suche nach Amöben: schleimiger Belag auf abgestorbenem Pflanzenmaterial aus einem Gewässer

Material:
Amoeba proteus-Kultur oder Proben aus geeigneten Gewässern (schleimiger Belag abgestorbener Pflanzen), Lichtmikroskop, Mikroskopierzubehör, Plastilin

Kleine Flitzer

Wie kleine Pantoffeln sehen sie aus und flitzen in Gewässern. Am häufigsten sind sie in langsam fließenden, nährstoffreichen Fließgewässern: die Pantoffeltierchen. Das Pantoffeltierchen oder Paramecium caudatum ist ein Einzeller. Es ernährt sich von Bakterien.

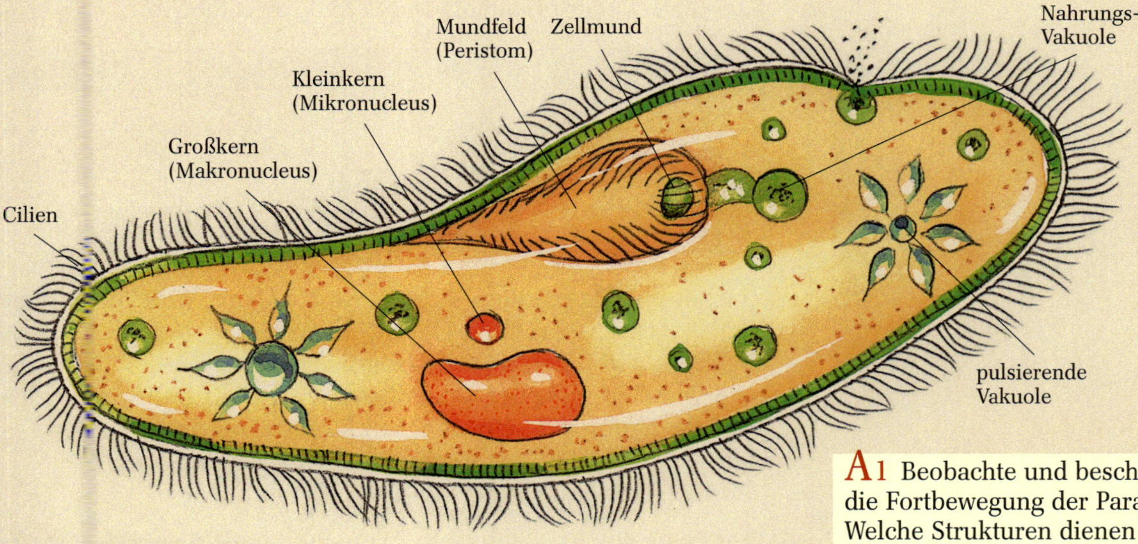

Abb. 2 Paramecium caudatum

A1 Beobachte und beschreibe die Fortbewegung der Paramecien. Welche Strukturen dienen der Fortbewegung?

A2 Vergleiche die Amöbe mit dem Paramecium. Nenne Gemeinsamkeiten und Unterschiede.

So gehst du vor:
1. Gib einen Tropfen der Paramecienkultur auf einen Objektträger. Lege in den Tropfen sehr fein zerzupfte Watte.
2. Lege ein mit Plastilinfüßchen versehenes (s. oben) Deckglas auf.
3. Mikroskopiere ein Pantoffeltierchen bei mittlerer Vergrößerung. Versuche möglichst viele der Strukturen der Abbildung 2 zu erkennen.
4. Zeichne dein Pantoffeltierchen und beschrifte.

Material:
Paramecium caudatum-Kultur oder geeignete Freilandprobe, Lichtmikroskop, Mikroskopierzubehör, Plastilin

Wiederholen – Üben und Vertiefen

Abb. 1 Lebendig oder nicht?

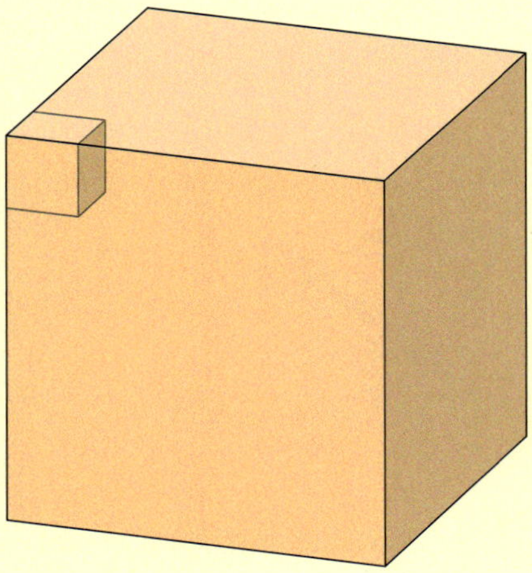

Abb. 2 Je kleiner der Würfel, umso mehr Oberfläche pro Raumeinheit

1. Schreibe eine Liste der Eigenschaften lebender Materie. Wende die Liste an auf: wachsende Kristalle, Tropfsteine, Roboter, eine Kerzenflamme, Viren, Pflanzensamen („schlafende Pflanzenembryonen"), Pollen, Pilzsporen, Pflanzensporen, Bakteriensporen. Benutze Literatur oder Internet.

Für „Rechencracks"

2. Berechne, welche Strecke 1 000 Bakterien von 1 µm Länge aneinandergereiht ergeben. Wie lang wäre ihre gesamte DNA?

3. Bei einer Wachstumsrate von 20 Minuten (Verdoppelungszeit) könnte sich aus einer Bakterienzelle rechnerisch bereits in zwei Tagen (48 Stunden) eine Kolonie von der Masse unserer Erde bilden ($6 \cdot 10^{24}$ kg). Überprüfe diese Aussage mit der Annahme von 100 Femtogramm (1 fg = 0,000 000 000 000 001 g = 10^{-15} g) für die Masse eines Bakteriums. Berechne und überlege, warum es in der Realität nicht zu diesem üppigen Wachstum kommt.

4. Berechne das Volumen und die Oberfläche eines Würfels von 10 cm Kantenlänge (in cm^3). Gib das Verhältnis von Oberfläche/Volumen an. Berechne dasselbe mit einem Würfel von 1 cm Kantenlänge, einem Würfel von 0,1 cm (1 mm) Kantenlänge und einem Würfel von 0,01 cm (1/10 mm) Kantenlänge. Erstelle eine Tabelle.

Kantenlänge	Oberfläche	Volumen	Verhältnis
10 cm	?	?	?
1 cm	?	?	?
0,1 cm	?	?	?
0,01 cm	?	?	?

Zeichne ein Diagramm: x-Achse – Kantenlänge Würfel absteigend [cm]; y-Achse – Verhältnis Oberfläche/Volumen. Interpretiere das Ergebnis. Wie ändert sich das Oberfläche-Volumen-Verhältnis bei einer Verkleinerung der Kantenlänge auf jeweils 1/10? Beschreibe die Folgen dieser Gesetzmäßigkeit für die winzigen Bakterien. Bedenke dabei die Ernährungsweise der Bakterien über ihre „Körper"oberfläche.

5. Eine Hautzelle ist 50 µm lang, 40 µm breit und 20 µm hoch. Ihr Zellkern hat einen Durchmesser von 4 µm, ihre Cytoplasmamembran ist 10 nm dick. Wir stellen sie uns vergrößert auf Schuhkartongröße vor (50 cm × 40 cm × 20 cm). Um welchen Faktor (Zehnerpotenz) wurde vergrößert? Wie groß ist in deinem Modell der Zellkern, wie dick die Membran? Finde Gegenstände, mit denen du dein Modell ausstatten könntest.

Vielfalt von Zellen

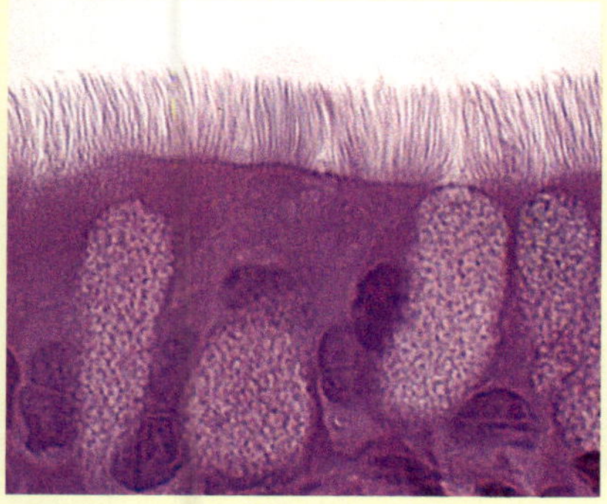
Abb. 3

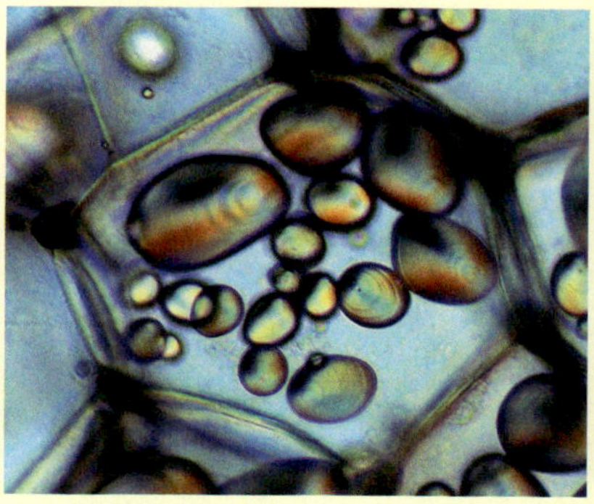
Abb. 4

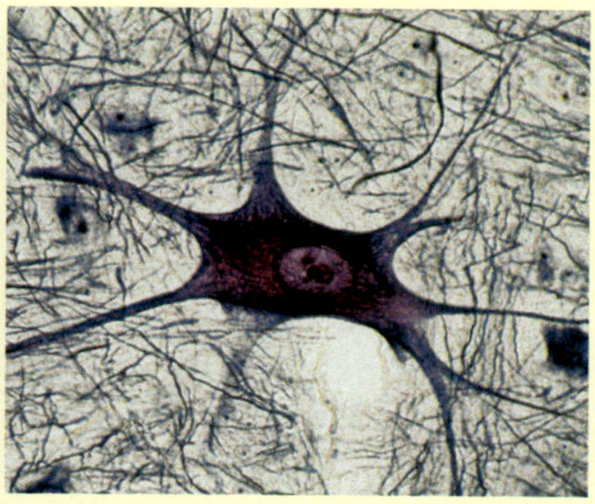
Abb. 5

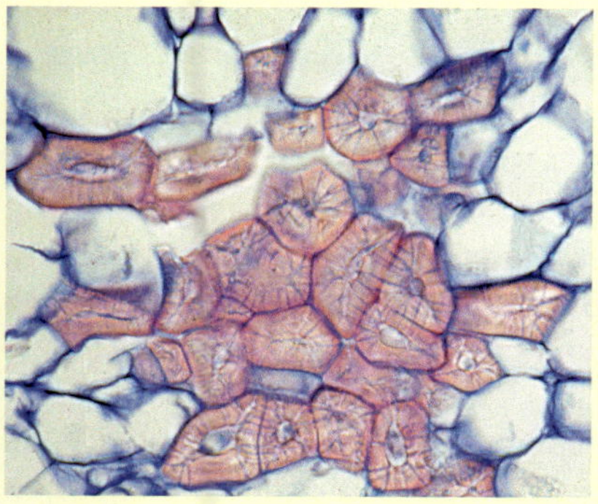
Abb. 6

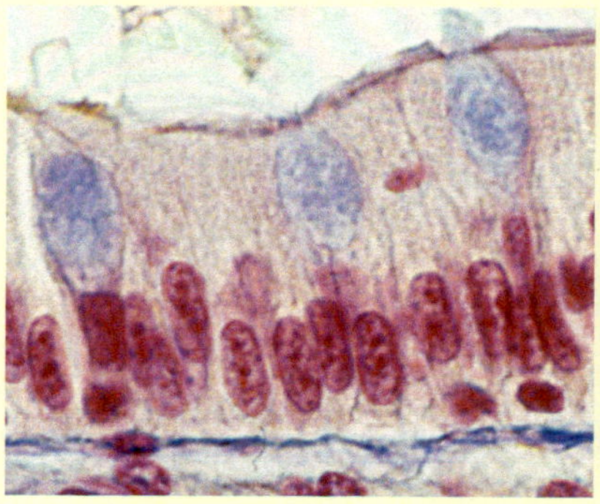
Abb. 7

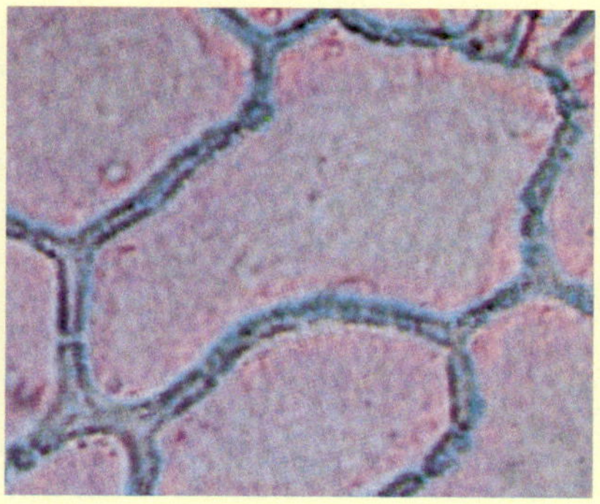
Abb. 8

1. Betrachte die mikroskopischen Bilder. Welche Abbildungen zeigen tierische, welche pflanzliche Zellen? Begründe deine Zuordnung.
2. Ordne folgende Zelltypen den Abbildungen zu: Nervenzelle, Steinzellen aus dem Fruchtfleisch der Birne, Epidermiszelle eines Blütenblattes, Drüsenzellen, Flimmerepithelzellen der Luftröhre, Speicherzellen der Kartoffel.
3. Beschreibe die Besonderheiten, welche die jeweiligen Zelltypen aufweisen.
4. Beschreibe den Zusammenhang zwischen der Struktur und der Funktion der Zellen in Abbildung 3, 4 und 8.
5. Fertige eine mikroskopische Zeichnung mit Beschriftung von zwei der abgebildeten Zellen an.

Größe und Vermehrung von Zellen

Die Abbildung 9 zeigt verschiedene Zellen im Größenvergleich zu einem Haar.

1. Gib die Größe der abgebildeten Zellen an.
2. Benenne die Zellen mithilfe des Schulbuchs. Welche Zellen sind Bakterien, Einzeller, tierische oder pflanzliche Zellen?
3. Beobachtungen zeigten, dass sich bestimmte Amöbenarten alle 3 Minuten teilen. Wie viele Amöben können aus einem einzelnen Individuum in 15 Min., 30 Min., 45 Min. und 60 Min. entstehen?

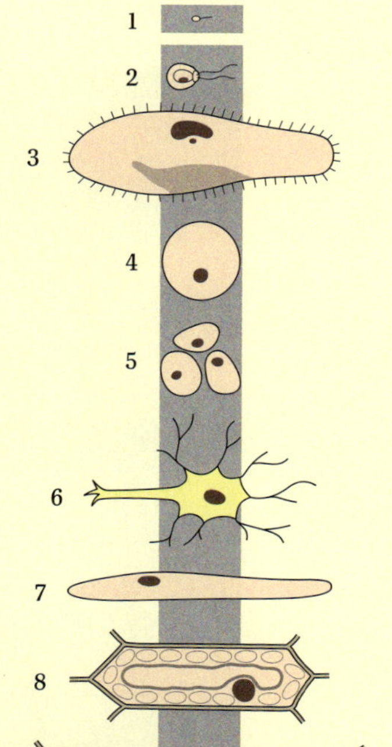

Abb. 7 Zellen im Größenvergleich

Grundwissen Zelle

Durch die Erfindung des Mikroskops wurde die Welt des Mikrokosmos für das menschliche Auge sichtbar. Gewebe und Organe wurden mit dem Mikroskop untersucht und die Zelle als ihr Grundbaustein entdeckt. 1838 erkannten Schwann und Schleiden, dass alle Lebewesen aus Zellen aufgebaut sind. Je nach Objekt wird heute zur Untersuchung das Lichtmikroskop oder das sehr stark vergrößernde Elektronenmikroskop verwendet.

Die Zelle ist die Lebenseinheit aller Organismen. Jede Zelle besitzt Zellplasma, das von einer Membran umgeben ist. Im Zellplasma befinden sich verschiedene, auf bestimmte Aufgaben spezialisierte Strukturen.

Alle Pflanzenzellen haben denselben Grundbauplan. Im Zellplasma befinden sich die für die Photosynthese zuständigen Chloroplasten, die Mitochondrien und der Zellkern. Pflanzenzellen sind von einer stabilisierenden Zellwand umgeben. Im Inneren der Pflanzenzelle liegt die flüssigkeitsgefüllte Vakuole. Sie presst den Plasmaschlauch an die Zellwand.

Tierische Zellen besitzen eine Zellmembran und Zellplasma mit Zellkern, Mitochondrien und anderen Organellen. Die Zellwand, die Chloroplasten und die Vakuole sind bei tierischen Zellen nicht vorhanden. Der Zellkern ist die Steuerzentrale der Zelle. In ihm liegt die Erbinformation in Form von Nucleinsäuren vor. Die Erbinformation im Zellkern wird an die nächste Generation weitergegeben.

Die Vermehrung von Zellen findet durch Zellteilung statt. Sie ist Voraussetzung für Wachstum und Regeneration von Lebewesen. Zellen gleichartiger Form und Funktion bilden Gewebe. Verschiedene Gewebe bilden ein Organ, das zu einem Organsystem gehört. Organe und Organsysteme übernehmen bestimmte Aufgaben im ganzen Lebewesen, dem Organismus.

Austauschvorgänge an der Membran laufen nach bestimmten Gesetzmäßigkeiten ab: Die durch Eigenbewegung bewirkte gleichmäßige Verteilung der Teilchen im zur Verfügung stehenden Raum wird Diffusion genannt. Die Zellmembran ist halbdurchlässig, semipermeabel. Diffusion durch eine halbdurchlässige Membran heißt Osmose. In konzentrierter Salzlösung findet durch die halbdurchlässige Membran ein osmotischer Wasserausstrom aus der Vakuole statt. Die Schrumpfung der Vakuole führt zur Ablösung des Plasmaschlauches von der Zellwand, zur Plasmolyse.

Einzeller bestehen aus nur einer Zelle, die alle für das Überleben wichtigen Aufgaben übernimmt. Amöben und Grünalgen sind Beispiele für Einzeller mit Zellkern. Bakterien sind Prokaryoten, sie besitzen keinen Zellkern.

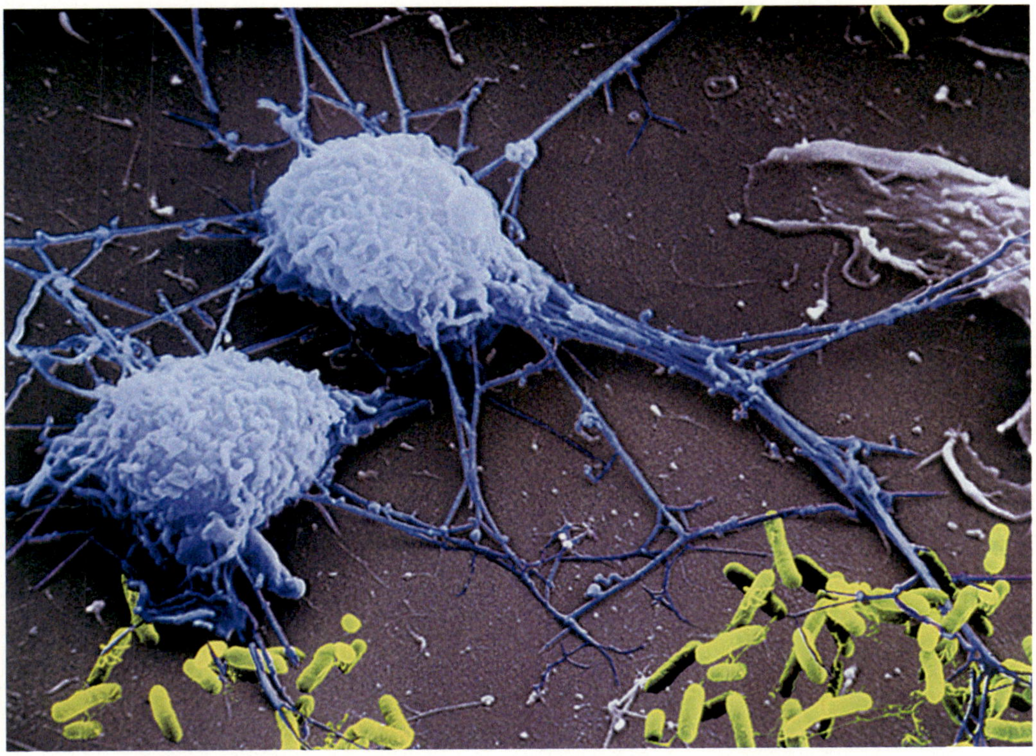

Photosynthese und Zellatmung

1 Das Geheimnis pflanzlicher Ernährung

Die Frage, wie sich die grünen Pflanzen ernähren, hat die Forscher seit dem Altertum beschäftigt. Der bekannte griechische Philosoph und Naturforscher **Aristoteles** war der Meinung, dass sie bereits fertige Nahrung aus dem Boden aufnehmen.

Erste Experimente – reicht Wasser allein zur Ernährung?

Der belgische Arzt und Chemiker **Van Helmont** führte im 17. Jahrhundert ein Langzeitexperiment durch *(Abb. 1)*. In einen großen Holzkübel füllte er eine abgewogene Menge Erde und pflanzte eine junge Weide ein, die 2,5 kg wog. Er stellte die Pflanze ans Licht und goss sie regelmäßig. Die Pflanze gedieh. Nach 5 Jahren grub er die Weide wieder aus. Sie wog jetzt 82 kg. Das Gewicht der Erde hatte jedoch nur um 0,06 kg abgenommen. Van Helmont zog den Schluss, dass sich die Weide die restlichen 79,44 kg aus dem Gießwasser geholt hatte.

Welche Rolle spielt die Luft?

Der englische Prediger und Naturforscher **Joseph Priestley** experimentierte 1771 mit Pflanzen und Tieren, um festzustellen, wie sich die Luft durch Lebewesen verändert *(Abb. 2a–c)*.

- Er stellte fest, dass Mäuse in einem abgeschlossenen Glasbehälter nach einiger Zeit ohnmächtig werden.
- Setzte er im Licht eine grüne Pflanze in das Gefäß mit der verbrauchten Luft, so gedieh sie.
- Wurde dieser Versuch unter Ausschluss von Licht wiederholt, begann sie zu kränkeln.
- Brachte er Mäuse und Pflanze zusammen in den abgeschlossenen Glasbehälter, wurden die Mäuse nicht ohnmächtig und die Pflanze gedieh, so lange sie genügend Licht bekam.

Er stellte fest, dass Tiere anscheinend Luft verbrauchen, während Pflanzen im Licht dies nicht tun.

Abb. 1 Van Helmonts Versuch

Abb. 2 a – c Versuche von Priestley

Weitere Experimente (Jean Senebier, Antoine Lavoisier) führten zum Ende des 18. Jahrhunderts zu der Erkenntnis, dass der entscheidende Anteil der „guten“ Luft Sauerstoff ist, und dass sich in der „verbrauchten“ Luft deutlich mehr Kohlenstoffdioxid als in der „guten“ Luft findet.
Der niederländische Arzt Jan Ingenhousz wies nach, dass nur die grünen Teile der Pflanzen „gute“ Luft, also Sauerstoff, produzieren können; er zeigte auch, dass dazu Licht benötigt wird.
Und 1804 schließlich bewies Nicolas de Saussure, ein Physiker und Botaniker aus der Schweiz, dass Pflanzen aus Kohlenstoffdioxid organische Substanz herstellen können und dass sie dazu auch Wasser benötigen.

A1 Nimm Stellung zu der Annahme von Aristoteles. Was nehmen Pflanzen deiner Meinung nach aus dem Boden auf?

A2 Hat van Helmont mit seinem Langzeitexperiment das Geheimnis um die Ernährung der grünen Pflanzen gelöst?

Was wir heute wissen

Jedes grüne Blatt ist eine Nährstofffabrik, die aus den energiearmen Stoffen **Kohlenstoffdioxid** und **Wasser** den energiereichen Stoff **Traubenzucker** herstellt. Den dazu nötigen hohen Energiebetrag deckt die Pflanze mit **Sonnenenergie**. Die Umsetzung dieses Energiebetrages bewirkt das grüne **Chlorophyll** (Blattgrün) in den Blättern. Bei diesem Vorgang, der Photosynthese, wird gleichzeitig **Sauerstoff** freigesetzt *(Abb. 3)*.
Aus einem Teil des energiereichen Traubenzuckers und den Mineralstoffen aus dem Boden bauen die Pflanzen alle Stoffe auf, die sie zum Leben brauchen: u. a. Eiweiße (Proteine), Fette und Stärke. Traubenzucker dient hier als **Baustoff** (Stärke) und vielfach umbaufähiger Grundstoff.

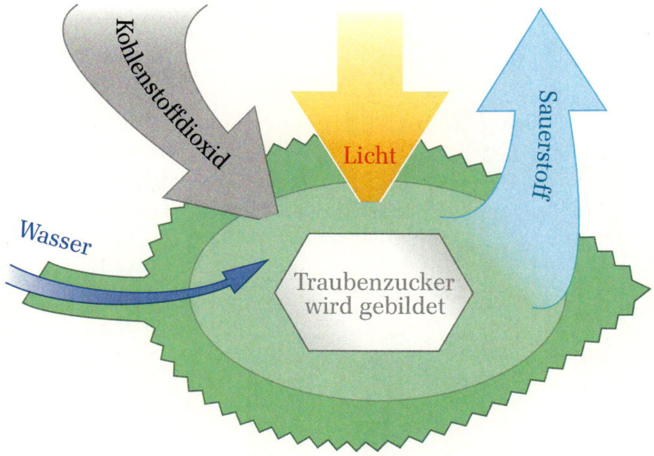

Abb. 3 Photosynthese

Beziehungen zwischen den Lebewesen

Eine grüne Pflanze kann nur im Licht leben, denn nur dann kann sie durch Photosynthese genügend energiereiche Stoffe erzeugen. Als Abfallprodukt entsteht Sauerstoff. Tiere und Menschen ernähren sich durch Pflanzen und atmen Sauerstoff. Dabei geben sie das Gas Kohlenstoffdioxid ab, das Pflanzen wiederum für die Photosynthese benötigen. Der **Kreislauf** schließt sich *(Abb. 4)*.

A3 **Für besonders Interessierte:** Was nehmen Pflanzen aus dem Boden auf? Recherchiere und präsentiere deine Ergebnisse vor der Klasse.

Abb. 4 Energieabhängigkeit und Kreislauf von Sauerstoff und Kohlenstoffdioxid

! Mithilfe der Sonnenenergie bilden grüne Pflanzen bei der Photosynthese aus Wasser und Kohlenstoffdioxid energiereichen Traubenzucker. Als Baustoff kann er in andere energiereiche Pflanzenbestandteile umgewandelt werden.

1.1 Energieumwandlung

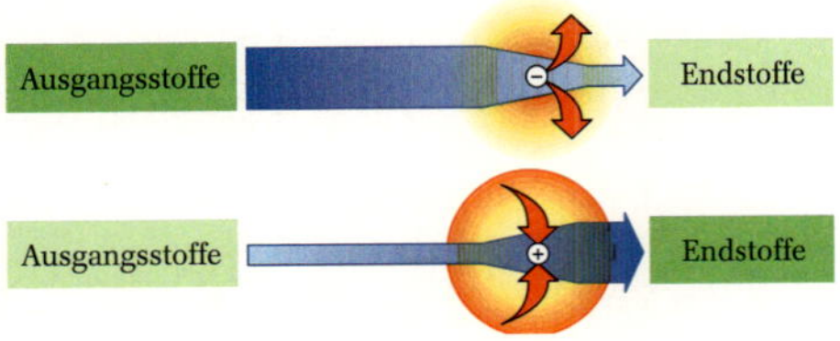

Abb. 1 Prinzip chemischer Reaktionen;
–: Energie wird frei
+: Energie wird zugeführt

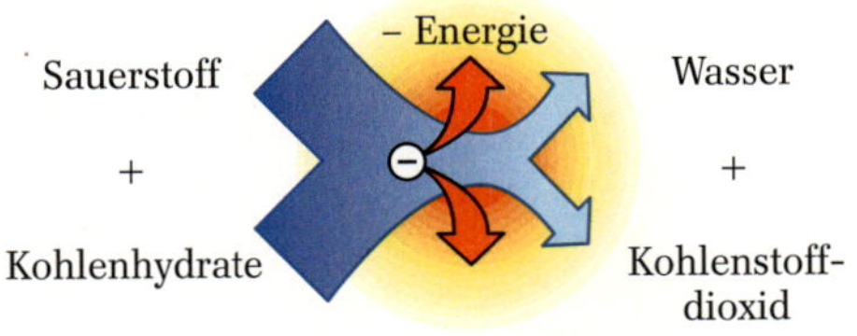

Abb. 2 Chemische Reaktion der Verbrennung

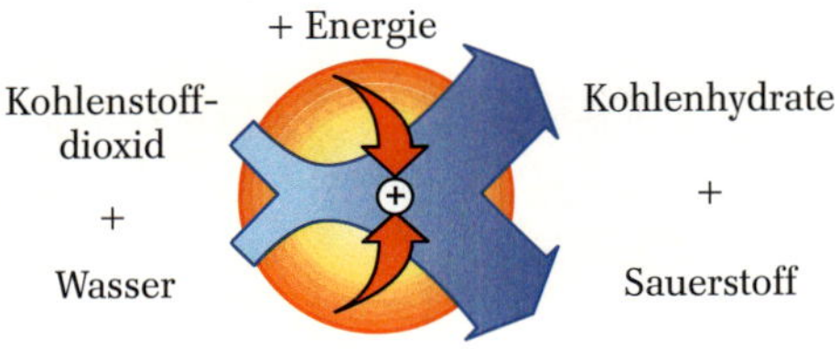

Abb. 3 Reaktion der Photosynthese

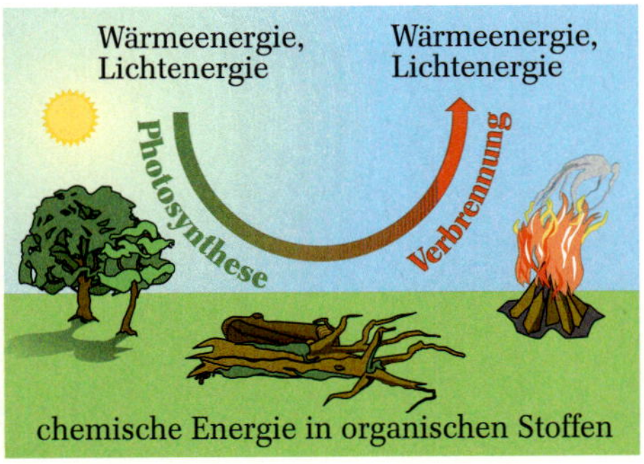

Abb. 4 Energieumwandlung

! Alle Lebewesen sind aus energiereichen organischen Stoffen aufgebaut. Die für Stoffwechselreaktionen benötigte Energie wird durch die Zellatmung gewonnen, die von der Energiebilanz gesehen die Umkehrung der Photosynthese darstellt.

Sicherlich hast du schon einmal die enorme Wärmestrahlung eines lodernden Feuers gespürt. Lange Zeit war Holz der wichtigste Brennstoff für den Menschen. Zuerst spendete das Feuer Licht in der Dunkelheit und Wärme, dann diente es auch zur Verteidigung vor wilden Tieren und zur Jagd. Später wurde es zur Speisenzubereitung, zur Herstellung von Gefäßen und Werkzeugen, zur Metallgewinnung und zur Metallbearbeitung genutzt. Mit Holzfeuer wurden zu Beginn des Industriezeitalters Maschinen angetrieben. Zwischenzeitlich haben in den Industrieländern andere Stoffe das Holz als wichtigsten Brennstoff ersetzt.

Holz enthält neben Kohlenhydraten auch Mineralstoffe, die bei der Holzverbrennung in Form von Asche als festes Nebenprodukt zurückbleiben. Bei Sauerstoffmangel kann außerdem Kohlenstoff in Form von Ruß entstehen.

Der Verbrennungsvorgang ist eine **chemische Reaktion.** Von einer chemischen Reaktion spricht man immer dann, wenn Ausgangsstoffe mit bestimmten Eigenschaften in Endstoffe mit anderen Eigenschaften umgewandelt werden. Bei einer solchen Stoffumwandlung kann Energie zum Beispiel in Form von Wärme oder Licht in die Umgebung freigesetzt oder aus der Umgebung aufgenommen werden *(Abb. 1)*.

Die wichtigsten Ausgangsstoffe beim Kaminfeuer sind die Kohlenhydrate des Holzes und der Sauerstoff aus der Luft. Unter Abgabe von Wärme- und Lichtenergie entstehen bei der **Verbrennung** daraus die Endstoffe Kohlenstoffdioxid und Wasserdampf *(Abb. 2)*. Sauerstoff, Kohlenstoffdioxid und Wasserdampf sind während der Verbrennung nicht direkt zu beobachten; man kann sie aber mit entsprechenden Hilfsmitteln nachweisen (S. 70).

Die bei der Verbrennung frei werdende Energie stammt aus den organischen Substanzen im Holz. Alle Lebewesen sind aus energiereichen organischen Stoffen aufgebaut. Die zur Herstellung dieser Stoffe notwendige Energie kommt ursprünglich von der Sonne. Die Pflanzen nehmen bei der **Photosynthese** Lichtenergie der Sonne auf und speichern sie als chemische Energie in Kohlenhydraten *(Abb. 3)*. Ausgehend von den Kohlenhydraten können dann auch andere organische Stoffe wie Fett oder Eiweiß aufgebaut werden.

In allen Lebewesen laufen ständig Stoffwechselreaktionen ab, die Energiezufuhr benötigen. Diese Energie wird durch die Zellatmung aus energiereichen organischen Stoffen freigesetzt. Bei der **Zellatmung** reagiert das Kohlenhydrat Traubenzucker mit Sauerstoff unter Energiefreisetzung zu Kohlenstoffdioxid und Wasser. Der Prozess entspricht somit einer Verbrennung und ist, was die Energiebilanz angeht, die Umkehrung der Photosynthese *(Abb. 4)*.

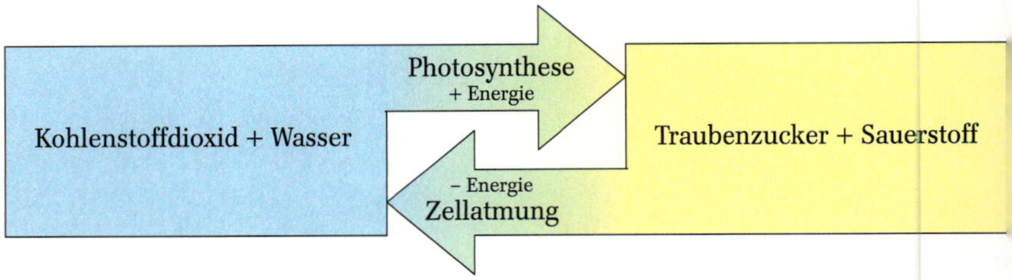

1.2 Kohlenhydrate als Energieträger

Erhitzt man Zucker oder Stärke in einem Tiegel, so bleibt schwarzer Kohlenstoff zurück und Wasserdampf entweicht in die Luft. Dieser Beobachtung hat die Stoffgruppe ihren Namen zu verdanken: Kohlen(stoff)hydrate (gr. hydor – Wasser).
In einem **Einfachzucker** *(Abb. 1a)* sind Kohlenstoff-, Sauerstoff- und Wasserstoffatome in einem Ring gebunden. Es gibt verschiedene Einfachzucker, die sich in ihrer Ringstruktur unterscheiden. Die wichtigsten sind der Traubenzucker (Glucose) und der Fruchtzucker (Fructose). Verknüpft man zwei Traubenzuckerringe miteinander, so erhält man den Malzzucker. Der Rohrzucker ist eine Verbindung aus Traubenzucker und Fruchtzucker. Malzzucker und Rohrzucker sind **Zweifachzucker** *(Abb. 1b)*. Ketten aus tausenden von Einfachzuckerbausteinen werden als **Vielfachzucker** bezeichnet. Die drei **Vielfachzucker** Cellulose, Amylose und Glykogen sind alle aus dem Grundbaustein Glucose aufgebaut. Die Cellulose bildet das stabile Fasergeflecht in der pflanzlichen Zellwand. Sie besteht aus unverzweigten gestreckten Ketten *(Abb. 1c)*. Amylose ist pflanzliche Stärke und dient als Energiespeicher. Die Zuckerkette ist unverzweigt wie bei der Cellulose, aber schraubenartig gedreht *(Abb. 1d)*. Glykogen dient als Energiespeicher im Muskel und in der Leber. Es unterscheidet sich im Bau von Amylose durch die Verzweigung der gedrehten Zuckerketten *(Abb. 1e)*.
Der Energiegehalt der Kohlenhydrate beträgt etwa 17 kJ/g. Die Maßeinheit der Energie ist Joule; 1.000 Joule sind ein Kilojoule (kJ). 1 kJ ist die Energie, die benötigt wird, um eine Last von 19 kg Gewicht 1 m hoch zu heben. Früher war die Maßeinheit für Energie die Kalorie (cal) bzw. Kilokalorie (kcal). Der Energiegehalt oder Brennwert eines Stoffes wird in einem Kalorimeter gemessen. Fette haben mit etwa 38 kJ/g einen viel höheren Brennwert als Kohlenhydrate; auch sie spielen deshalb im Energiehaushalt eine Rolle.

ATP – „das Energietaxi“

In allen Zellen ist Glucose der wichtigste Energieträger. Sie kann aus Amylose oder Glykogen freigesetzt werden. Bei der Zellatmung wird sie in den Mitochondrien umgesetzt. Die frei werdende Energie wird zum Großteil in dem Energieüberträger ATP (Adenosintriphosphat) gespeichert. Ein Teil der Energie wird als Wärme abgegeben.
ATP bringt Energieportionen an all die Orte in der Zelle, wo sie benötigt werden. Dort wird ATP unter Energieabgabe in ADP + P (Adenosindiphosphat und Phosphat) gespalten.

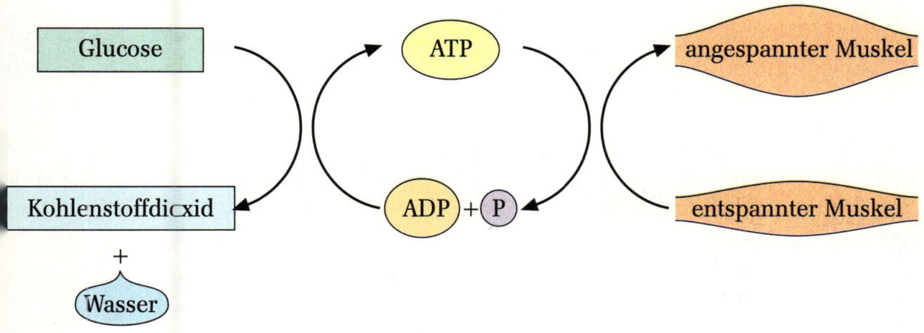

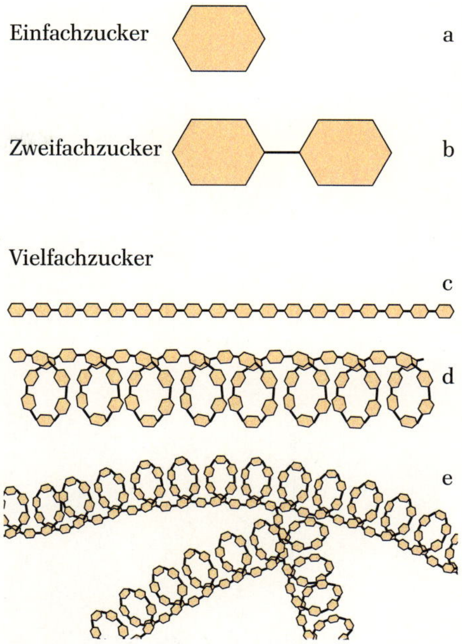

Abb. 1 Struktur verschiedener Kohlenhydrate

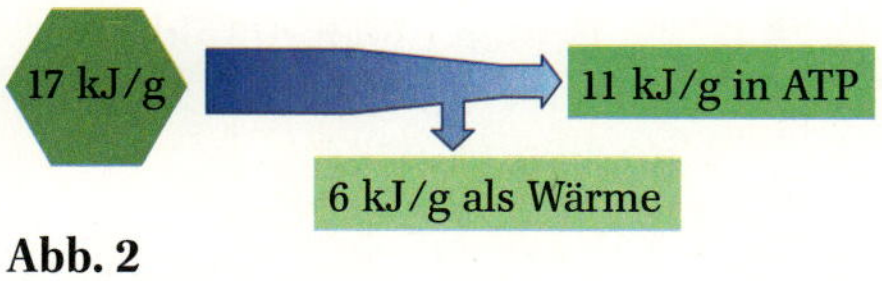

Abb. 2

! Glucose dient als wichtigster Energieträger, ATP (Adenosintriphosphat) als wichtigster Energieüberträger.

A1 Recherchiere: Wo kommen die im Text genannten Kohlenhydrate in der Natur vor?

A2 Ein 57 kg schwerer Schüler macht 15 Klimmzüge und hebt seinen Körper dabei jedes Mal 50 cm hinauf an die Stange.
a) Berechne die durch Hubarbeit verbrauchte Energiemenge.
b) Berechne in Prozent und kJ, wie viel Energie zusätzlich als Wärme verloren gegangen ist *(Abb. 2)* und wie viel insgesamt verbraucht wurde.

A3 Erläutere den links dargestellten Zusammenhang mithilfe des Textes und der Abbildungen auf Seite 62/63.

1.3 Ohne Mitochondrien keine Zellatmung

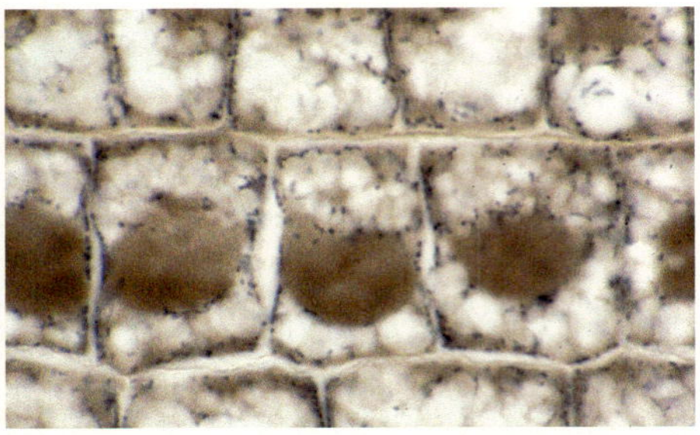

Abb. 1 Mitochondrien im Lichtmikroskop

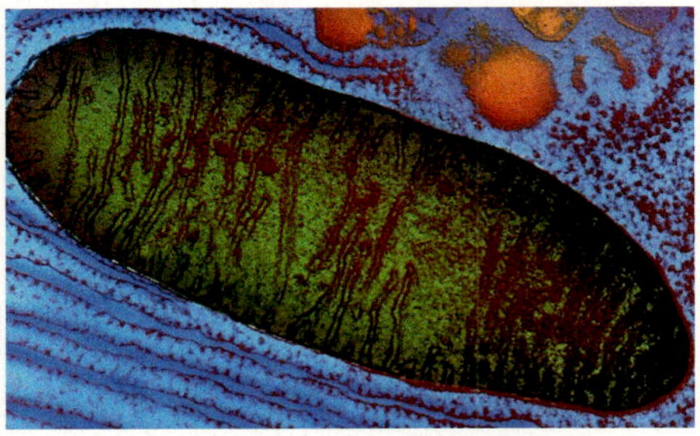

Abb. 2 Elektronenmikroskopisches Bild eines Mitochondriums

A1 Wie heißen die in Abbildung 4 mit Buchstaben markierten Details des Mitochondriums?

A2 Durch Ausdauertraining lässt sich nicht nur die Anzahl der Mitochondrien im Muskelgewebe steigern, sondern auch ihre Größe und die Auffaltungen der inneren Membran nehmen zu. Erläutere diesen Zusammenhang.

! Mitochondrien sind in jeder Zelle vorhandene, auf die Energieversorgung spezialisierte Zellorganellen. An der Oberfläche ihrer inneren Membran laufen die wichtigsten Prozesse der Zellatmung ab.

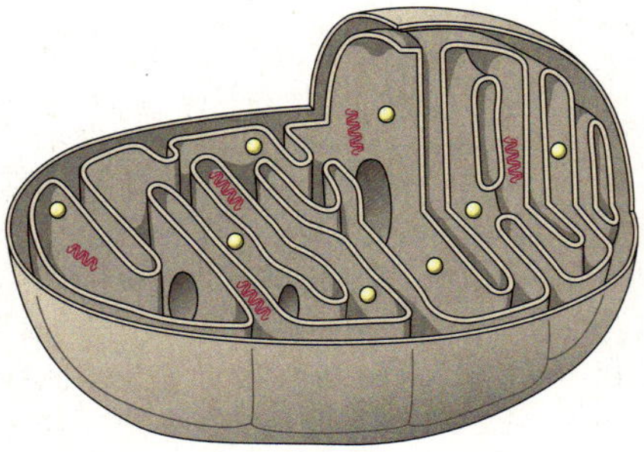

Abb. 3 Dreidimensionale Darstellung eines Mitochondriums (elektronenmikroskopisches Schema)

Alle tierischen und auch die pflanzlichen Zellen besitzen diese kleinen, meist länglichen Zellorganellen, die allerdings bei der Betrachtung im Lichtmikroskop nicht leicht zu erkennen sind (schwarze Punkte, *Abb. 1)*. Dies liegt nicht nur an ihrer geringen Größe, sondern auch daran, dass sie keine Farbstoffeinlagerungen aufweisen. Die Mitochondrien (gr. mitos – Faden, chondros – Korn) haben eine durchschnittliche Länge von 5 µm (1 µm „Mikrometer" entspricht 1/1.000 mm). Sie befinden sich im Zellplasma, können sich dort langsam fortbewegen und sogar ihre Form verändern. In Zellen, die eine hohe Stoffwechselaktivität aufweisen, ist die Anzahl der Mitochondrien besonders hoch; so hat z. B. eine Leberzelle bis zu 1.500 Mitochondrien.

Der innere Bau der Mitochondrien wird erst bei der Betrachtung im Elektronenmikroskop deutlich *(Abb. 2)*. Sie sind von einer doppelten Membranhülle umgeben. Die innere Membran bildet Einstülpungen, die sich weit in die flüssige Grundsubstanz, die sogenannte Matrix, erstrecken. Die Mitochondrien besitzen ihr eigenes Erbmaterial, das nicht in einem Kern untergebracht ist, sondern frei als Nucleinsäurefaden in der Matrix liegt.

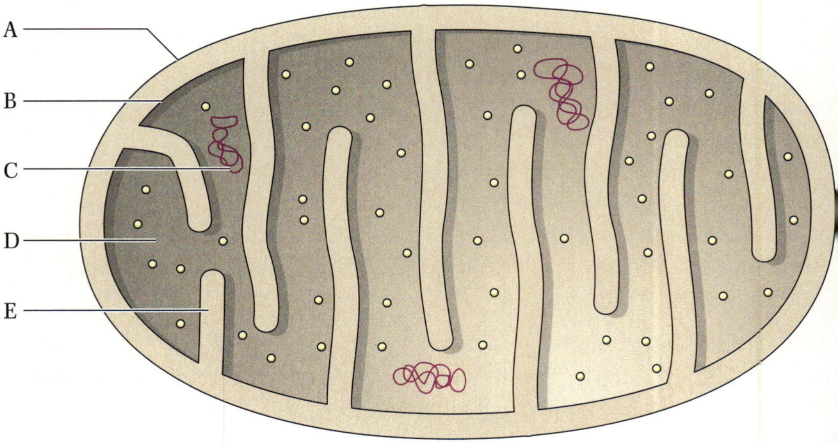

Abb. 4 Mitochondrium im Längsschnitt (elektronenmikroskopisches Schema)

Bei der Zellteilung werden die zuvor durch Zweiteilung verdoppelten Mitochondrien gleichmäßig auf die beiden Tochterzellen verteilt. Die Anzahl der Mitochondrien in einer Zelle kann bei Bedarf auch nach der Zellteilung noch durch weitere Zweiteilungen gesteigert werden.
Die Aufgabe dieser Zellorganellen besteht darin, die Energieversorgung für alle Lebensprozesse zu sichern. Sie sind sozusagen die Kraftwerke jeder Zelle. Der wichtigste Brennstoff ist der Traubenzucker, der in tierischen Zellen aus der Nahrung stammt und in pflanzlichen Zellen selbst bei der Photosynthese hergestellt wird. In dem als **Zellatmung** bezeichneten Prozess wird Traubenzucker mit Sauerstoff umgesetzt, wobei die enthaltene Energie verfügbar gemacht wird. Als Produkte entstehen dabei Wasser und Kohlenstoffdioxid (S. 62). Die wichtigsten Schritte der Zellatmung laufen an der Oberfläche der inneren Mitochondrienmembran ab. Dort sind Biokatalysatoren eingebaut, sogenannte Enzyme, welche die Abläufe der Zellatmung bewerkstelligen.

1.4 Das Blatt – Organ der Photosynthese

Abb. 1 Mikroskopischer Blattquerschnitt

Die Laubblätter der grünen Pflanzen haben die Hauptaufgabe, Photosynthese zu betreiben. Sie sind in ihrem Bau an diese Aufgabe besonders angepasst. Untersucht man ein typisches Laubblatt mit dem Mikroskop, so lassen sich im Querschnitt unterschiedliche Gewebe erkennen *(Abb. 1)*. Das Blatt wird an der Ober- und Unterseite von einer stabilen Schicht gleichartiger Zellen schützend eingehüllt. Man bezeichnet diese Gewebe als obere und untere Epidermis (Außenhaut). Die Epidermiszellen bilden nach außen hin eine Wachsschicht, die Kutikula, die als zusätzlicher Verdunstungsschutz dient.

Die untere Epidermis eines typischen Laubblattes unterscheidet sich von der oberen dadurch, dass sie Spaltöffnungen aufweist (S. 9). Dies sind schmale Lücken zwischen paarweise angeordneten Schließzellen, die dem Gasaustausch dienen. Die Pflanze kann die Spaltöffnungen nach Bedarf öffnen und schließen, indem sie den Wasserdruck in den Schließzellen erhöht oder herabsetzt. Durch Wassereinstrom aus den Nebenzellen vergrößert sich das Volumen der Schließzellen und sie weichen auseinander *(Abb. 2)*. Der umgekehrte Wasserstrom führt zum Verschluss der Spaltöffnungen.

Die zweitoberste Zellschicht ist das Palisadengewebe. Es besteht aus länglichen, vertikal eng stehenden Zellen mit vielen Chloroplasten. Hier findet die Photosynthese hauptsächlich statt.

Unter dem Palisadengewebe schließt sich ein lockerer Zellverband an, der aus unterschiedlich geformten Zellen aufgebaut ist. Dieses Schwammgewebe ist von Interzellularen (Luftkammern zwischen den Zellen) durchzogen. Die Interzellularen dienen dem Transport von Sauerstoff, Kohlenstoffdioxid und Wasserdampf im Blatt. Über die Spaltöffnungen stehen sie in Verbindung mit der Umgebung.

Die Spaltöffnungen regulieren die Abgabe von Wasserdampf an die Umgebung (Transpiration) und sorgen für den Wassertransport aus der Wurzel nach oben. Mit dem Wasser aus dem Boden aufgenommene Mineralstoffe werden so in der ganzen Pflanze verteilt. Außerdem findet der Gasaustausch der Photosynthese und der Zellatmung durch die Spaltöffnungen statt *(Abb. 3)*.

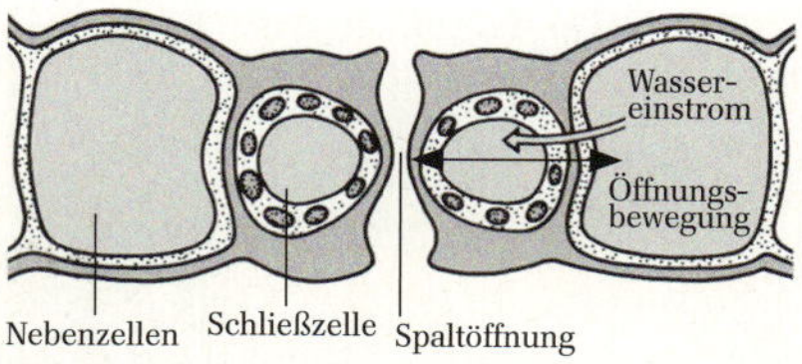

Abb. 2 Spaltöffnung im schematischen Querschnitt

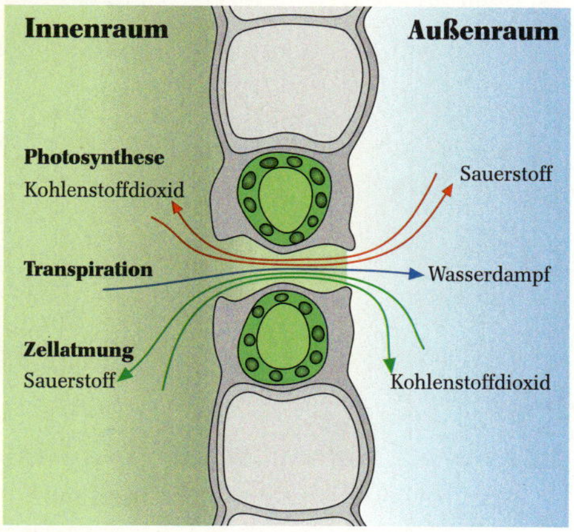

Abb. 3 Transportvorgänge durch die Spaltöffnung

! Ein Blatt besteht aus Epidermis mit Kutikula, Palisadengewebe mit Chloroplasten für die Photosynthese und Schwammgewebe mit Interzellularen für den Stofftransport. Die untere Epidermis weist Spaltöffnungen auf, die den Wasserhaushalt der Pflanze regulieren und dem Gasaustausch dienen.

A1 Wie heißen die in Abbildung 1 mit Zahlen markierten Details des Blattquerschnittes?

A2 Welche Aufgaben erfüllen die Epidermis, das Palisadengewebe und das Schwammgewebe in einem Laubblatt?

A3 Weshalb ist es sinnvoll, dass das Palisadengewebe im oberen Teil des Blattes sitzt und die Spaltöffnungen sich an der Unterseite befinden?

A4 Welches Problem ergibt sich für die Spaltöffnungsregulation bei längerer Trockenheit?

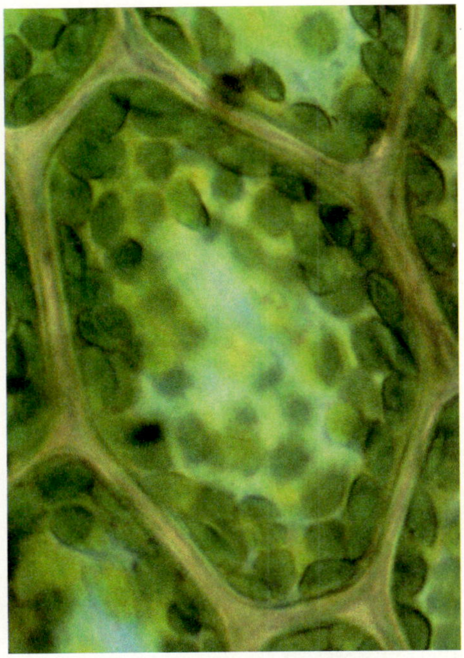

Abb. 1 Chloroplasten im Lichtmikroskop

1.5 Chloroplasten – die grünen Zuckerfabriken

Betrachtet man die Zellen von grünen Pflanzen im Lichtmikroskop, so kann man feststellen, dass die grüne Farbe auf die Anwesenheit von meist oval geformten Zellorganellen, den sogenannten Chloroplasten, zurückzuführen ist *(Abb. 1)*. Sie befinden sich in großer Anzahl im Zellplasma und haben eine durchschnittliche Größe von etwa 10 µm. Es gibt aber auch größere, interessant gebaute Sonderformen unter ihnen. So besitzen die Zellen der Fadenalge Spirogyra jeweils nur einen einzigen Chloroplasten, der sich aber auf die ganze Länge der Zelle ausdehnt *(Abb. 2)*.

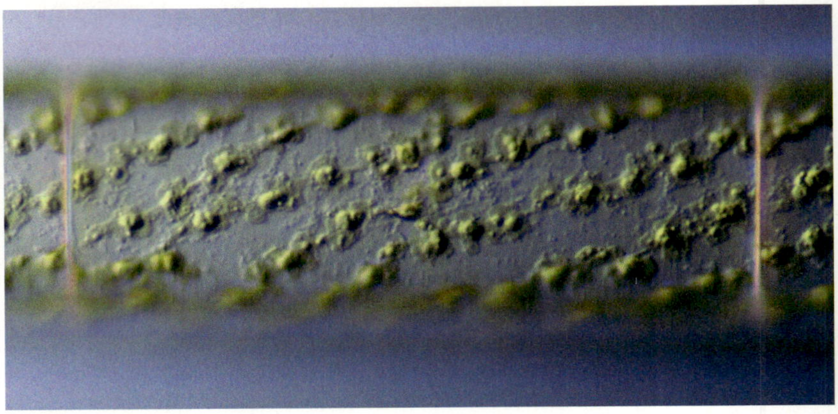

Abb. 2 Chloroplast von Spirogyra

A1 Wie heißen die in Abbildung 3 mit Buchstaben markierten Details des Chloroplasten?

A2 Vergleiche die Oberflächen der äußeren und der inneren Membran im Chloroplasten und begründe den Unterschied.

A3 Nenne Gemeinsamkeiten und Unterschiede im Bau von Chloroplasten und Mitochondrien.

! Mithilfe des grünen Blattfarbstoffs Chlorophyll wird Lichtenergie absorbiert und zur Herstellung von Traubenzucker und Sauerstoff genutzt.

Chloroplasten sind von einer doppelten Membranhülle umgeben. Die innere Membran bildet Ausstülpungen nach innen, die sich zum Teil zu flachen Membranbläschen abschnüren. Diese Membranbläschen ordnen sich übereinander zu Stapeln an *(Abb. 3, 4)*. Der grüne Farbstoff ist in die Membran der Bläschen eingebaut. Die farblose Masse im Inneren des Chloroplasten bezeichnet man als Matrix. In ihr liegt das Erbmaterial als freier Nucleinsäurefaden vor und man kann unterschiedlich große Körner erkennen, die aus dem Kohlenhydrat Stärke bestehen.
Chloroplasten vermehren sich selbst vor der Zellteilung durch Zweiteilung. Sie werden dann in etwa zu gleichen Teilen auf die Tochterzellen vererbt.

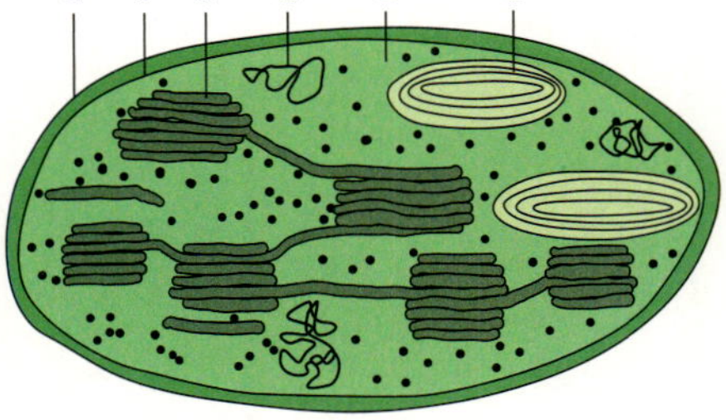

Abb. 3 Elektronenmikroskopisches Schema eines Chloroplasten

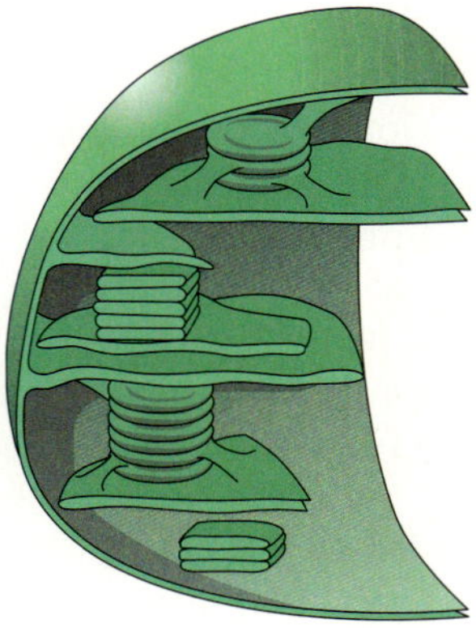

Abb. 4 Dreidimensionale Darstellung

In den Chloroplasten findet die Photosynthese statt. Die Lichtenergie wird mithilfe des grünen Blattfarbstoffes Chlorophyll in der Membran absorbiert (aufgenommen) und dazu genutzt, aus den energiearmen Stoffen Kohlenstoffdioxid und Wasser den energiereichen Stoff Traubenzucker und Sauerstoff herzustellen. Traubenzucker ist der grundlegende Energieträger jeder Zelle. Wird die Energie nicht wieder durch Zellatmung freigesetzt, so wird Traubenzucker zur Speicherung in Stärke verwandelt (S. 63) und als Stärkekorn im Chloroplasten gespeichert.

1.6 Die Photosynthese – eine gewaltige Leistung

Wenn du Ende April einen winzigen Sonnenblumenkern in einen Blumentopf steckst und ihn den Sommer über regelmäßig gießt, kannst du selber beobachten, wie eine stattliche Sonnenblume wächst *(Abb. 1)*. Wenn der Lichteinfall sowie die Feuchtigkeit und der Nährstoffgehalt der Erde günstig sind, kann diese bis zu 3 m hoch werden und eine Korbblüte mit einem Durchmesser von 40 cm entwickeln. Der enorme Zuwachs an Biomasse vom kleinen Samen zur großen Sonnenblume veranschaulicht, was durch Photosynthese geleistet werden kann.

Die gesamte gewachsene Pflanze zeigt die sogenannte **Nettoprimärproduktion**, also den sichtbaren Aufbau von Biomasse (organischem Material) durch Photosynthese. In den Pflanzenzellen läuft aber neben der Photosynthese ständig auch die Zellatmung ab. Dabei werden Kohlenhydrate verbraucht, um lebensnotwendige Prozesse mit Energie zu versorgen. Auch diese Kohlenhydrate wurden von der Pflanze erst durch Photosynthese hergestellt. Summiert man die Masse der durch Atmung verbrauchten Kohlenhydrate und die im Pflanzenkörper eingebaute Biomasse, so erhält man die **Bruttoprimärproduktion**. Am Beispiel des Waldes kann man sich dies deutlich machen *(Abb. 2)*.

Lebenswichtig für alle Lebewesen, wenn auch nicht direkt beobachtbar, ist die mit der Photosynthese einhergehende Sauerstoffproduktion. Der gesamte Sauerstoff unserer Atmosphäre hat seinen Ursprung allein in der Photosynthese. Nach der Schätzung einer internationalen Forschergruppe beträgt die jährliche Sauerstoffproduktion weltweit etwa 200 Milliarden Tonnen Sauerstoff.

Eine 100 Jahre alte Buche stellt an einem Sonnentag etwa 13 kg Sauerstoff her. Diese Menge reicht für die tägliche Atmung von 10 Menschen aus. Durch die gleichzeitige Verdunstung von 400 Litern Wasser wird die Luft angefeuchtet. 9.400 Liter Kohlenstoffdioxid werden von der Buche aufgenommen, um 13 kg Zucker als Ausgangsstoff für andere organische Stoffe herzustellen. 36.000 m^3 Luft durchströmen täglich das Schwammgewebe der Blätter, dessen gesamte Oberfläche so groß ist wie zwei Fußballfelder. Dabei werden Krankheitserreger, Staub und Schadstoffe aus der Luft gefiltert.

Abb. 1 Sonnenblume

Jahresbilanz im 60-jährigen Buchenwald pro Hektar

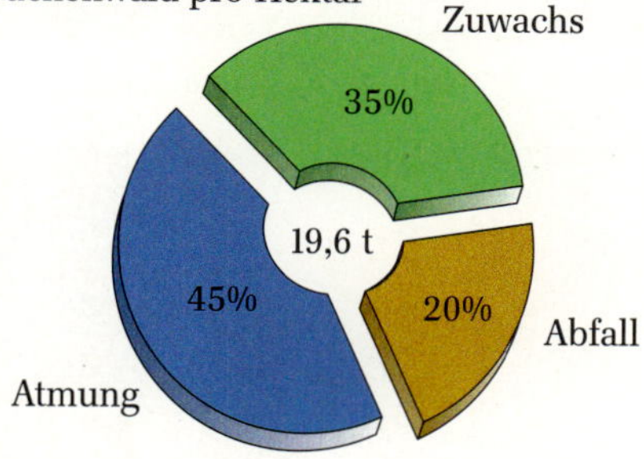

Abb. 2 Brutto- und Nettoproduktion

A1 Die Bruttoproduktion im Buchenwald beträgt 19,6 t pro ha. Wie viel Prozent beträgt die Nettoproduktion nach dem Kreisdiagramm?
Rechne alle Prozentangaben in Tonnen pro Hektar um.

A2 Sommergrüne Laubwälder stellen pro m^2 im Jahresdurchschnitt 30 kg (Trockengewicht) Pflanzenmasse her. Im tropischen Regenwald beträgt der Jahresdurchschnitt der Herstellung von pflanzlicher Biomasse 45 kg/m^2. Worin siehst du mögliche Gründe für die höhere Produktivität?

Künstliche Biosphären

Abb. 1 Burg Puivert, Südfrankreich

Abb. 2 Biosphäre 2, Gesamtansicht

Abb. 3 Biosphäre 2, Teilansicht

Das Problem, einen von der Außenwelt unabhängigen Lebensraum zu schaffen, hat die Menschen immer wieder beschäftigt. Mittelalterliche Burgen mit tiefen Brunnen oder Zisternen, in denen Wasser aufgefangen wurde, mit Weideflächen für Vieh und Anbauflächen für Getreide oder Gemüse innerhalb der Burgmauern waren Versuche, im Falle einer Belagerung autark leben zu können. In Einzelfällen hat das bewundernswert lange funktioniert.

Heutzutage sind U-Boote oder Raumstationen ein Maßstab für das Machbare. Nahrung wird in konzentrierter Form mitgenommen („Astronautennahrung"), das Wasser auch aus ausgeschiedenen Körperflüssigkeiten rückgewonnen, die Atemluft wird gefiltert, wieder mit Sauerstoff angereichert und ins System rückgeführt.

Fehlgeschlagen sind letzten Endes jedoch alle Versuche zu beweisen, dass in einem eigenständigen, geschlossenen ökologischen System menschliches Leben möglich ist und sich ein Gleichgewicht einstellt.

Ein großes derartiges Projekt wurde von der sowjetischen Regierung ab 1965 in Krasnojarsk (Sibirien) betrieben; allein die Bauphase dauerte bis 1972. Bis zu drei Personen konnten in dem etwa 315 m^3 umfassenden Gebäude leben. Man benutzte Chlorella-Algen, um Sauerstoff zu produzieren und Kohlenstoffdioxid zu verbrauchen. Es wurden ca. 8 m^2 Algenteppich benötigt, um den Sauerstoffbedarf eines Menschen zu decken.
Hintergrund des Experiments war der Versuch, einen Weg zu finden, das selbstständige Überleben von Menschen außerhalb der Erde zu sichern, ohne sie ständig versorgen zu müssen. Der längste ununterbrochene Aufenthalt von drei Teilnehmern dauerte etwa ein halbes Jahr. Später bekam das System den Namen „Biosphäre 3", in Anlehnung an ein in den USA 1987 gestartetes Experiment namens „Biosphäre 2". Dessen Name wiederum sollte daran erinnern, dass unsere Erde die Biosphäre 1 ist.

Ein Öl-Milliardär ließ das Projekt „Biosphäre 2" in der Nähe von Tucson, Arizona, von 1987 bis 1989 auf 1,6 ha bauen. Die luftdichte Hülle umfasst 204.000 m^3, was einem Quader von ca. 140 × 140 m Grundfläche und 10 m Höhe entspricht. Die Kosten beliefen sich auf über 150 Mio. US-Dollar. Die NASA beobachtete das Projekt, um Erkenntnisse für lange Weltraumreisen und bemannte Basen auf anderen Planeten zu gewinnen.

Der Kuppelbau des „Riesentreibhauses" wurde mit erheblichem technischen Aufwand betrieben – Pumpen, Ventilatoren, Filter. Das Ökosystem umfasste Wasserflächen, Savanne, Wüste, tropischen Regenwald und Mangrovensumpf ebenso wie Flächen für intensive Landwirtschaft und natürlich Wohnräume für die bis zu acht Teilnehmer am Experiment.

Eine erste Gruppe mit acht Personen bewohnte den Bau nach einigen einwöchigen Vorversuchen von September 1991 bis 1994; die Teilnehmer hatten vorher ein zweijähriges Trainingsprogramm durchlaufen. Das Experiment wurde letztlich aus unterschiedlichen Gründen abgebrochen; so breiteten sich z. B. Kakerlaken und eine bestimmte Ameisenart extrem aus, es gab geringere Ernten aus dem Ackerbau als angenommen, durch Baumaterialien wurde der vorhandene Sauerstoff teilweise absorbiert.

Eine zweite Gruppe hielt sich 1994 mehr als sechs Monate in der Biosphäre auf. Von geringfügigen Ausnahmen abgesehen, lebten sie von der Luft, dem Wasser und der Nahrung, die innerhalb der Biosphäre erzeugt bzw. wiederaufbereitet wurden. Aus dieser zweiten Phase resultierten viele Erkenntnisse über das Funktionieren von künstlichen Lebensräumen.

Ab 1996 wurde die Biosphäre 2 von der Columbia-Universität für ökologische Forschung und Lehre genutzt. 2003 stellte die Universität das Projekt aus Kostengründen ein und gab die Einrichtung dem Erbauer zurück.

A1 Diskutiert in Gruppen, inwieweit auch andere Probleme das Leben in der Biosphäre erschweren konnten.

Eine eigene kleine Biosphäre: Flaschengärten

Wenn wir es etwas weniger anspruchsvoll angehen, können wir unser eigenes kleines Ökosystem schaffen. Ein Flaschengarten ist ein solches; er besteht aus einem Substrat (z. B. als Grundschicht 5 cm Blähton, damit Wasser aus der Erde ablaufen kann; darüber eine Mischung aus zwei Drittel Pflanzerde und einem Drittel Sand, 5–7 cm dicke Lage), Pflanzen, Mikroorganismen, Luft und Wasser in einer großen Flasche oder einem ähnlichen, luftdicht verschließbaren Glasbehälter.

Geeignete Pflanzenarten wachsen nicht zu rasch und vertragen eine hohe Luftfeuchtigkeit. Moose, Efeu, Farne sowie verschiedene subtropische oder tropische Arten wie Bromelien und sogar Orchideen gehören dazu. Man gibt das Pflanzsubstrat in den Behälter und arrangiert die Pflanzen vorsichtig darin. Nun noch Wasser hinzu (Sprühflasche, nicht zu viel!) und luftdicht verschließen – und ab damit an eine helle, jedoch nicht zu warme und vor der Sonne geschützte Stelle.
Wenn es gut funktioniert, kann man den Flaschengarten über Jahre hinweg geschlossen lassen. Das Wasser verdunstet und schlägt sich wieder nieder; tagsüber verbrauchen die Pflanzen Kohlenstoffdioxid bei der Photosynthese und nachts Sauerstoff bei der Atmung.

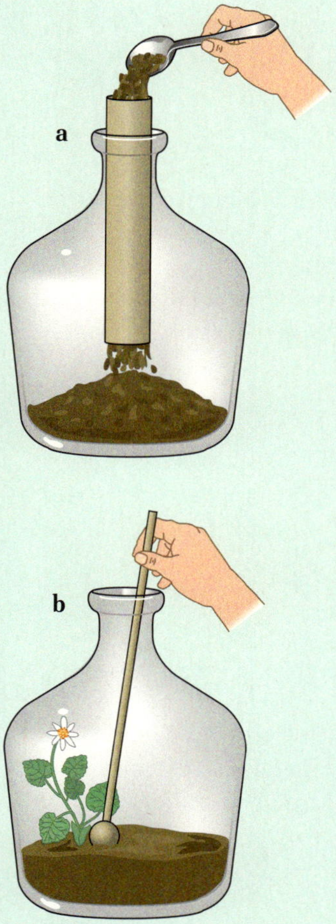

Abb. 4 Anlage eines Flaschengartens, **a** Einfüllen der Erde, **b** Festdrücken der Pflanzen

Abb. 5 Fertiger Flaschengarten

Mit Hand und Verstand

Material:
Reagenzglas mit Stopfen, Sauerstoff aus der Druckgasflasche, Glimmspan, Feuerzeug

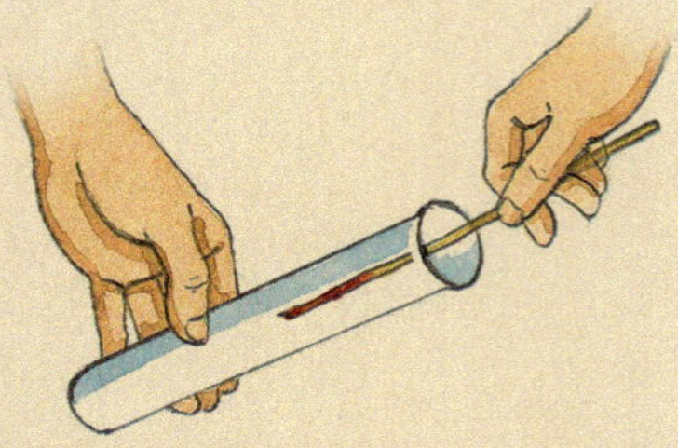

Abb. 1 Glimmspanprobe

Material:
Becherglas mit etwas Kalkwasser, Schlauchstück

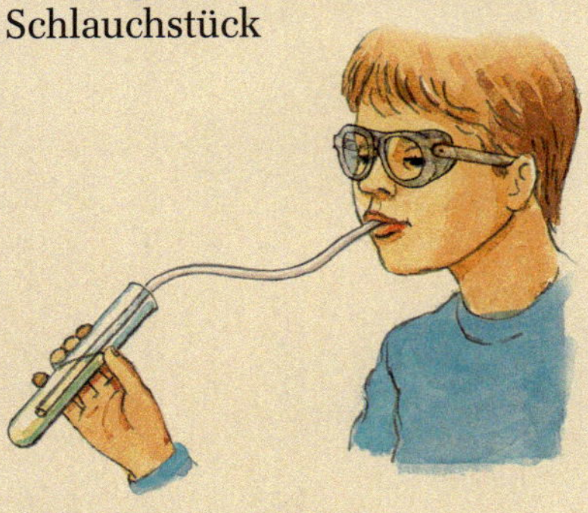

Abb. 2 Kalkwasserprobe

Material:
Pipette, Petrischale, Wasser, Kupfer-II-Sulfat wasserfrei, Spatel

Abb. 3 Wassernachweis

Material:
großes Becherglas, Wasserbad, dünner Schlauch, schwimmfähiger Kerzenhalter, Kerze, Zündhölzer

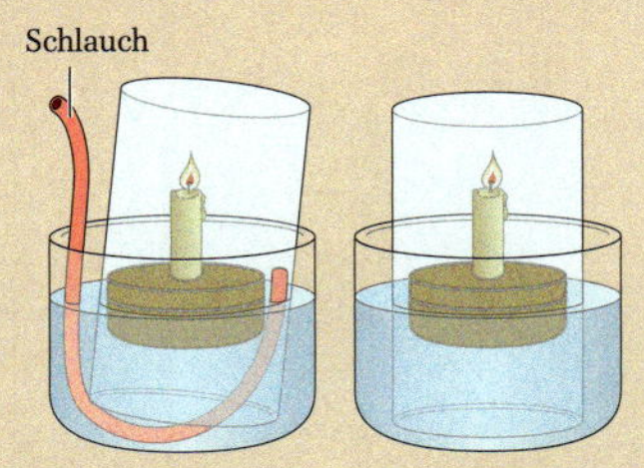

Abb. 4 Verbrennung im geschlossenen Raum

Sauerstoffnachweis durch die Glimmspanprobe

So gehst du vor:
1. Lass dir vom Lehrer Sauerstoff in ein Reagenzglas abfüllen und verschließe es mit einem Stopfen.
2. Entzünde die Spitze des Glimmspanes mit dem Feuerzeug.
3. Puste die Flamme des Glimmspanes aus.
4. Öffne das Reagenzglas, führe den noch glimmenden Span sofort ins Reagenzglas und beobachte.

Kohlenstoffdioxidnachweis mit Kalkwasser

So gehst du vor:
1. Setze eine Schutzbrille auf, denn Kalkwasser ist ätzend.
2. Fülle klares Kalkwasser in ein Becherglas.
3. Atme tief ein und blase anschließend die Atemluft langsam mit einem Schlauch in das Kalkwasser. Wiederhole dies so lange, bis du eine Veränderung des Kalkwassers erkennst.

Wassernachweis mit weißem Kupfersulfat

So gehst du vor:
1. Gib eine Spatelspitze weißes Kupfersulfat auf die Petrischale.
2. Gib mit der Pipette einige Tropfen Wasser hinzu und beobachte.

Verbrennung und Atmung

In den folgenden Experimenten sollen die bei der Verbrennung und der Atmung ablaufenden Vorgänge untersucht werden.
Sauerstoff und Kohlenstoffdioxid sind farblose und geruchlose Gase. Um zu überprüfen, ob sie bei einem Experiment entstanden sind, muss man bestimmte Nachweisreaktionen durchführen.
Neben Wasser gibt es viele andere farblose, dünnflüssige Flüssigkeiten. Um sicherzustellen, dass es sich bei einer Flüssigkeit um Wasser handelt, muss ebenfalls eine Nachweisreaktion durchgeführt werden (siehe Kasten oben).

Die brennende Kerze unter dem Becherglas

So gehst du vor:
1. Setze den Kerzenhalter auf die Wasseroberfläche und entzünde die Kerze.
2. Stülpe das Becherglas über die Kerze und achte dabei darauf, dass beim Eintauchen ins Wasserbad ein Druckausgleich über den Schlauch stattfinden kann *(Abb. 4)*.
3. Ziehe dann vorsichtig den Schlauch aus dem Wasserbad und beobachte.

Untersuchung der Verbrennungsprodukte aus der Kerzenflamme

So gehst du vor:
1. Baue die Apparatur wie in Abbildung 5 dargestellt auf (der Trichter wird mithilfe eines Stativs befestigt).
2. Schließe das gewinkelte Glasrohr an den Schlauch zur Wasserstrahlpumpe an (siehe Info unten), drehe den Wasserstrahl auf und beobachte.
3. Entzünde die Kerze, stelle sie unter den Trichter und beobachte einige Minuten lang.
4. Stülpe ein kaltes Becherglas kurz über die Kerzenflamme. Gib danach gleich etwas weißes Kupfersulfat in das Becherglas, schüttle und beobachte.

Material:
Glastrichter, u-förmiges und gewinkeltes Glasrohr, Schlauchstück, 2fach durchbohrter Stopfen, Erlenmeyerkolben, Becherglas 500 ml, Schlauch zur Wasserstrahlpumpe, Stativmaterial, Kalkwasser, Kupfersulfat wasserfrei

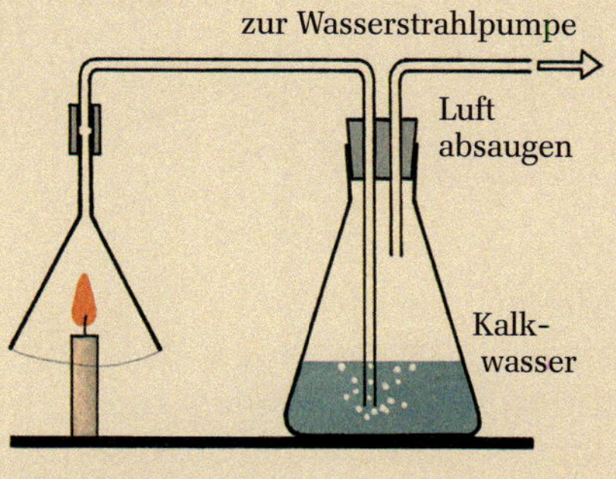

Abb. 5 Nachweis der Verbrennungsprodukte

Untersuchung der Atemluft

So gehst du vor:
1. Baue die Apparatur wie in Abbildung 6 dargestellt auf und befestige beide Waschflaschen an einem Stativ.
2. Achte auf den korrekten Anschluss der Waschflaschen! Atme mehrmals langsam durch das Mundstück (nicht durch die Öffnungen an den Waschflaschen!) ein und aus und beobachte.
3. Man bezeichnet diesen Aufbau auch als „Müller'sches Ventil“. Erkläre die Ventilfunktion.

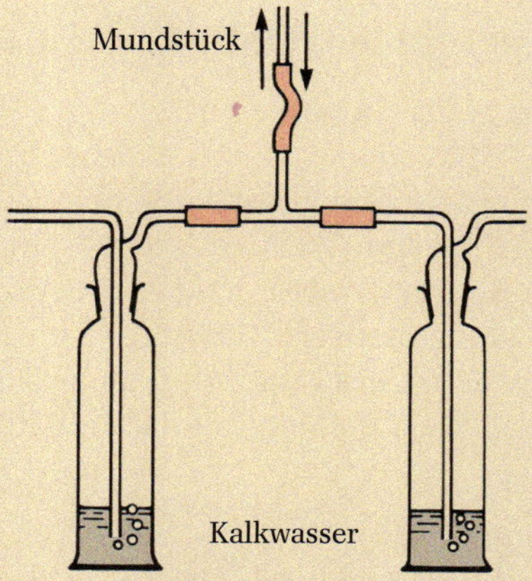

Abb. 6 Untersuchung der Atemluft

Material:
2 Waschflaschen, t-förmiges Glasrohr, 3 Schlauchstücke, kurzes Glasrohr, Stativmaterial, Kalkwasser

Info

Funktion der Wasserstrahlpumpe:
Die Funktion der Wasserstrahlpumpe beruht auf der Saugwirkung eines Wasserstrahls, der aus einer Düse austritt.

Die Wasserstrahlpumpe wird mithilfe eines dickwandigen Schlauches an einem Wasserleitungshahn befestigt. Die Geschwindigkeit des durchströmenden Wassers wird durch eine endständige Rohrverengung (Düse) stark vergrößert. Das Wasser reißt beim Ausfluss aus der Düse Luft aus dem Gehäuse mit, sodass Luft aus dem seitlichen Ansatz und der angeschlossenen Apparatur nachströmt. Um eine optimale Funktion zu gewährleisten, müssen alle Schlauchverbindungen und Stopfen der Apparatur dicht schließen und es muss ein starker Wasserstrahl fließen.

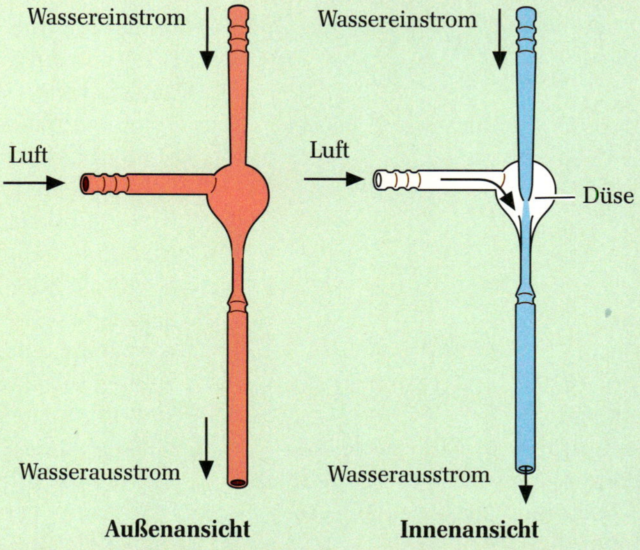

Material:
2 Waschflaschen, weitlumiges Glasrohr, 2 durchbohrte Stopfen, 2 kurze Schlauchstücke, Schlauch zur Wasserstrahlpumpe, Stativmaterial, Kalkwasser, 24 Stunden in Leitungswasser vorgequollene gelbe Erbsensamen

Untersuchung der Atmungsaktivität keimender Erbsensamen

So gehst du vor:
1. Fülle das Glasrohr mit Erbsensamen und verschließe es beidseitig mit den durchbohrten Stopfen.
2. Baue die Apparatur wie in Abbildung 7 dargestellt auf und fixiere die Waschflaschen am Stativ. Achte auf den korrekten Anschluss der Waschflaschen!
3. Schließe den Schlauch zur Wasserstrahlpumpe an den Luftauslass der rechten Waschflasche an und drehe den Wasserhahn auf.
4. Lass den Versuch ca. 20 Min. laufen und beobachte.

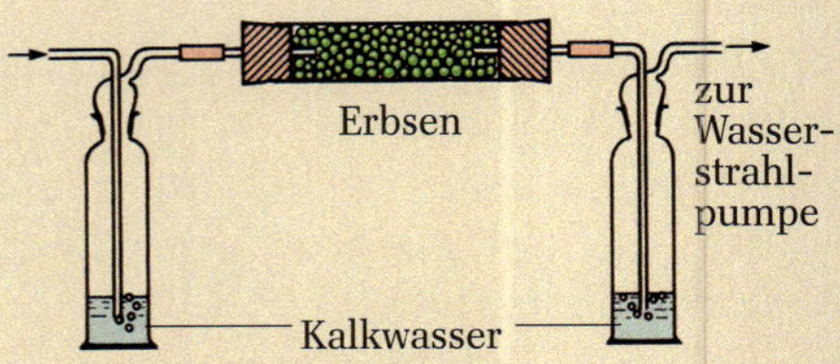

Abb. 7 Atmung keimender Erbsen

Material:
Thermosflasche oder mit Alufolie umwickelter Glaszylinder, Thermometer, Watte, vorgequollene gelbe Erbsensamen

Energieumwandlung keimender Erbsen

So gehst du vor:
1. Fülle einen Glaszylinder mit Erbsensamen, stecke ein Thermometer hinein und verschließe oben mit feuchten Wattebauschen *(Abb. 8)*.
2. Umwickle das Gefäß locker mit Alufolie.
3. Miss nach etwa 10 Min. die Anfangstemperatur und wiederhole dann mehrere Messungen innerhalb der nächsten 2 Tage.
4. Fertige ein Diagramm an, das die Temperaturentwicklung in Abhängigkeit von der Zeit darstellt, und kommentiere dein Ergebnis.

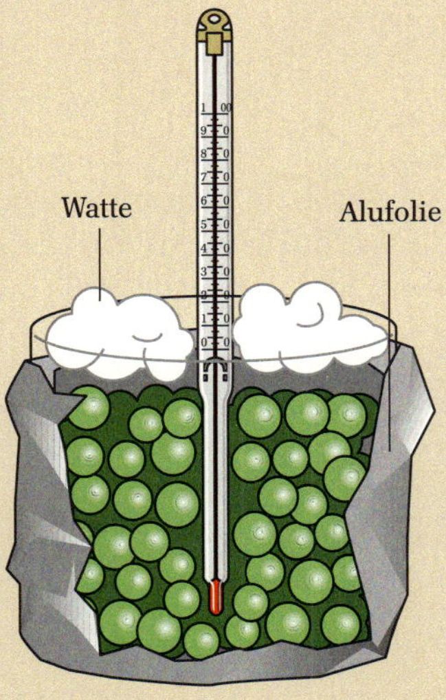

Abb. 8 Temperaturmessung bei der Keimung

Photosynthese

Material:
Lichtmikroskop, Mikroskopierzubehör, Wasser, Messer, ein Stück PE-Schaum, Laubblatt, DIN-A4-Papier, Bleistift

Mikroskopische Untersuchung eines Blattquerschnittes

So gehst du vor:
1. Schneide ein Stück PE-Schaum mit dem Messer zu einem Schneidetisch *(Abb. 9)*. Das schmale Ende sollte nur etwa 2–3 mm messen.
2. Schneide mit dem Skalpell einen etwa 2 cm langen senkrechten Spalt in den Schneidetisch (siehe gestrichelte Linie in *Abb. 9*).
3. Schneide ein kleines Stück vom Laubblatt ab, klemme es in den Spalt und schneide überstehende Reste ab.
4. Schneide mit dem Skalpell ganz feine Scheibchen vom Schneidetisch mit dem eingeklemmten Laubblatt ab.
5. Mikroskopiere die so hergestellten Blattquerschnitte und fertige eine beschriftete Zeichnung an.

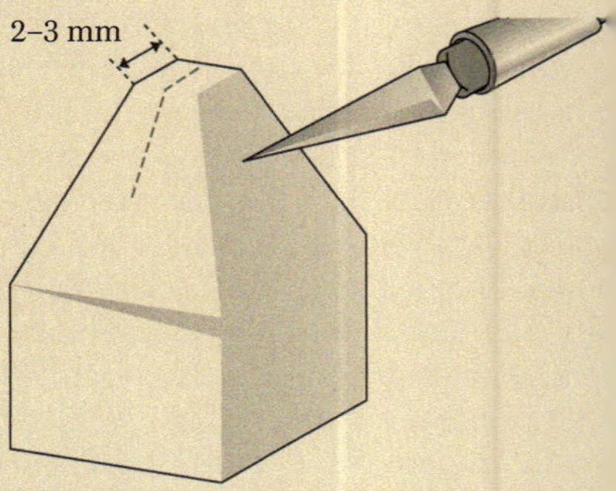

Abb. 9 Schneidetisch aus PE

Untersuchung der Photosyntheseaktivität der Kanadischen Wasserpest

So gehst du vor:
1. Fülle ein Becherglas mit Leitungswasser und eines mit Mineralwasser.
2. Stecke einige Sprosse der Wasserpest mit den Spitzen nach oben in zwei Trichter und stelle die Trichter dann verkehrt herum in die Bechergläser.
3. Fülle ein Reagenzglas randvoll mit Leitungswasser und eines mit Mineralwasser und verschließe sie mit Stopfen, ohne dabei Luft einzuschließen.
4. Entferne den Stopfen unter Wasser und setze das Reagenzglas auf den Trichter im entsprechenden Bad.
5. Stelle die Bechergläser einige Zeit auf den Tageslichtprojektor (bzw. belichte mit einem Scheinwerfer) und beobachte *(Abb. 10)*.
6. Verschließe die Reagenzgläser unter Wasser mit Stopfen und entnimm sie. Führe mit dem aufgefangenen Gas die Glimmspanprobe (S. 70) durch.
7. Welche Folgerungen lassen sich aus deinen Beobachtungen ziehen?

Material:
2 große Bechergläser, 2 schmale Reagenzgläser, 2 Glastrichter, Tageslichtprojektor (bzw. eine starke Lampe), Stativmaterial, Stopfen, Glimmspan, Feuerzeug, Kanadische Wasserpest, Leitungswasser, Mineralwasser

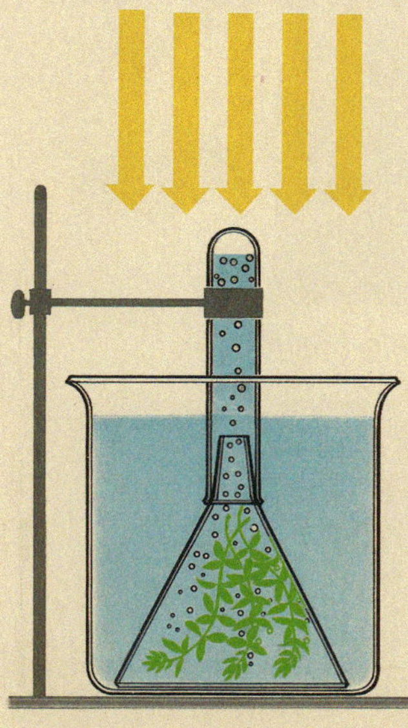
Abb. 10 Photosyntheseaktivität der Wasserpest

Stärkenachweis nach Teilbelichtung eines Blattes

So gehst du vor:
1. Schneide eine Form aus Karton aus und befestige sie beidseitig mit Büroklammern auf einem Blatt *(Abb. 11a)*.
2. Stelle die Pflanze einen Tag lang ans Licht und belichte sie nachts mit einer hellen Lampe.
3. Entferne den Karton, pflücke das Blatt und koche es 5 Min. in Spiritus *(Abb. 11b)*; **Sicherheitshinweis:** Wegen der entzündlichen Spiritusdämpfe unter dem Abzug arbeiten!
4. Überführe das Blatt mit der Pinzette in heißes Wasser *(Abb. 11c)*.
5. Nach 5 Minuten wird das Blatt in eine Schale gelegt, mit verdünnter Iod-Kaliumiodid-Lösung übergossen und geschwenkt *(Abb. 11d)*.
6. Werte deine Beobachtungen aus und begründe, weshalb auch nachts belichtet werden musste.

Material:
2 große Bechergläser, 1 Schale, Heizplatte, großblättrige Zimmerpflanze (z. B. Begonie), helle Lampe, lichtundurchlässiger Karton, Schere, Pinzette, Büroklammern, Spiritus, Wasser, Iod-Kaliumiodid-Lösung (Lugol'sche Lösung)

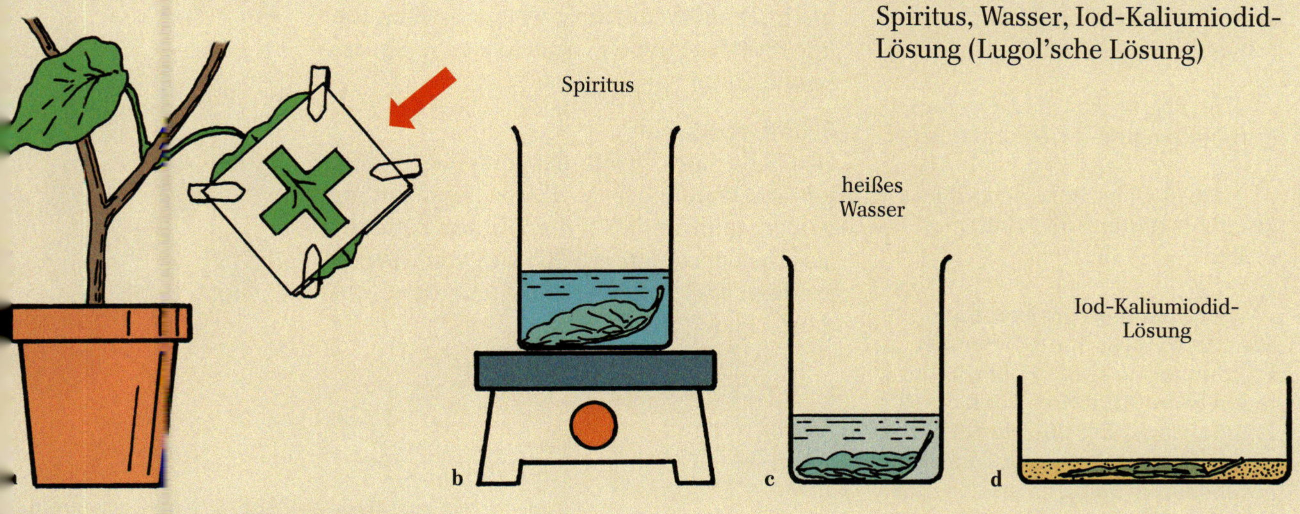

Abb. 11 Stärkenachweis im Laubblatt

1.7 Anpassung an Klima und Licht

Frühblüher haben Vorratsspeicher

Schneeglöckchen

Es ist Februar. Nachts ist es noch bitterkalt, doch tagsüber schmilzt der Schnee in der Sonne und schon blühen die Schneeglöckchen in Garten und Wald. Diesen ersten Frühlingsboten folgen bald weitere. Häufig erscheinen ihre Blüten noch vor den Blättern.

Das Schneeglöckchen *(Abb. 1)* ist eine **Zwiebelpflanze.** Die Blütenknospe wurde im Vorjahr angelegt und sitzt auf einem kurzen Spross, der dicht gedrängt fleischige, nährstoffreiche Zwiebelblätter trägt. Erwärmt sich der Boden und gelangt Sickerwasser an die Zwiebelscheibe, so bildet diese kleine Wurzeln aus. Der Spross beginnt zu wachsen. Von zwei länglichen Laubblättern und einem Hüllblatt ummantelt, schiebt sich die Blütenknospe aus der Erde. Dann streckt sich der Blütenstiel und gibt die glockenförmige Blüte frei. Sind schon Bienen unterwegs, so werden die Blüten fremdbestäubt, ansonsten kommt es zur Selbstbestäubung. In der dreifächerigen Kapsel reifen die Samen heran, die durch Ameisen verbreitet werden. Die alte Brutzwiebel wurde mittlerweile aufgebraucht; es werden deshalb ein oder zwei Ersatzzwiebeln für das nächste Jahr angelegt.

Abb. 1 Schneeglöckchen

Buschwindröschen

Auch das Buschwindröschen *(Abb. 2)* ist eine Erdpflanze, die den Winter unterirdisch überdauert. Der Vorratsspeicher des Buschwindröschens ist ein bleistiftdicker, brauner **Erdspross**, der horizontal im Boden wächst.

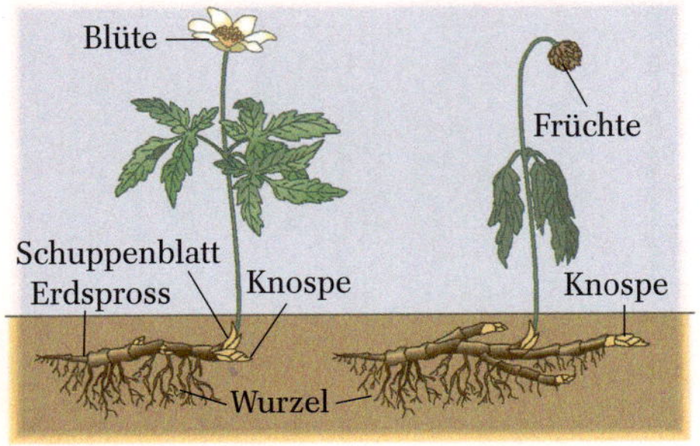

Abb. 2 Buschwindröschen mit Erdspross

Krokus

Bei den Knollen handelt es sich um rundliche, mehr oder weniger verdickte Abschnitte von Spross oder Wurzel, die Speicherstoffe enthalten. Krokusse *(Abb. 3)*, die uns im Frühjahr mit ihren weißen, gelben oder lila Blüten erfreuen, besitzen eine **Sprossknolle.**

Abb. 3 Krokusse

Scharbockskraut

Das Scharbockskraut, das an feuchten Stellen im Wald oder in Parks Teppiche mit gelben, glänzenden Blüten bilden kann, hat als Speicherorgan ein Bündel von **Wurzelknollen.** Aus jeder Wurzelknolle kann eine neue Pflanze entstehen.

Abb. 4 Scharbockskraut mit Wurzelknollen

Frühblüher im Jahr		
Name der Pflanze	*Erstes Blühen*	*Standort*
Schneeglöckchen …	12.02. …	Garten Erna Maier, Wehrheim …

A1 Wie überdauert das Schneeglöckchen den Winter?

A2 Was kann ein Hobbygärtner tun, damit im kommenden Jahr sicher wieder Schneeglöckchen in seinem Garten blühen?

A3 Schlag nach: Welche weiteren Frühblüher sind Zwiebelpflanzen?

A4 Was befähigt das Scharbockskraut zur Bildung von Blütenteppichen?

A5 Protokolliere im Februar, März und April, wann die ersten Frühblüher im Garten oder in der freien Natur auftreten. Du kannst Bäume, Sträucher oder Kräuter angeben. Fertige dazu eine dem vorgegebenen Schema entsprechende Tabelle an.

Lichtverhältnisse im Laubwald

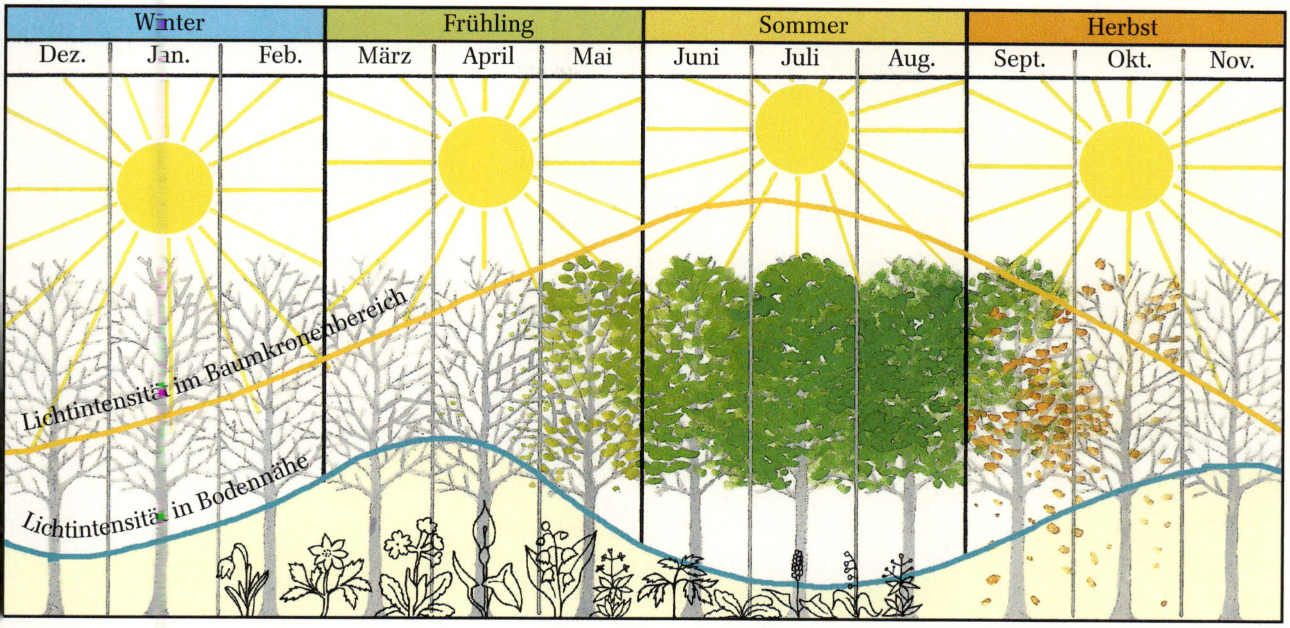

Abb. 5 Frühblüher im Laubwald

Obwohl die Laubmischwälder im Frühling noch sehr lichtdurchlässig sind, erreicht zu dieser Jahreszeit nur etwa die Hälfte des Lichts die Frühblüher am Boden, verglichen mit freien Flächen. Nach der Belaubung sind es nur noch 2 %, im Buchenwald sogar nur noch 0,5 %.

A6 Welche Frühblüher kannst du in Abbildung 5 wiederfinden?

Abb. 6

Abb. 7

Abb. 8

Abb. 9

Abb. 10

Abb. 11

A7 In den Abbildungen 6–11 findest du: Leberblümchen, Märzenbecher, Hohe Schlüsselblume, Wohlriechendes Veilchen, Maiglöckchen und Aronstab. Ordne den Pflanzennamen die Abbildungen zu.

A8 Nenne zwei Pflanzen, die im Juni in einem Buchenwald wachsen können. Welche Eigenschaft müssen diese Pflanzen besitzen?

1.8 Die Kartoffel – ein Grundnahrungsmittel

Abb. 1 Friedrich II. inspiziert die Kartoffelernte (Chromolithographie, 19. Jh.)

Schwieriger Start in Europa

Mitte des 16. Jahrhunderts kam die Kartoffel von den Anden Perus nach Europa. Lange Zeit galt sie als Zierpflanze. In Frankreich trugen die Damen am Hofe des Königs Kartoffelblüten als Haarschmuck. Friedrich II. von Preußen, der „Alte Fritz", verordnete den Bauern den Kartoffelanbau. Als diese sich sträubten, ließ er seine Kartoffelfelder um Berlin von Soldaten bewachen und verzehrte in der Öffentlichkeit warme Kartoffeln. Mit dieser trickreichen Werbung begann der Siegeszug der Kartoffel; sie wurde bei uns zum Grundnahrungsmittel und half Hungersnöten vorzubeugen.

A1 Wieso sollten ergrünte Knollen nicht als Nahrungsmittel verwendet werden?

Die Kartoffelpflanze ist ein einjähriges Kraut mit großen zerteilten Blättern. Sie blüht bei uns im Juli mit weißlichen Blüten und bildet danach kirschgroße grüne Beeren als Früchte. Alle oberirdischen Teile der Pflanze sind giftig. Der Spross treibt unterirdische Ausläufer, deren Enden im Frühsommer zu Knollen anschwellen.

Abb. 2 Kartoffelpflanze

Anbau und Verwendung

Im Frühjahr kommen die Knollen mit Legemaschinen in flache Furchen, die danach mit Erde bedeckt werden. Aus den Augen sprießen Triebe; sie ergrünen am Licht und entwickeln sich zu kräftigen, krautigen Pflanzen. Die Pflanzen werden mit Erde angehäufelt, um Raum für die Bildung der unterirdischen Teile zu schaffen. Je nach Sorte werden 5 bis 60 Knollen gebildet. Geerntet werden nach zwei Monaten die **Frühkartoffeln** oder nach fünf bis sechs Monaten die **Spätkartoffeln**, wenn das Kraut abgestorben ist. Die Lagerung sollte in dunklen, frostfreien Räumen bei 2–4 °C erfolgen. Kartoffeln sind energiereiche Nahrungsmittel. Sie bestehen zu 75 % aus Wasser und zu 20 % aus Stärke. Der Rest setzt sich zusammen aus Eiweißen, Fetten und Salzen. 25 % der geernteten Kartoffeln wird als Speisekartoffeln verwendet, 40 % als Tierfutter und gut 10 % als Saatgut. Was übrig bleibt, wird zu Kartoffelstärke, Chips oder Schnaps (z. B. Wodka) verarbeitet.

Wechselwirkungen

Die auf riesigen Äckern angebauten Kartoffelpflanzen sind ein Schlaraffenland für die Fraßfeinde der Kartoffel, vor allem für den Kartoffelkäfer. Er wurde 1874 zum ersten Mal von Nordamerika nach Europa eingeschleppt, konnte damals aber erfolgreich bekämpft werden. 1922, als er sich von Frankreich über Mittel- und Osteuropa ausbreitete, richtete er sehr große Schäden an.

Kartoffelkäfer vermehren sich rasch. Von einem Weibchen können im Jahr eine halbe Million Käfer abstammen. Nach dem Zweiten Weltkrieg drohten in Deutschland wegen des Kartoffelkäfers Hungersnöte. Schulklassen suchten die Kartoffeläcker nach diesem Schädling ab.

A2 Wie beurteilst du die Wirksamkeit des Absammelns der Käfer? Begründe deine Meinung.

Ein Rebhuhn kann an einem Tag 50 und mehr Kartoffelkäfer/m² verzehren. Abbildung 1 zeigt die Anzahl der Rebhühner pro Hektar im Verhältnis zur Zahl der Kartoffelkäfer pro Quadratmeter.

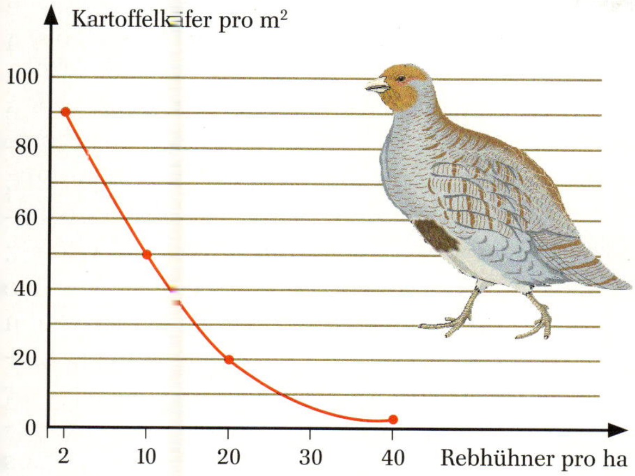

Abb. 1 Rebhühner und Kartoffelkäfer

A3 Wie beurteilst du die Wirksamkeit des Rebhuhns für die Bekämpfung des Kartoffelkäfers? Begründe deine Meinung.

A4 Schlag nach: Was tun die Menschen heutzutage gegen den Befall der Kartoffelpflanzen durch den Kartoffelkäfer?

Mit Hand und Verstand

Experimente mit der Kartoffel

So gehst du vor:

1. Skizziere eine Kartoffelknolle und beschreibe die Strukturen.
2. Mit der Lugol'schen Lösung (Jodprobe) wird Stärke nachgewiesen. Bringe einige Tropfen Lugol'sche Lösung auf eine rohe Kartoffelscheibe. Beschreibe die Reaktion.
3. Betrachte die Kartoffelscheibe mit der Lupe. Was erkennst du?
4. Reibe eine Kartoffel. Fülle die Raspeln in ein Leinentuch und presse sie kräftig in Wasser aus. Beschreibe den Niederschlag im Wasser. Gieße den Überstand weg und lasse den Niederschlag trocknen. Mache die Jodprobe mit einem Teil des Niederschlags.

   Was hast du hergestellt? Wofür wird es verwendet?
5. Bei eingekellerten Speisekartoffeln wachsen im Frühjahr aus den „Augen" der Knolle blasse Triebe hervor. Die „Augen" sind also Knospen. Begründe, warum dies ein Beweis dafür ist, dass die Kartoffel eine Spross- und keine Wurzelknolle ist.
6. Lass zwei feucht und bei Zimmertemperatur gehaltene Kartoffeln drei Wochen lang treiben. Lege jeweils eine davon offen auf die Fensterbank, die andere in eine geschlossene Schachtel. Vergleiche danach die Sprosstriebe und erkläre das unterschiedliche Aussehen.
7. Wiege zwei Kartoffeln einzeln. Schäle die eine. Wiege beide an den drei aufeinanderfolgenden Tagen (die Schale mitwiegen). Vergleiche und erkläre die Ergebnisse.

Material:
Mehrere Kartoffelknollen, Lugol'sche Lösung (Iod-Kalium-iodid-Lösung, Reibe, Leinentuch

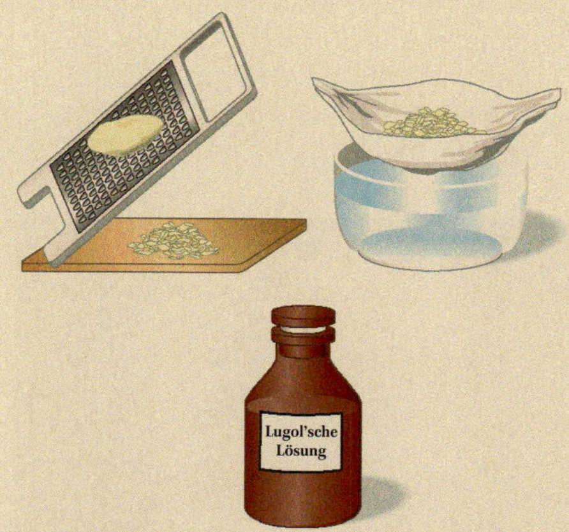

Abb. 2 Materialien

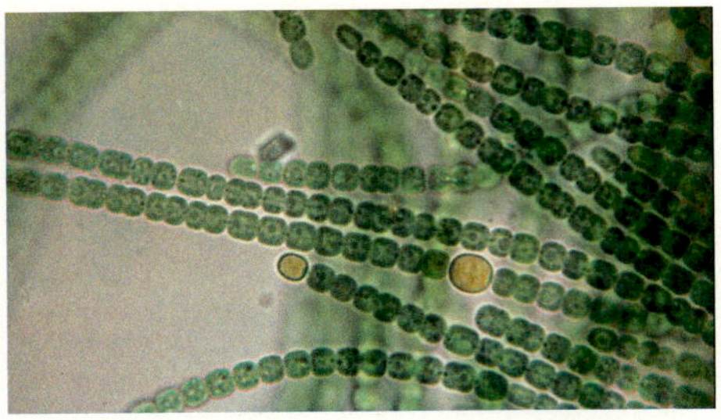

Abb. 1 Cyanobakterien wurden früher als Blaualgen bezeichnet.

A1 Finde die Bedeutung des Wortes „autark“ heraus.

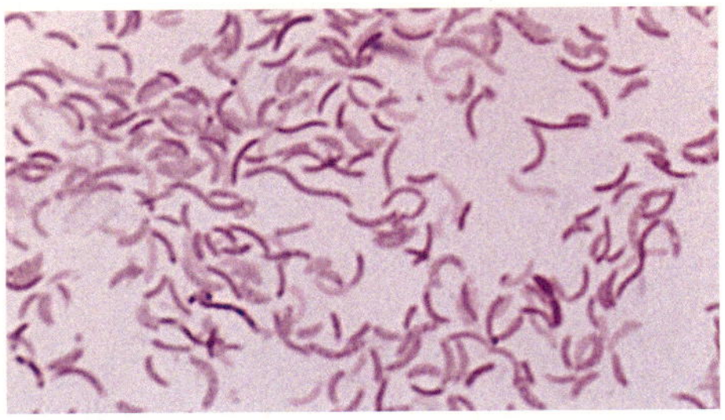

Abb. 2 Purpurbakterien

Info Der unweit von Füssen gelegene Alatsee birgt neben vielen sagenumwobenen Rätseln (s. Internet) eine biologische Sensation, die ihm auch den Namen „blutender See“ eingebracht hat. In einer Tiefe von ca. 15 – 20 m gibt es eine etwa 0,3 m mächtige rötliche Schicht aus Purpurbakterien, die das vorliegende Wasserstoffsulfid photosynthetisch zu Schwefel umsetzen.

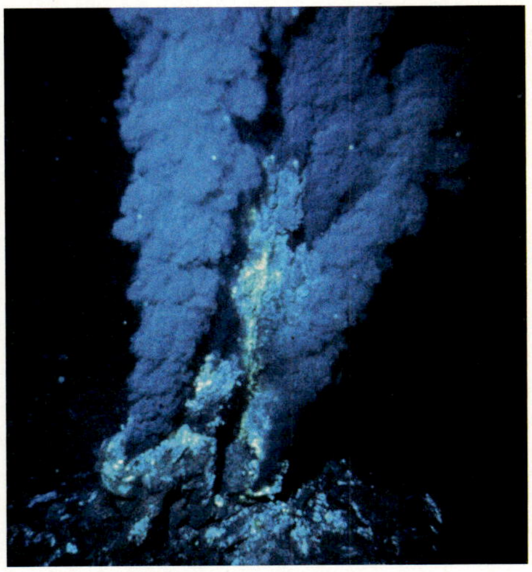

Abb. 3 Schwarze Raucher

2 Wovon Bakterien leben

Bakterien leben an fast allen Orten der Welt, so unwirtlich uns diese auch vorkommen mögen. Ihr Stoffwechsel wird mit fast allen natürlichen Stoffen fertig – auch mit einem Großteil menschlicher „Chemie“. Das Aufnehmen von Nahrung und das Abgeben von Abfallstoffen erfolgt über ihre gesamte Zelloberfläche. Bakterien bildeten die ersten Lebensformen auf der Erde, aus denen schließlich in einem langen Entwicklungsprozess sämtliche Zellen, einige Zellbestandteile und alle Lebewesen hervorgingen. Dank ihrer Anpassungsfähigkeit blieben Bakterien vom allerersten Anfang bis heute ein Erfolgsmodell.

Selbsternährer – autotrophe Ernährungsweise

Viele Bakterien sind wie Pflanzen in der Lage, unabhängig von der Aufnahme organischer Moleküle (Kohlenstoffhydrate, Proteine, Fette) zu überleben. Sie benutzen **Kohlenstoffdioxid** als Kohlenstoffquelle für den Aufbau von zelleigenen organischen Verbindungen. Diese autarke Lebensweise nennt man autotroph.

Energiequelle Licht – photoautotrophe Bakterien

Einige Bakterien nutzen das Sonnenlicht als Energiequelle. Sie werden aufgrund ihrer blaugrünen Photosynthesefarbstoffe als **Cyanobakterien** bezeichnet (*Abb. 1*). Der Prozess der Photosynthese läuft wie bei den Pflanzen ab; sie verbrauchen Kohlenstoffdioxid und erzeugen aus Wasser Sauerstoff. Ansonsten ähneln die photoautotrophen Bakterien den Pflanzen nicht, weder im Bau ihrer Zellwand noch in den sonstigen Zellmerkmalen.

Auch **Purpurbakterien** (*Abb. 2*) nutzen die Energie des Sonnenlichts, brauchen aber für ihre Art der Photosynthese nicht einfach nur Wasser, sondern Wasserstoffsulfid, das z. B. in der sauerstofffreien Zone von Seen, im fauligen Schlamm, vorkommt. Ihr Name kommt von ihren stark farbigen Photosynthesefarbstoffen. Der bei dieser Form der Photosynthese anfallende Schwefel wird bei einigen Arten außerhalb der Zelle abgeschieden. Die größten Schwefelvorkommen der Erde in der südlichen USA und Mexiko sind nicht etwa vulkanischen Ursprungs, sondern stammen aus Millionen Jahre währendem bakteriellen Stoffwechsel.

Energiequelle Oxidation – chemoautotrophe Bakterien

Nitratbakterien nutzen ebenfalls Kohlenstoffdioxid als Kohlenstoffquelle, beziehen ihre Energie aber nicht aus dem Licht, sondern aus der Oxidation von anorganischen Ionen (Reaktion mit Sauerstoff). Dabei entstehen Nitratsalze, allgemein als Salpeter bezeichnet.

Am Boden der Tiefsee finden sich besonders in Bereichen, in denen sich die Erdkruste dehnt, heiße Quellen, sogenannte Hydrothermalquellen. Das austretende Wasser ist bis zu 400 °C heiß; es kühlt im Kontakt zum 2 °C kalten Meerwasser ab. Dabei werden Mineralien ausgefällt, die sich absetzen und im Laufe der Zeit einen „Schornstein“ bilden. Frisch ausgefällte Mineralien formen eine meist dunkle Rauchfahne – daher der Name: schwarze Raucher (*Abb. 3*). Auch in dieser unwirtlichen, lebensfeindlich scheinenden Umgebung können sich Bakterien chemosynthetisch ernähren. Sie bilden die Grundlage für einzigartige, üppige Lebensgemeinschaften; man findet z. B. Spinnenkrabben ohne Augen

Bartwürmer, Venus- und Miesmuscheln sowie Seesterne. Besonders angepasste Bakterien können noch bei Temperaturen bis 130 °C leben. Sie sterben ab, wenn es kühler als 80 °C wird. Zum Vergleich: Steigen die Temperaturen über 42 °C, sterben die Zellen der meisten Organismen an der Erdoberfläche an Überhitzung.

Fremdernährer – heterotrophe Ernährungsweise

Die heterotrophe Ernährungsweise kennen wir von Tieren und Pilzen. Energie wird aus der Oxidation von organischen Stoffen gewonnen, die von anderen Lebewesen stammen. Auch der Kohlenstoff für die zelleigenen Moleküle stammt aus dieser Nahrung.

Leben mit Luftsauerstoff – aerobe Bakterien: Bakterien, die Sauerstoff benötigen wie Tiere, nennt man aerob (lat. aer – Luft). Solche Bakterien „fressen“ beispielsweise den „Biomüll“ und helfen neben Würmern und Pilzen bei der Kompost- und Humusbildung. Man nennt sie **Destruenten** oder **Mineralisierer**, da sie Biomoleküle wieder in für Pflanzen nutzbare Mineralsalze zerlegen.

Leben ohne Luftsauerstoff – anaerobe Bakterien: Manche Bakterien leben zwar wie Tiere von Biomolekülen, brauchen aber keinen Sauerstoff – sie leben anaerob (lat. an – ohne). Bei dieser Art der Zersetzung (Fäulnis, Verwesung, Verderben) entstehen oft übel riechende Endprodukte, z. B. Wasserstoffsulfid und Ammoniak, aber auch „Luftstickstoff“. Daneben entsteht das Gas Methan.

Abb. 4 Erbsenpflanze

Geben und Nehmen – Bakterien als Symbiosepartner

Einige Bakterien, die sogenannten **Knöllchenbakterien**, haben sich auf das Zusammenleben mit Pflanzenwurzeln spezialisiert. Die Bakterien infizieren beispielsweise das junge Wurzelhaar einer Erbsenpflanze (*Abb. 4*), das daraufhin knöllchenartige Verdickungen bildet, in denen sich die Knöllchenbakterien breit machen und von der Pflanze mit organischen Nährstoffen versorgt werden. Unter diesen „paradiesischen“ Bedingungen können Knöllchenbakterien den reaktionsträgen Stickstoff der Luft in für die Pflanze nutzbare Stickstoffverbindungen umwandeln. Davon profitiert die Pflanze, da sie auch auf stickstoffarmen Böden wachsen kann – und je besser es der Pflanze geht, umso besser kann sie ihre Knöllchenuntermieter mit Nährstoffen „verwöhnen“. So ist beiden Symbiosepartnern gedient. Diese Art von Symbiose gibt es bei vielen Arten aus der Pflanzenfamilie der Schmetterlingsblütler.

Abb. 5 Knöllchen

Bakterien als „Recycler“

Bakterien ermöglichen den Kreislauf von Stoffen, indem sie diese auf unterschiedlichste Art und Weisen zersetzen. Diese Fähigkeiten, die den Kreislauf von Stoffen ermöglichen, stammen aus der Urzeit der Erde, als völlig andere Lebensbedingungen herrschten. Noch heute sind Bakterien die anpassungsfähigsten Lebensformen überhaupt. Die Evolution neuer Stoffwechselwege lässt sich bei ihnen in vom Menschen überschaubaren Zeitspannen beobachten.

A2 In der Landwirtschaft werden manchmal Klee, Wicken, Lupinen als Gründüngung angesät. Recherchiere die Hintergründe.

2.1 Bakterien im Dienst des Menschen

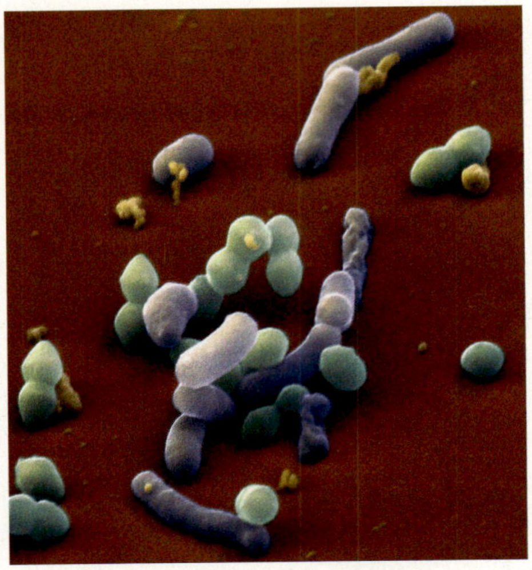

Abb. 1 Milchsäurebakterien

Einige Bakterienarten dienen dem Menschen direkt, indem sie als Symbiosepartner unseren Körper besiedeln. Darmbakterien helfen bei der Verdauung und stellen Vitamin K her. Scheidenbakterien erzeugen Milchsäure, die anderen Bakterien den Zutritt in den weiblichen Körper erschwert. Auf der menschlichen Haut leben Säurebildner, die einen Säureschutzmantel bilden, der andere, vielleicht krankmachende Bakterien davon abhält, sich auszubreiten.
Lange bevor man wusste, dass es mikroskopisch kleine Lebewesen (Mikroorganismen) gibt, nutzte man sogenannte Fermente (lat. fermentum – Sauerteig) bereits. Ihre Fähigkeiten halfen beim Haltbarmachen von Weißkraut und Gurken, beim Käsen und beim Brotbacken.

Die Milchsäuregärung

Abb. 2 Louis Pasteur (1822–1895) bedeutender französischer Naturforscher

Auf frischem Kraut und in der Milch leben Milchsäurebakterien *(Abb. 1)*, die nicht auf einfachem Nährboden kultiviert werden können, da sie zur Vermehrung viele Vitamine und Aminosäuren (Bausteine der Proteine) benötigen. Sie leben von Milchzucker, wobei Milchsäure entsteht; diese wird als „Abfallprodukt" ausgeschieden. Sauerstoff benötigen sie nicht. Louis Pasteur *(Abb. 2)* beschrieb diese Lebensweise als „ein Leben ohne Sauerstoff" und bezeichnete diesen Stoffwechseltyp als „Gärung". Milchsäuregärung wird eingesetzt bei der Herstellung von Futtermitteln (Silage) von Sauerkraut (S. 82), von Jogurt (S. 82), Sauerrahm, Quark und Käse
Im **Sauerteig** findet sich eine Mischung verschiedener Bakterien, die vor Milchsäuregärung, aber auch von alkoholischer Gärung (S. 81) leben Sie scheiden Säuren, Alkohol und Kohlenstoffdioxid aus; Letzterer läss durch Bildung kleiner Gasbläschen den Brotteig luftig aufgehen.

Die Essigsäurebildung – nicht immer erwünscht

Was in Salatsaucen schmeckt, wird von Weinliebhabern nicht gern gesehen: Essigsäurebakterien wandeln Alkohol mit Luftsauerstoff zu Essigsäure um – aus Wein wird Weinessig (S. 83). In einer Studie über di „Krankheiten des Weines" aus dem Jahre 1863 zeigte Louis Pasteur dass minutenlanges Erwärmen des Weines auf 70 °C die Essigsäurebildung verhindert. Die kurzzeitige Wärmebehandlung zur Konservierung des Weins, die heute durch das sogenannte Schwefeln ersetzt ist wurde später auch bei Milch angewendet und wird nach ihrem Erfinde Pasteurisieren genannt.

Genmanipulierte Bakterien erzeugen Medikamente

Früher musste man das für Diabetiker lebensrettende Insulin aus de Bauchspeicheldrüsen von Schlachtvieh gewinnen. Das war äußers mühsam, da dieses Hormon des Zuckerstoffwechsels nur in winzige Mengen vorkommt. Bakterien, denen erstmals 1982 das menschlich Gen des Insulins eingepflanzt wurde, produzieren heute große Menge des Hormons. Inzwischen gibt es eine Reihe weiterer Medikament und Impfstoffe, die gentechnisch in Bakterien erzeugt werden.

A1 Beschreibe, woraus man Apfelessig bzw. Branntweinessig herstellt.

A2 Erkläre, warum die Essigbildung keine Gärung ist.

Info

Sterilisieren:
Erhitzen über 100 °C unter Druck, Abtöten aller Bakterien

Ultrahocherhitzen:
sehr kurzes Erhitzen auf 150 °C unter Druck

Pasteurisieren:
längeres Erwärmen unter 100 °C, Teilentkeimung

A3 Kennst du andere Verfahren zur Konservierung von Lebensmitteln? Liste sie auf.

A4 Offene H-Milch wird im Warmen nicht sauer, sondern faulig. Suche nach einer Erklärung.

A5 Überlege, weshalb gentechnisch hergestelltes Insulin dem Insulin aus Schlachtvieh meist vorzuziehen ist. Diskutiert in der Klasse.

Biogas und Alkohol

Methangas aus Mikroorganismen

Zum Abbau von Zellulose, dem Hauptbestandteil pflanzlicher Nahrung, fehlt den Wiederkäuern das entsprechende Verdauungsenzym. In ihrem Darm finden sich jedoch viele verschiedene Mikroorganismen wie Bakterien, Archäen, Protisten und einzellige Pilze, die als Darmsymbionten von Zellulose leben. Als Abbauprodukt geben sie u. a. Methan (CH_4) ab, das wir auch unter dem Namen Erdgas kennen. Methan ist als Treibhausgas gefürchtet, da es ebenso wie Kohlenstoffdioxid zur Erwärmung der Erde beiträgt. Von 1750 bis heute hat sich der Methananteil der Atmosphäre auf 1,8 ppm (parts per million – Millionstel Volumenanteile) verdoppelt; jährlich steigt der Methananteil der Atmosphäre um ca. 1 %. Im Rinderpansen lebende Archäen spielen eine bedeutende Rolle bei der Methanfreisetzung – immerhin übertrifft die Biomasse der Rinder die der Menschen um das Dreifache, mit steigender Tendenz. Methanbildende Archäen leben aber auch gerne in Sümpfen. In Kläranlagen werden die Methanbildner in großer Menge kultiviert, wobei das entstehende Biogas (Methan) als Heizmaterial verwendet werden kann *(Abb. 1)*. Nach dem gleichen Prinzip können Schweinemäster die umweltbelastende Gülle gewinnbringend in Heizgas umsetzen.

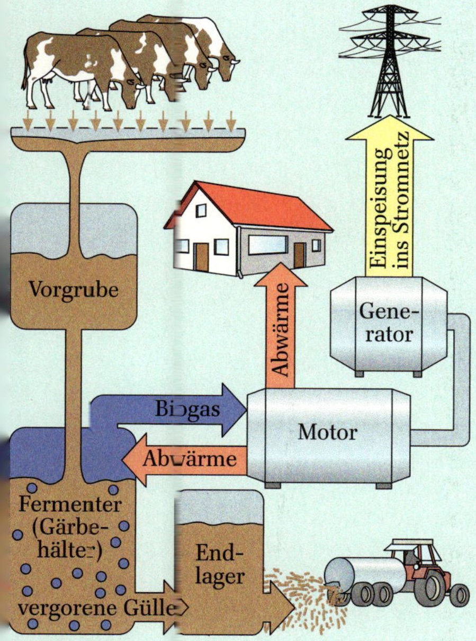

Abb. 1 Kläranlage mit Biogasgewinnung

Alkoholische Gärung durch Hefepilze

5000 Jahre alt sind Belege aus Ägypten *(Abb. 3)*, welche die Bierherstellung zeigen. Auch die Sumerer im Zweistromland (heutiger Irak) brauten Bier aus den Getreidesorten Gerste und Emmer. Ebenso alt ist die Geschichte des Weins.

Bei der alkoholischen Gärung wird Zucker ohne Luftsauerstoff zu Alkohol und Kohlenstoffdioxid abgebaut:

$$\text{Zucker} \xrightarrow{\text{Hefe}} \text{Alkohol} + CO_2$$

Erst 1875 entdeckte Louis Pasteur, dass kleine Hefepilzzellen, nicht Bakterien wie bei der Milchsäuregärung, für diese Stoffumwandlung zuständig sind. Hefepilze gehören nicht zu den Bakterien. Trotzdem werden sie, gemeinsam mit den Bakterien, als Mikroorganismen bezeichnet.

A1 Rechne aus, wie viele Jahre es dauert, bis der Anteil von Methan in der Atmosphäre bei 2 ppm liegt.

Abb. 2 Sumpfige Reisfelder

A2 Reisfelder gelten als Hauptquelle für Methangas *(Abb. 2)*. Erkläre diese Tatsache. Finde weitere Methanquellen.

A3 Überlege, was der Rindfleischkonsum der Menschen mit der Erderwärmung zu tun hat. Schlage eine Klimaschutzmaßnahme vor.

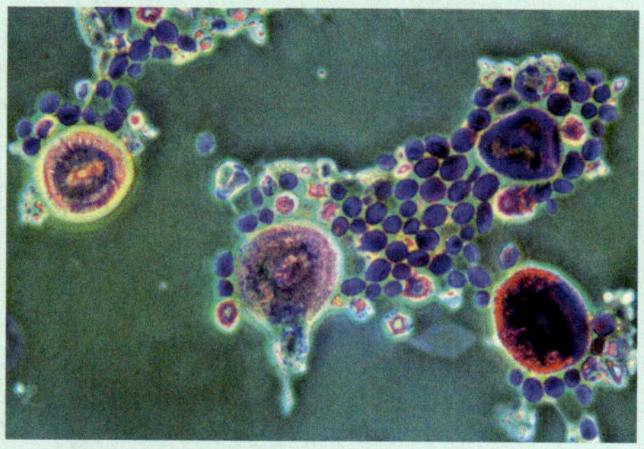
Abb. 4 Hefepilze

A4 Überlege, woher die Ägypter die Hefen für die Wein- und Bierherstellung nahmen.

A5 Beschreibe die Eigenschaften, die zeigen, dass Hefen zu den Pilzen gehören.

A6 Überlege: Welches Produkt der alkoholischen Gärung macht man sich beim Backen mit Hefeteig zunutze? Erkläre, was mit dem anderen Produkt geschieht.

Abb. 3 Ägypterin beim Bierbrauen

Abb. 1 Gärtopf mit Beschwersteinen

„Eben geht mit einem Teller
Witwe Bolte in den Keller,
Dass sie von dem Sauerkohle
Eine Portion sich hole,
Wofür sie besonders schwärmt,
Wenn er wieder aufgewärmt."

Abb. 2 Wilhelm Busch, Max und Moritz, 1865

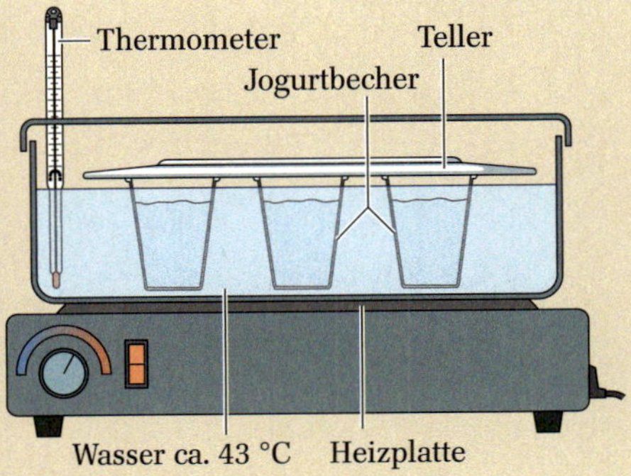

Abb. 3 Jogurtbereitung

Mit Hand und Verstand

Sauerkraut aus eigener Herstellung

Was du brauchst: Gärtopf mit Wasserrand, damit kein Sauerstoff eindringen kann (evtl. im Keller der Großeltern, auf Flohmärkten oder im Internet zu finden; *Abb. 1*), passende Beschwersteine, frischer Krautkopf (Weiß- oder Blaukraut, möglichst Biogemüse), Salz, Gewürze (Kümmel, Wacholderbeeren, Dill), Krauthobel oder Allesschneider (Brotschneidemaschine) und Stampfgerät

Wie du vorgehst: Alle Utensilien müssen sehr sauber sein, damit später ausschließlich Milchsäuregärung und keine Schimmelbildung eintritt. Spülmittel restlos entfernen! Die äußeren Krautblätter entfernen und aufbewahren. Das restliche Kraut mit dem Krauthobel in sehr dünne Streifen schneiden, mit Salz vermischen (6 g pro kg Kraut), Gewürze nach eigenem Geschmack zugeben, in den Topf einschichten und feststampfen. Mit den äußeren Krautblättern abdecken und mit Steinen beschweren. Der Topf sollte voll sein, der Krautsaft muss das Kraut und die Wasserrinne des Topfes überdecken. Am Ende den Deckel auflegen.

Gärung
Da zunächst Hefen wachsen, die Alkohol und Kohlenstoffdioxid erzeugen, welches das Kraut in die Höhe treibt, muss das Kraut zu Beginn wiederholt niedergestampft werden. Der Alkohol verbindet sich später mit den Säuren, sodass im Lauf der Zeit wichtige Geschmackskomponenten (Ester) entstehen. Innerhalb der ersten 10 Tage werden verschiedene Bakterien aktiv, die durch Gärung Kohlenstoffdioxid erzeugen, welches in das Wasser der Wasserrinne entweicht. Damit kein Sauerstoff in das Gärgut eindringen kann und die Gärung stört, muss die Wasserrinne stets gut gefüllt sein. Nach etwa 10 Tagen übernehmen die Milchsäurebakterien (z. B. Lactobazillus plantarum) das Regiment (S. 80). Jetzt muss der Topf im Kühlen stehen (z. B. im Keller). Nach 6 Wochen kannst du das erste Kraut entnehmen *(Abb. 2)*; den Topf sofort wieder gut verschließen.

Jogurt – selbst gemacht

Was du brauchst: H-Milch, Jogurt mit lebenden Kulturen (Etikett beachten), elektrischer Jogurtbereiter oder Brutschrank, Gläschen, Thermometer, Schneebesen

Wie du vorgehst: Erwärme die Milch auf ungefähr 42 °C; Thermometer verwenden. Zum Animpfen verwendet man 3 Esslöffel gekauften Jogurt; gut verrühren (Schneebesen). Danach in die Gläschen abfüllen und im Jogurtbereiter oder im Brutschrank bei 42 °C warm stellen.

Gärung
Die Milchsäuregärung dauert einige Stunden. Der Ansatz sollte erschütterungsfrei stehen, damit das gerinnende Protein eine feste Struktur bilden kann. Im Kühlschrank mindestens 12 Stunden reifen lassen.

Bakterien sichtbar machen ...

Bakterien vermehren sich auch auf künstlichen Nährböden. Die dort gebildeten Kolonien sind mit bloßem Auge sichtbar; sie entstehen aus je einer Ursprungszelle.

Was du brauchst: Petrischalen mit Nährböden aus Agar-Agar (am besten aus einem Labor), Brutschrank (oder Heizung)

Wie du vorgehst: Der Nährboden muss mit Bakterien geimpft werden. Das ist ganz einfach: Du kannst einen Daumenabdruck auf den Agarboden machen, du kannst deine Lippen darauf drücken, du kannst ihn einfach offen am Fenster stehen lassen oder Bodenproben mit Wasser versetzen, filtern und auftragen etc. Klebe den Deckel mit Klebstreifen fest. Dann lässt du die Petrischalen umgedreht auf dem Deckel stehen, bis „Flecken" auf dem Nährboden erscheinen; in einem Brutschrank oder auf der Heizung wird der Vorgang beschleunigt. Je länger du wartest, umso größer werden die Kolonien. Zeichne die Platten *(Abb. 4, Muster!)* oder fotografiere sie und klebe die Bilder ins Heft. Vorsicht! Die zugeklebten Schalen nicht mehr öffnen! Das Autoklavieren und die Entsorgung übernimmt die Lehrkraft.

Ergebnisse

Die Kolonien stellen jeweils die sichtbaren Nachkommen einer einzigen unsichtbaren Bakterienzelle dar. Ihre Anzahl beträgt je nach Brutdauer bis zu 1 000 Milliarden Zellen; Form und Farbe der Kolonie können variieren.

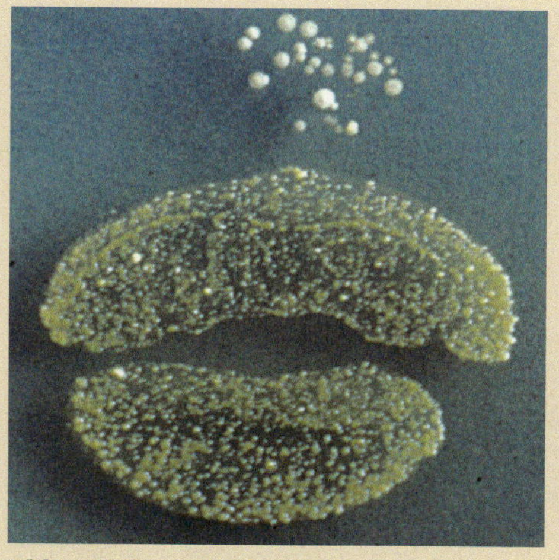

Abb. 4 Bakterienkolonien auf künstlichem Nährboden in einer Petrischale (Julius Richard Petri, Bakteriologe, 1852–1921)

A1 Erkläre, warum man die Schalen mit den fertigen Kolonien nicht öffnen darf.

A2 Informiere dich, was ein Autoklav ist.

A3 Überlege, warum man die Petrischalen nicht einfach wegwerfen darf.

Essig aus Wein bereiten

Was du brauchst: Rotwein, Weißwein oder Apfelwein (am besten ungeschwefelt), Gurkenglas, Tuch zum Abdecken, Essigsäurebakterien (Essigmutter; bestellen über das Internet oder bei einem Winzer holen, der selbst Essig herstellt).

Abb. 5 Essigansatz

Wie du vorgehst: Die Essigbakterien dem Wein untermischen und in einem zu ¾ gefüllten Gurkenglas an einem warmen und dunklen Ort mit einem Tuch abgedeckt (Schutz vor Fruchtfliegen; *Abb. 5*) stehen lassen.

Wenn du eine Belüftungspumpe des Aquariums zum Durchsprudeln von Luft benützt (Zeitschaltuhr, 2-mal täglich, 20 Minuten) oder den Ansatz täglich durchschüttelst, beschleunigst du die Essigbildung. Der Essigansatz sollte immer warm und dunkel stehen.

Ergebnisse

Die Gärung geht langsam und es dauert mehrere Monate, bis der gesamte Alkohol umgesetzt ist (Probieren!). Guter Essig wird oft jahrelang in Holzfässern gelagert, bevor er in den Handel kommt.
Du kannst den Essig verfeinern, indem du nach dem Abfüllen in Flaschen Gewürze wie Estragon, Rosmarin oder Chilis einlegst *(Abb. 6)*. Die Zutaten sollten nach einigen Wochen wieder entfernt werden.

Abb. 6 Thymian- und Estragonessig

Wiederholen – Üben und Vertiefen

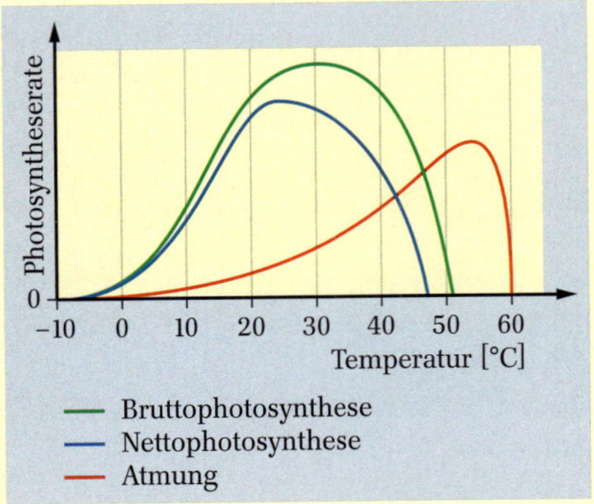

Abb. 1 Temperaturabhängigkeit der Photosyntheseleistung

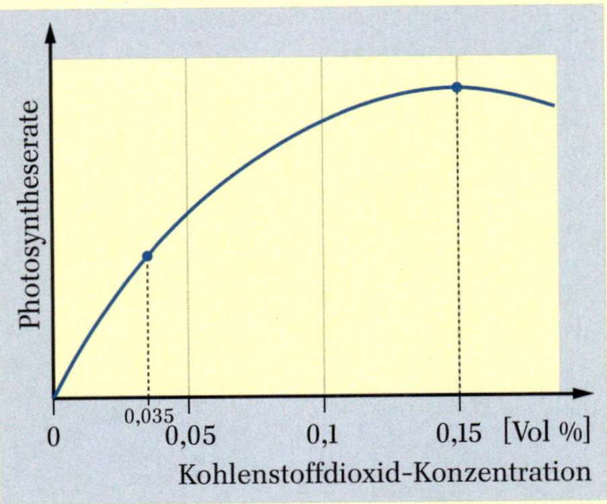

Abb. 2 Kohlenstoffdioxid-Abhängigkeit der Photosyntheseleistung

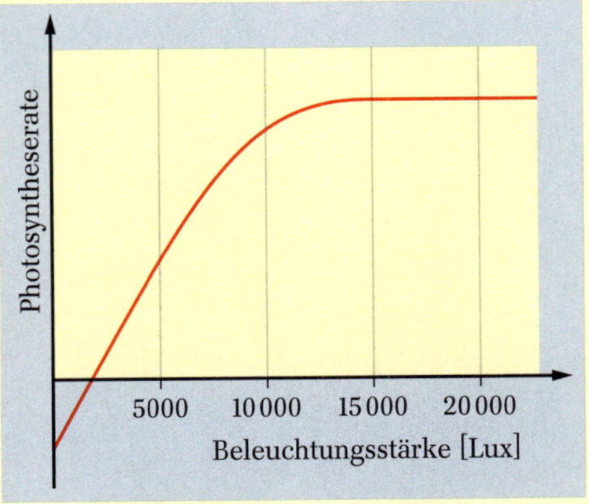

Abb. 3 Abhängigkeit der Photosyntheseleistung von der Beleuchtungsstärke

1. Die Biomasse, die durch Photosynthese gebildet wird, beträgt jährlich 10^{11} t. Wie heißt diese 1 mit 11 Nullen?
2. Die Theorie besagt, dass im Laufe der Erdentwicklung zunächst bakterienartige Lebensformen auftauchten. Einige davon hatten die Fähigkeit zur Photosynthese, wodurch sich Sauerstoff anreicherte. Anschließend entwickelten sich Tiere, Pflanzen noch später. Wovon haben sich die ersten Tiere ernährt, wenn es doch keine Pflanzen gab, die sie fressen konnten?
3. Was ist der grundsätzliche Unterschied in der Ernährungsweise von Pflanzen und Tieren?
4. Die Energieträger Kohle, Erdgas und Erdöl werden als „fossil" bezeichnet. Recherchiere den Begriff.
5. Erläutere, inwiefern sich ein Baum mit Solarzellen vergleichen lässt. Was weißt du über die Funktionsweise von Sonnenkollektoren bzw. Solarzellen, auch Photovoltaik-Anlagen genannt?
6. Man spricht von einer „Bruttophotosyntheserate" und meint damit die Photosyntheseleistung als solche. Pflanzen atmen jedoch auch, verbrauchen also Sauerstoff. Die Differenz nennt man **Nettophotosyntheserate**, was also Bruttosyntheserate minus Atmung bedeutet.

   Erläutere anhand der Grafik *(Abb. 1)* folgende Fragen:
   Die volle Photosyntheseleistung wird nur in einem engen Temperaturbereich erzielt. Wo ist dieser Temperaturbereich (bezogen auf höhere Pflanzen in unseren geographischen Breitengraden)?

   Welche Ursachen gibt es wohl für den starken Abfall der Photosyntheseleistung bei höheren Temperaturen? Denk dabei an das Stichwort „Spaltöffnung" und beziehe die Kurve für die Atmung ein.
7. Ausgangsmaterialien für die Photosynthese sind Wasser und Kohlenstoffdioxid. Letzteres gewinnt die Pflanze aus der Luft, wo der Gehalt annähernd gleich bleibend etwa 0,035 Volumenprozent beträgt. Unter Laborbedingungen kann man den Gehalt variieren. Abbildung 2 zeigt eine Grafik, die das Ergebnis dieser Versuche darstellt.

   Was geschieht mit der Photosyntheserate, wenn der Kohlenstoffdioxidgehalt ansteigt? Wo hat die Rate ihr Maximum, was geschieht anschließend?

   In manchen Gewächshäusern wird mit zusätzlicher Begasung mit Kohlenstoffdioxid gearbeitet. Welche Auswirkungen hat das?
8. Lichtintensität wird in Lux gemessen; Abbildung 3 zeigt, wie sich Photosyntheserate und Lichtintensität zueinander verhalten. In Abbildung 5 auf S. 75 wird gezeigt, was das in der Praxis bedeutet.

   Beschreibe die Grafik; wie ist der Anstieg der Photosyntheserate, wo ist etwa das Maximum, was geschieht anschließend? Was bedeutet es, dass die Kurve bei ca. 2000 Lux die x-Achse schneidet und unterhalb der x-Achse weiterläuft?

9. Interpretiere den Kurvenverlauf in Abbildung 4. Wodurch kommt die Zickzackform zustande, was bedeutet der Anstieg der Gesamtkurve? Einige Wissenschaftler sprechen von einer „Atmung" im globalen Maßstab. Erkläre.

10. Neben Kohlenstoffdioxid und einer Reihe anderer Gase ist auch Methan als Treibhausgas gefürchtet. Liste mögliche Quellen von Methan auf.

11. Versuche die Unterschiede der Mitochondrienmenge in den verschiedenen Zellen von Maus und Ratte zu erklären *(Tab. 1)*. Denke dabei an die Aufgabe der Mitochondrien bei der Zellatmung (Energiegewinnung).

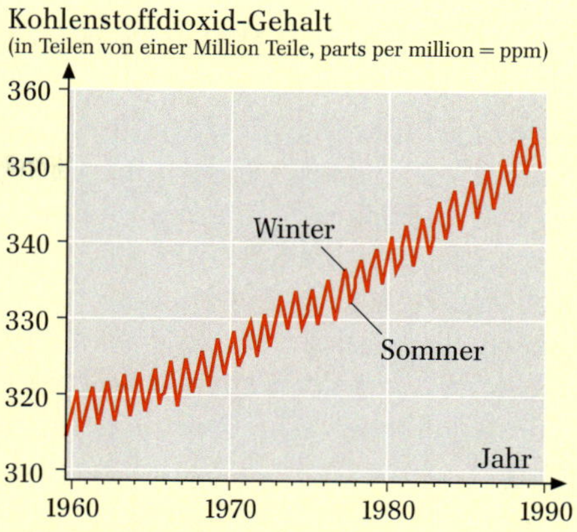

Abb. 2 Jahreszeitliche Schwankungen des Kohlenstoffdioxid-Gehalts der Atmosphäre auf der Nordhalbkugel der Erde

Art	Organ	% Mitochondrien
Maus	Leber	17
	Hypophyse (Teil des Gehirns)	8
	Herzkammer	48
	Herzvorhof	35
	weiße Blutkörperchen	4
Ratte	Leber	18
	Bauchspeicheldrüse	8
	Niere	37
	Herz	36

Tab. 1 Mitochondrienvolumen in % des Zellvolumens

Info

Treibhauseffekt

Der **Treibhauseffekt** ist eine Erscheinung, die für das Klima der Erde entscheidend ist. Ohne den natürlichen Treibhauseffekt wäre die Erde kalt und unbewohnbar. „Klimawirksame" Spurengase wie Wasserdampf, Methan, Kohlenstoffdioxid und Ozon lassen das Sonnenlicht größtenteils bis zur Erdoberfläche passieren. Sie verhindern aber, dass die von der Erde abgegebene Wärmestrahlung im Weltall verschwindet. Dadurch erwärmen sich die bodennahen Luftschichten und die durchschnittliche Temperatur auf der Erde erhöht sich um 20 bis 30 Grad. Ähnliches geschieht in einem Treibhaus.
Ohne den natürlichen Treibhauseffekt würde auf der Erde eine Durchschnittstemperatur von etwa – 15 °C herrschen. In den letzten Jahrzehnten wurden von der Menschheit zusätzlich zu den bereits natürlich vorhandenen Treibhausgasen weitere klimawirksame Stoffe freigesetzt. Großen Anteil hat daran das bei Verbrennungsprozessen entstehende Kohlenstoffdioxid.
Je mehr **Treibhausgase** in der Atmosphäre sind, desto stärker ist der Treibhauseffekt. Aber im Einzelnen sind die Folgen einer Verstärkung des Treibhauseffekts nur schwer vorauszusagen. Wir müssen aber in jedem Fall damit rechnen, dass die Durchschnittstemperaturen auf der Erde ansteigen. Dadurch kann es zu einer Verschiebung der Klimazonen kommen. Vielleicht regnet es in den Wüstengebieten und andere, jetzt fruchtbare Gegenden werden zur Wüste. Das Eis in den Gebirgen, auf Grönland und in der Antarktis könnte schmelzen. Dadurch würde der Meeresspiegel ansteigen und Gebiete am Meer würden überflutet werden.

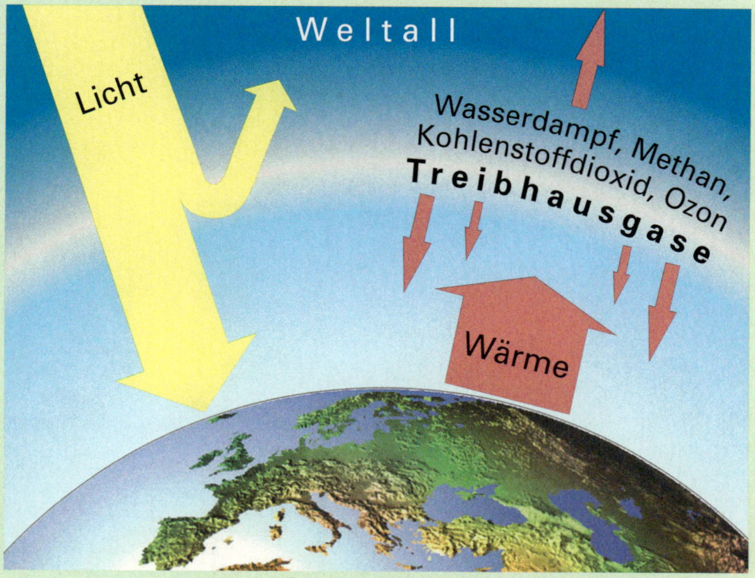

Schematische Darstellung des Treibhauseffekts

Grundwissen Photosynthese und Zellatmung

Die Lichtenergie der Sonne wird von den grünen Pflanzen aufgenommen und bei der Photosynthese zum Aufbau von energiereichen organischen Stoffen genutzt. Wasser und Kohlenstoffdioxid werden zu Glucose (Traubenzucker) und Sauerstoff umgesetzt. Bei diesem Prozess wird Lichtenergie in chemische Energie umgewandelt. Ausgehend von dem Einfachzucker Glucose, in dem die chemische Energie gespeichert ist, können andere energiereiche organische Stoffe aufgebaut werden. Durch Verkettung vieler Einfachzucker entstehen Vielfachzucker. Pflanzliche Stärke (Amylose) und Glykogen sind aus Glucose aufgebaute Vielfachzucker und dienen als Energiespeicher.
Bei der Zellatmung wird Traubenzucker unter Sauerstoffverbrauch zu Wasser und Kohlenstoffdioxid umgesetzt. Die Zellatmung ist damit, formal gesehen, die Umkehrung der Photosynthese. Bei der Zellatmung wird chemische Energie aus Traubenzucker zum Aufbau von Adenosintriphosphat (ATP) aus Adenosindiphosphat (ADP) und Phosphat (P) genutzt. ATP ist der universelle Energieüberträger für alle Stoffwechselprozesse der Zellen. Bei der Energieübertragung wird ATP in ADP und P gespalten.
Die Photosynthese findet in den Chloroplasten statt, zur Zellatmung benötigt die Zelle Mitochondrien. Beide Zellorganellen sind von einer doppelten Zellmembran umgeben und besitzen Einstülpungen der inneren Membran.
Die mit Chloroplasten ausgestatteten Pflanzen sind selbst in der Lage, energiereiche organische Produkte aus energiearmen anorganischen Ausgangsstoffen aufzubauen, weshalb man sie als autotrophe Lebewesen bezeichnet. Sie stehen als Produzenten von Biomasse am Beginn jeder Nahrungskette. Heterotrophe Organismen können keine Photosynthese betreiben, sie müssen energiereiche organische Stoffe mit der Nahrung aufnehmen. Man bezeichnet sie als Konsumenten, da sie sich von anderen Lebewesen ernähren. Die Destruenten zersetzen tote Biomasse. Durch die Mineralisierung wird der Stoffkreislauf geschlossen und es werden wieder anorganische Ausgangsstoffe für die Produzenten bereitgestellt.

Es gibt viele unterschiedliche Formen des Zusammenlebens: Als Symbiose bezeichnet man das Zusammenleben zweier Partner unter wechselseitigem Nutzen.

Ökosysteme

Abb. 1 Schädlingsbekämpfung per Flugzeug

1 Was ist Ökologie?

Die Ökologie ist ein relativ junges Teilgebiet der Biologie. Zwar dachten schon griechische Wissenschaftler wie Empedokles (490–430 v. Chr.) oder Aristoteles (384–323 v. Chr.) über die Natur und den Umgang des Menschen mit ihr nach; den Begriff Ökologie jedoch prägte erst der deutsche Naturforscher Ernst Haeckel (1834–1919). Er verstand darunter die Lehre vom Haushalt der Natur (gr. oikos = Haus).
In den 1960er-Jahren wurden die Auswirkungen der Umweltverschmutzung zunehmend erkannt und publiziert. Weltbestseller wie „Silent Spring" (Rachel Carson, 1962) oder „The Limits to Growth" (Dennis Meadows, 1972) rüttelten die Menschen wach und sorgen für eine leidenschaftliche Diskussion. Meadows' Buch war der erste Bericht des 1968 gegründeten Club of Rome, einer nicht-kommerziellen Organisation, die ihr Ziel als „die gemeinsame Sorge und Verantwortung um bzw. für die Zukunft der Menschheit" beschreibt.

Die **Ökologie** ist heute definiert als die Wissenschaft von den **Wechselbeziehungen** zwischen **Organismen** und ihrer **Umwelt**. Organismen sind zwar abgegrenzte, aber doch offene Systeme, die mit ihrer Umwelt Stoffe und Energie austauschen.
Der Begriff „Umwelt eines Lebewesens" umfasst alle direkt oder indirekt auf das Lebewesen einwirkenden Faktoren. Sind diese physikalisch-chemischer Natur, so werden sie als **abiotische Umweltfaktoren** bezeichnet; werden sie durch andere Lebewesen bedingt, so heißen sie **biotische Umweltfaktoren**.
Abiotische Umweltfaktoren werden weiter gegliedert in klimatische und Bodenfaktoren. Klimatische Faktoren sind z. B. Temperatur, Licht, Wasser (Niederschlag, Feuchtigkeit) und Wind; Bodenfaktoren sind Kalk-, Sauerstoff-, Kohlenstoffdioxid- und Nährsalzgehalt sowie Bodenfeuchtigkeit und pH-Wert des Bodens.
Biotische Faktoren sind Nahrung, Nahrungskonkurrenten, Luft- und Bodenfeinde, Parasiten oder Symbionten.

A1 Erläutere den Buchtitel „Silent Spring"; siehst du einen Zusammenhang zu Abbildung 1?

A2 Informiere dich über den Club of Rome; was hört man heute von dieser Organisation? Wer ist Mitglied, womit beschäftigt man sich?

A3 Was bedeutet: Die Ökologie ist heute eine experimentelle und interdisziplinäre Wissenschaft?

A4 Beschreibe die Umweltfaktoren des Frühlingsenzians, eine Gebirgspflanze, die bis in 3000 m Höhe vorkommt *(Abb. 2)*. Berücksichtige die klimatischen und die Bodenbedingungen im Gebirge.

A5 Wie sind die Umweltbedingungen eines Regenwurms *(Abb. 3)*?

! Ökologie ist die Wissenschaft von den Wechselbeziehungen zwischen Organismen und ihrer Umwelt.

Abb. 2 Frühlingsenzian

Abb. 3 Regenwurm

2 Das Ökosystem des Laubmischwaldes

Abb. 1 Laubmischwald

Ein **Ökosystem** *(Abb. 2)* ist ein Lebensbereich, der durch die Gesamtheit aller in ihm wirkenden **biotischen** (belebten) und **abiotischen** (unbelebten) Faktoren charakterisiert ist. Die Gemeinschaft aller in einem Ökosystem vorkommenden Lebewesen wird als **Biocönose** (Lebensgemeinschaft) bezeichnet. Die Gesamtheit aller abiotischen Faktoren eines Ökosystems bezeichnet man als **Biotop** (Lebensraum).

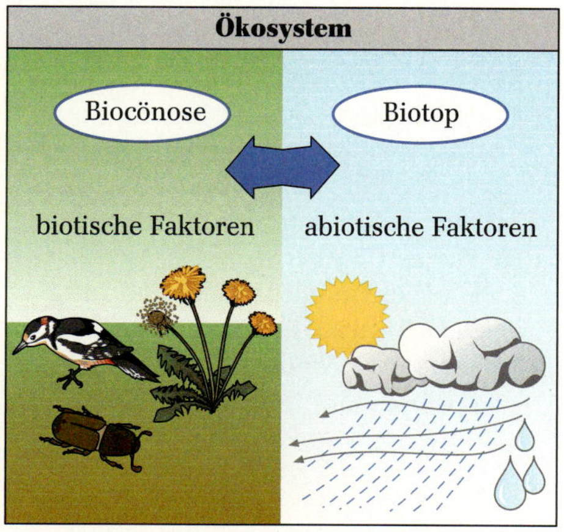

Abb. 2 Schema eines Ökosystems

Der Laubmischwald ist in den mittleren und tiefen Lagen Mitteleuropas das natürliche Waldökosystem. Es herrschen dort neben sommergrünen Holzpflanzen, ein- und mehrjährigen Kräutern, Farne und Moose vor. Ein naturnaher Laubmischwald hat einen stockwerkartigen Aufbau *(Abb. 1, 3)*. Die vertikale Gliederung basiert auf der Wechselwirkung von biotischen und abiotischen Faktoren in diesem Ökosystem. Die Blätter der Baumkronen absorbieren den Großteil des Sonnenlichts. In den unteren Schichten des Waldes wachsen deshalb vor allem Schatten tolerierende Pflanzen. Immergrüne Pflanzen und Frühblüher nutzen die Zeit vor dem Laubaustrieb der Bäume, um intensiv Photosynthese zu betreiben und Vorräte aufzubauen. Außer dem Lichteinfall werden noch andere abiotische Faktoren durch die pflanzliche Biocönose beeinflusst. So herrscht im Inneren des Waldes ein anderes Klima als in der unbewaldeten Umgebung. Die Temperaturschwankung im Tagesverlauf und die Windgeschwindigkeit sind im Wald geringer, die Luftfeuchtigkeit ist dagegen höher. Die biotischen und abiotischen Faktoren stehen in vielseitiger Beziehung zueinander.
Dieses komplexe Beziehungsgefüge im Wald ist stabil und wird als **ökologisches Gleichgewicht** bezeichnet.

Abb. 3 Stockwerkgliederung des Laubmischwaldes

A1 Nenne für jedes Stockwerk des Laubmischwaldes drei Pflanzen- und drei Tierarten, die dort typischerweise vorkommen.

A2 Der abiotische Faktor Wind hat einen direkten Einfluss darauf, welche Pflanzenarten besonders häufig im Wald vorkommen. Dies hat wiederum eine Auswirkung auf die Tierwelt. Erkläre diesen Zusammenhang.

A3 Betrachte den Waldrand eines Laubmischwaldes in deiner Umgebung. Vergleiche dessen Aufbau mit der Stockwerkgliederung im Inneren des Waldes und begründe die Unterschiede.

! Ein Ökosystem ist charakterisiert durch die Gesamtheit aller in ihm wirkenden biotischen und abiotischen Faktoren.

A1 Wie im Gedicht beschrieben, durchwühlen Wildschweine den Waldboden tiefgründig. Nach welchen Nahrungsquellen suchen sie dabei?

A2 Sind Wildschweine wirklich die „Unholde“ im Wald? Überlege, welche positiven biotischen und abiotischen Veränderungen Wildschweine bewirken können.

A3 Überlege dir, welche ökologischen Schäden durch zu hohe Schwarzwildbestände entstehen können.

A4 Die als Frischlinge bezeichneten Jungtiere haben während der ersten 4 – 5 Monate ein anderes Aussehen als die ausgewachsenen Tiere *(Abb. 1)*. Welchen Sinn hat dies?

A5 Welche natürlichen Feinde des Schwarzwildes gab es früher in unseren Wäldern? Recherchiere, wo diese Raubtiere in Mitteleuropa heute noch vorkommen.

A6 Die explosive Entwicklung der Bestände beruht auf der Wechselwirkung zwischen dem Menschen und dem Schwarzwild. Recherchiere und beschreibe diesen Zusammenhang.

A7 Die Ausbreitung der Schweinepest, steigende landwirtschaftliche Flurschäden und nicht zuletzt die Häufung von gefährlichen Unfällen mit Wildschweinen zwingen den Menschen dazu, die Jagd zu intensivieren *(Abb. 2)*.
Wie stehst du zum Thema Jagd?

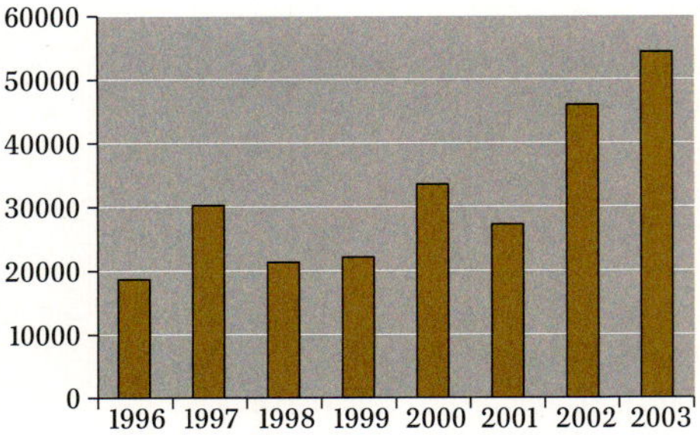

Abb. 2 Erlegtes Schwarzwild in Bayern

2.1 Wechselwirkungen im Wald

Die Sau unter der Eiche

Von einer hundertjährigen Eiche wohl beschattet,
Fraß sich die Sau an Eicheln übervoll,
Und schlief dann ein, ermattet.
Sie rafft sich endlich wieder auf und – ist's nicht toll?
Ihr Rüssel unterwühlt die Wurzelknorren.
„Lass ab, dem Baume schadest du!“,
Ruft ihr vom Ast ein Rabe zu,
„Legst du die Wurzeln bloß, so kann der Baum verdorren.“
„Mag er verdorren doch“, so grunzt die Sau,
„Ich nehm es damit nicht genau;
Was nützt er sonderlich, er könnte ganz verschwinden.
Ich hätt' es drum nicht schlimmer,
Find ich nur immer
Die Eicheln, die mich nährten und mich ründen.“ –
„Du Unhold“, ruft die Eiche jetzt,
„Wenn du hinauf die Schnauze könntest strecken,
Es würde dich erschrecken,
Zu sehn, dass auf mir wächst die Kost, nach der du lechzst.“
So schilt auch wohl ein blöder Tor
Auf Künste und Gelehrsamkeit
Sie kommen ihm so unnütz vor:
Er merkt nicht, dass er ihrer Früchte sich erfreut.

Iwan Andrejewitsch (1768 – 1844)

Abb. 1 Wildschweine und ihre Nahrungsquellen

Unter den Mitgliedern einer Biocönose bestehen zahlreiche Wechselwirkungen. Das Schwarzwild ist ein Allesfresser und hat in unseren Wäldern außer dem Menschen keine natürlichen Feinde. Seine Bestände sind in den letzten Jahren enorm angewachsen. Nicht nur auf die Beutetiere und Nahrungspflanzen im Wald hat dies direkte Auswirkungen, inzwischen werden auch immer höhere landwirtschaftliche Schäden durch Schwarzwild verursacht.

2.2 Nahrungskette und Stoffkreislauf

Bei der Betrachtung der Ernährungsweise verschiedener Lebewesen einer Biocönose wird deutlich, dass sie alle entweder direkt oder indirekt voneinander abhängen.

Die grünen Pflanzen betreiben Photosynthese und produzieren energiereiche organische Stoffe, weshalb man sie auch als **Produzenten** *(Abb. 1A)* bezeichnet. Viele Tiere ernähren sich von Pflanzen. Man bezeichnet sie als **Primärkonsumenten** *(Abb. 1B)*, da sie das, was die Pflanzen produziert haben, konsumieren (verbrauchen). Diese Tiere sind wiederum die Beute anderer Tiere, die man **Sekundärkonsumenten** *(Abb. 1C)* nennt. Ganz oben in dieser **Nahrungskette** stehen die **Tertiärkonsumenten** *(Abb. 1D)*. Sie ernähren sich räuberisch und haben in ihrem Ökosystem keine natürlichen Fressfeinde, für die sie als Beute infrage kämen. Diese vier auf der Art der Ernährung basierenden Stufen bezeichnet man auch als **Trophieebenen** (gr. trophos – Ernährer).

Abb. 1 Stoffkreislauf im Wald

Obwohl Pflanzen ihren Energiebedarf selbst durch Photosynthese decken können, sind sie nicht völlig unabhängig von anderen Lebewesen. Zum Überleben benötigen sie neben Wasser und Kohlenstoffdioxid auch Mineralstoffe, die aus dem Boden aufgenommen werden. Der Mineralstoffvorrat wäre schnell aufgebraucht, wären da nicht Organismen, die ständig für Nachschub sorgen würden. Vor allem kleine Gliedertiere und Würmer zersetzen totes Tier- und Pflanzenmaterial – fachsprachlich Detritus genannt – und die Destruenten (Pilze, Bakterien) wandeln dieses zersetzte organische Material in Mineralstoffe um *(Abb. 1E)*. Der Stoffkreislauf schließt sich.

In der Natur sind Nahrungsketten meist stark verzweigt, sodass man auch von einem **Nahrungsnetz** sprechen kann.

Abb. 2

A1 Ordne den Rotfuchs, Rehbock und Igel den jeweiligen Trophieebenen zu und konstruiere ein Nahrungsnetz mit allen hier abgebildeten Tieren.

A2 Obwohl der Uhu keine natürlichen Feinde hat, ist er in Deutschland gefährdet. Finde Ursachen dafür.

A3 Der Energie- und Stoffgehalt im Ökosystem Wald müsste anwachsen *(Abb. 2)*. Dies ist aber nicht der Fall; es stellt sich ein Gleichgewicht ein. Überlege dir eine sinnvolle Erklärung dafür.

! Nahrungsketten bestehen aus Produzenten einerseits und Primär-, Sekundär- und Tertiärkonsumenten andererseits.

A1 Bereitet in Gruppen einen Fragebogen zu jedem der 5 Aufgabenfelder *(Abb. 1)* des Försters vor. Die Antworten holt ihr euch bei einer Waldführung vom Förster oder selbstständig im Internet.

A2 In Deutschland besteht der Wald zu etwa 66 % aus Nadelbäumen, gut die Hälfte davon sind Fichten. Unter den 34 % Laubbäumen sind die Buchen die häufigste Baumart. Finde heraus, weshalb diese beiden Baumarten deutlich häufiger vorkommen.

A3 Erläutere die in Abbildung 2 dargestellte Höhenbestimmung. Die einzig notwendigen Hilfsmittel für diese Methode sind ein Stock, auf dem der Abstand Z (Z = Abstand deiner Faust vom Auge bei ausgestrecktem Arm) markiert ist, und ein langes Maßband.

A4 Bestimme die Höhe eines Baumes mithilfe des „Försterdreiecks" und miss seinen Brusthöhendurchmesser. Berechne daraus, wie viele Festmeter Holz er bei der Ernte bringt.

A5 Die Arbeit der Forstwirte hat sich während der letzten 100 Jahre stark verändert. Informiere dich über Forstarbeit damals und heute.

Abb. 2 Baumhöhenbestimmung

Mit dem Förster im Wald

29 % der Fläche von Deutschland sind bewaldet, davon sind etwa 54 % öffentliches Eigentum und 46 % Privateigentum. Die Waldbesitzer sind gesetzlich dazu verpflichtet, den Wald nachhaltig und pfleglich zu bewirtschaften. Der Förster hat die Aufgabe, waldwirtschaftliche Arbeiten zu planen, selbst durchzuführen oder beratend zu überwachen. Das Revier eines Försters ist in der Regel zwischen 1.000 und 1.400 ha groß. In diesem Gebiet ist er als Revierleiter auch für die Kontrolle und Pflege des Wildtierbestandes zuständig. Für die schwere und risikoreiche Holzernte und andere aufwändige Arbeiten beauftragt der Förster Forstwirte. Die Hauptaufgabenfelder eines Försters sind zusammengefasst:

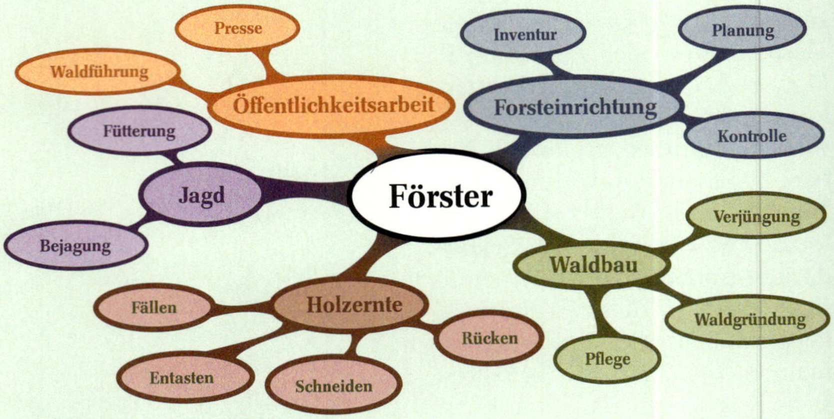

Abb. 1 Mindmap zur Försterarbeit

Fragebogen zum Thema Holzernte:	
1. Wann werden die Bäume gefällt?	7. Was passiert mit den gefällten Bäumen?
2. Welche Bäume werden gefällt?	8. Was passiert mit Ästen und Rinde?
3. Wie lange wächst eine Buche, bis sie die richtige Größe zur Ernte erreicht?	9. Wie viele Arbeiter sind bei der Holzernte beschäftigt?
4. Was ist ein Zukunftsbaum?	10. Welche Maschinen werden eingesetzt?
5. Wie viele Bäume werden pro Jahr gefällt?	11. Was sind die Gefahren der Holzernte?
6. Was ist der Unterschied zwischen einem Fest- und einem Raummeter Holz?	12. Wie wird man zum Forstwirt?

In Deutschland werden jährlich etwa 30 Mio. Festmeter (Kubikmeter massives Holz) geerntet. Der gesamte Holzvorrat bleibt aber durch die nachhaltige Waldnutzung konstant oder nimmt in einigen Gegenden sogar zu. Der richtige Zeitpunkt der Ernte ist von der Baumart abhängig. Buchen sollten in Brusthöhe mindestens einen Durchmesser von 65 cm haben, Fichten werden schon ab 45 cm Brusthöhendurchmesser (B) geerntet. Mithilfe des „Försterdreiecks" *(Abb. 2)* lässt sich die Höhe (h) eines Baumes bestimmen. Aus der Höhe des Baumes und dem Brusthöhendurchmesser berechnet der Förster mit der nachfolgenden Formel, wie viele Festmeter (F) Holz ein Baum bringt:

$$F = B^2 \times 0{,}64 \times h$$

Damit ein Wald gute Holzernte bringt, muss er nicht gedüngt werden. Die herabfallenden Blätter, Rinde und Zweige werden am Boden von verschiedensten Lebewesen zersetzt und dabei zu nährstoffreichem Humus umgewandelt. Wenn man den Waldboden genauer betrachtet, kann man fünf verschiedene Stadien der Streuzersetzung erkennen *(Abb. 5)*. Man unterscheidet den Fensterfraß (1), den Fenster- und Lochfraß (2), den Loch- und Skelettfraß (3), den Verwesungshöhepunkt (4) und die Ton-Humus-Bindung (5). Die Bodentiere bewerkstelligen dies alles in raffinierter Arbeitsteilung. Auch Bakterien und Pilze spielen dabei eine wichtige Rolle; sie mineralisieren das organische Material und machen es damit wieder für Pflanzen verfügbar.

Abb. 3 Schüttelbecher

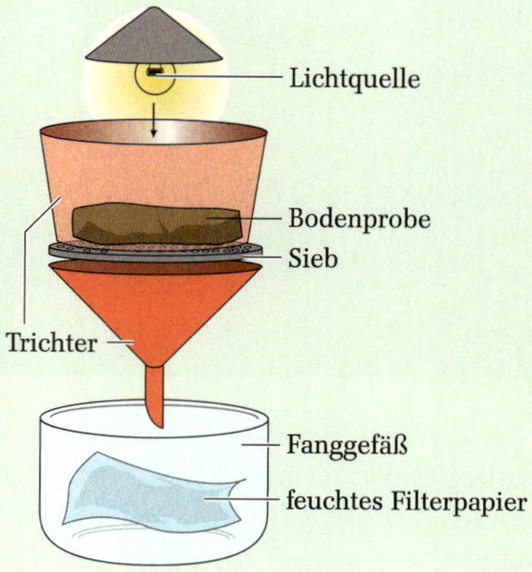

Abb. 4 Berlese-Trichter

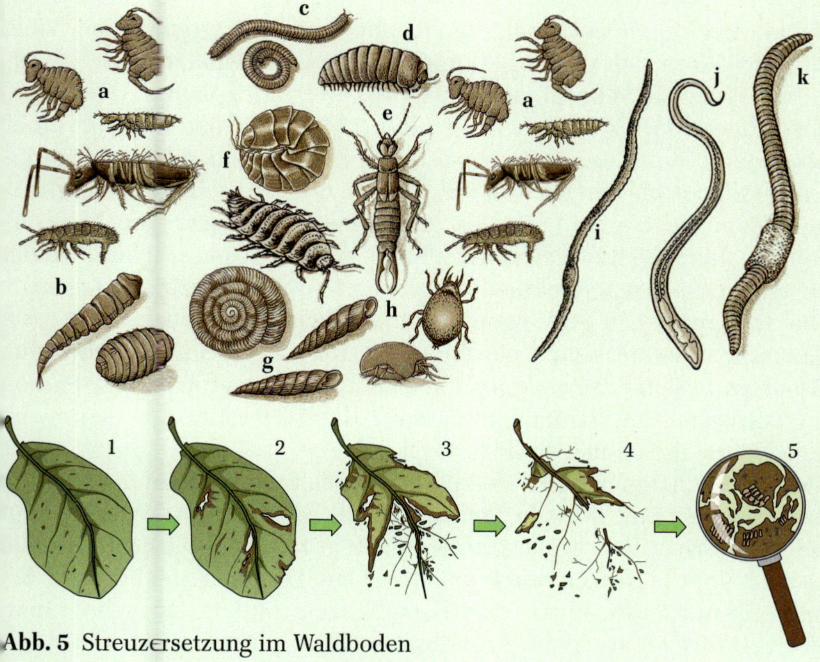

Abb. 5 Streuzersetzung im Waldboden

A6 Sammle Blätter vom Waldboden, welche die verschiedenen Stadien der Streuzersetzung zeigen. Klebe sie in entsprechender Reihenfolge auf Papier und beschrifte.

A7 Fülle etwas Streu in einen Schüttelbecher *(Abb. 3)* und schüttle die Bodentiere durch die kleinen Öffnungen am Becherboden in eine helle Wanne. Betrachte die Tiere mit der Lupe oder der Stereolupe. Bestimme sie grob mit einem Bestimmungsschlüssel und protokolliere das Ergebnis.

A8 Markiert in Gruppen 10 m × 10 m große Waldstücke mit einer Schnur. Ermittelt alle dort wachsenden Pflanzen mit Bestimmungsbüchern und zeichnet ihren Wuchsort auf einem selbst entworfenen Protokollblatt ein. Fertigt auch eine Tabelle an und tragt ein, welche Arten jeweils in welchen Stockwerken des Waldes vorkommen.

A9 Erläutere die Funktionsweise des Berlese-Trichters *(Abb. 4)* zur Untersuchung von Bodenproben.

A10 Die nur 0,25 – 10 mm großen Springschwänze *(Abb. 5a)* verursachen den Fensterfraß und starten somit den Zersetzungsprozess. Aber auch am Verwesungshöhepunkt sind sie beteiligt. Informiere dich im Internet über die Lebensweise und die Besonderheiten dieser wichtigen Winzlinge.

A11 Finde mithilfe eines Bestimmungsschlüssels heraus, zu welchen Tiergruppen die anderen Tiere in Abbildung 5 gehören.

2.3 Beziehungen im Wald

Abb. 1 Besondere Beziehungen zwischen Lebewesen des Mischwaldes

A1 Einige Pilze sind gefürchtete Baumparasiten, die im Wald oder in Obstbaumplantagen großen Schaden verursachen können. Recherchiere zwei Beispiele.

A2 Suche je ein Beispiel für symbiontisches und parasitäres Zusammenleben verschiedener Tierarten.

A3 Um welche Ernährungsweise handelt es sich bei der Schuppenwurz und der Mistel: Heterotrophie oder Autotrophie? Begründe deine Antwort.

A4 Weshalb kann man die Beziehung zwischen Eiche und Eichhörnchen auch als eine Art von Symbiose bezeichnen?

! Selbsternährer sind autotroph, Fremdernährer heterotroph. Parasiten leben von ihren Wirten.

Die Eiche *(Abb. 1a)* betreibt wie alle grünen Pflanzen Photosynthese. Dabei stellt sie aus dem anorganischen Kohlenstoffdioxid die energiereiche organische Kohlenstoffverbindung Traubenzucker her. Grüne Pflanzen bezeichnet man deshalb als **autotroph** (gr. autos – selbst, trophos – Ernährer).

Das Eichhörnchen *(Abb. 1b)* ist bei der Ernährung auf die organischen Kohlenstoffverbindungen angewiesen, die von Pflanzen hergestellt wurden. Man bezeichnet die nicht selbst zur Photosynthese befähigten Lebewesen als **heterotroph** (gr. heteros – fremd).

Neben den Tieren sind auch die Pilze heterotrophe Organismen. Viele Pilze ernähren sich von abgestorbenen Tier- und Pflanzenresten, weshalb man sie als **Saprophyten** (gr. sapros – verfault, phyton – Gewächs) bezeichnet. Der Eichenritterling *(Abb. 1c)* lebt mit der Eiche in einer besonderen Beziehung. Die Wurzeln der Eiche spenden dem Pilz organische Nährstoffe und die weit verzweigten unterirdischen Pilzfäden unterstützen die Wurzeln bei der Aufnahme von Wasser und Mineralstoffen. Ein solches Zusammenleben unter gegenseitigem Nutzen bezeichnet man als **Symbiose** (gr. syn – zusammen mit, bios – Leben).

Die Schuppenwurz *(Abb. 1d)* unterscheidet sich von anderen Pflanzen dadurch, dass sie kein Chlorophyll besitzt und deshalb auch keine Photosynthese betreiben kann. Sie ist ein Vollschmarotzer oder **Parasit** (gr. parasitos – mit jemandem essend), denn sie raubt den Baumwurzeln Nährstoffe ohne jede Gegenleistung.

Die auf den Ästen anderer Holzpflanzen wachsende Mistel *(Abb. 1e)* hat grüne Blätter und betreibt Photosynthese. Mit ihren Wurzeln besorgt sie sich Wasser und Mineralstoffe aus dem Holz der Wirtspflanze, die selbst keinerlei Nutzen durch die Mistel hat. Da die Mistel bei ihrer Ernährung nur teilweise von der Wirtspflanze profitiert, bezeichnet man sie als Halbschmarotzer oder **Halbparasit**.

3 Symbiose: enge Partnerschaften

Manche Flechten sind wahre Lebenskünstler: Sie gedeihen noch in der sonnendurchglühten Wüste oder in der Kälte der höchsten Berge. In unserer Umgebung besiedeln Flechten ganz unterschiedliche Standorte: Bäume, Mauern, Hauswände, den Waldboden oder Steine. Ihre Gestalt ist ganz unterschiedlich: Sie hängen als lange, bärtige Fäden von Zweigen herab, sie bilden blattartige Körper, kleine, strauchartige Formen oder feste Krusten auf Steinen.

Das Doppelwesen Flechte

Ein Querschnitt durch einen Flechtenkörper zeigt im mikroskopischen Bild *(Abb. 2, 3)*, dass eine Flechte, die äußerlich als einheitliches Lebewesen erscheint, tatsächlich aus zwei Lebewesen besteht: Zwischen locker liegenden Hyphen (feine Gewebefäden) eines Pilzes sind meist kugelförmige, einzellige Grünalgen oder blaugrüne Bakterien (Blattalgen) eingelagert *(Abb. 5)*.
Dass es sich bei Flechten um Doppelwesen aus Pilz und Alge handelt, wurde vor ca. 100 Jahren entdeckt. Nur in der Gemeinschaft der Partner entsteht die typische, meist vom Pilz bestimmte Flechtengestalt.

Der Stoffwechsel der Flechten

In der Flechte leben Alge und Pilz in einer Gemeinschaft zusammen, von der beide Partner Nutzen haben: Sie bilden eine **Symbiose**. Und worin besteht nun der gegenseitige Nutzen der Symbiosepartner? Die grüne Alge ist zur Photosynthese fähig; die dabei erzeugten organischen Stoffe werden mit dem Pilz geteilt. Als Gegenleistung sorgt der Pilz für die Aufnahme von Wasser mit darin gelösten Mineralsalzen.
Die Pilzhyphen in den Flechten können sogar aus feuchter Luft Wasser entnehmen und speichern. Daher überleben manche Flechtenarten auch in Wüsten, wo der Taufall oft die einzige Wasserquelle darstellt.
Flechten stellen bei Trockenheit ihren Stoffwechsel vorübergehend ein. Selbst Flechten, die mehrere Jahre in biologischen Sammlungen gelagert waren, erwachen bei Befeuchtung wieder zum Leben. Auch gegenüber langen Kälteperioden, wie sie beispielsweise in der baumlosen Steppe im Norden Europas, der Tundra, vorherrschen, behaupten sich Flechten. Sie gedeihen dort – konkurrenzlos – so reichlich, dass sie als Rentierflechten die Nahrungsgrundlage dieser Tiere bilden.
Einige Flechten scheiden Stoffe aus, die die feste Gesteinsunterlage angreifen und aufrauen. Hier können sich jetzt angewehte Staub- und Sandteilchen ablagern. Zusammen mit abgestorbenen Flechtenresten bilden sie den Boden für das Wachstum weiterer Pflanzen.

Abb. 1 Bartflechte – eine Strauchflechte

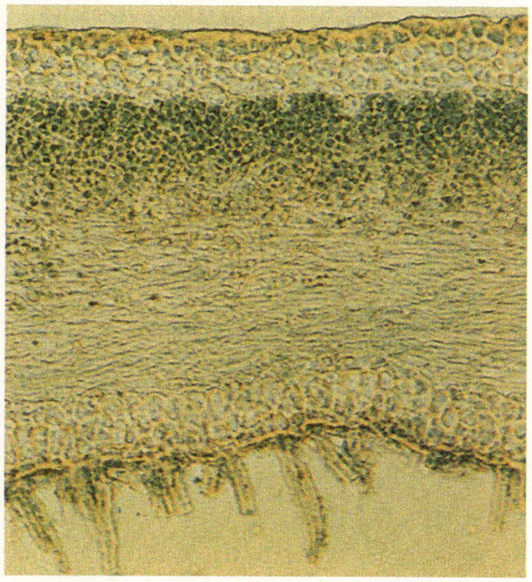

Abb. 2 Blattflechte, mikroskopischer Schnitt

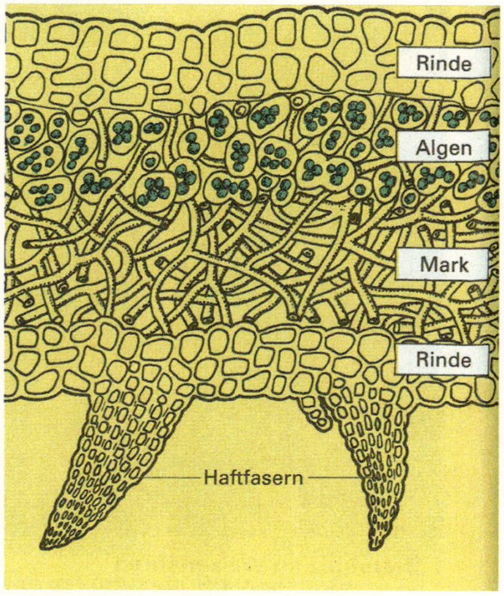

Abb. 3 Blattflechte, schematischer Schnitt

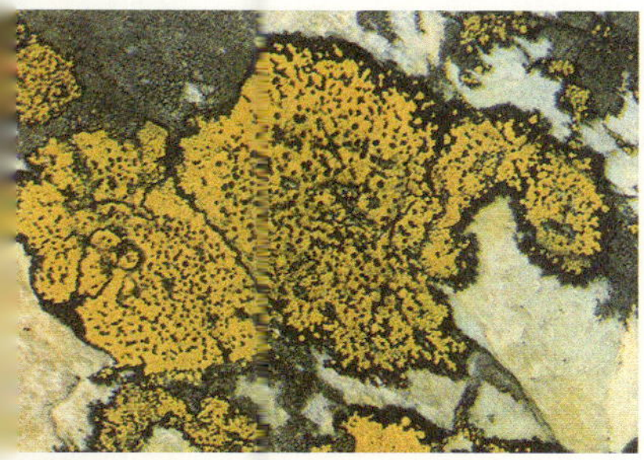

Abb. 4 Landkartenflechte – eine Krustenflechte

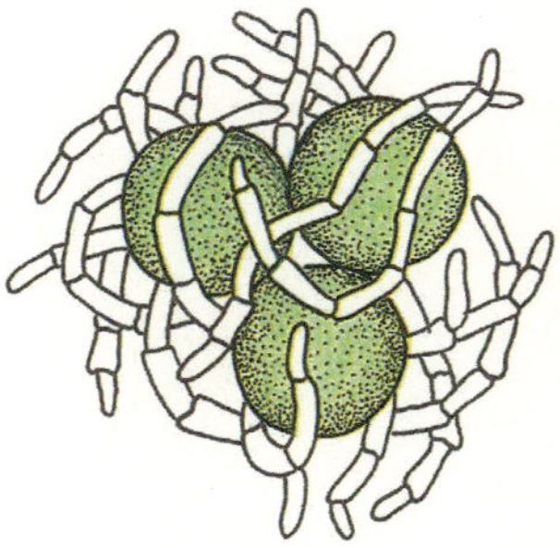

Abb. 5 Algenzellen, mit Pilzhyphen umsponnen

4 Pflanzen an extremen Standorten

Abb. 1 Schwarzerle

Abb. 2 Moorbirke

Abb. 3 Heidekraut

Abb. 4 Grünerle

Bäume und Sträucher trifft man in den unterschiedlichsten Lebensräumen an. Einige wachsen an Standorten mit extremen Bedingungen, z. B. regelmäßig überschwemmten **Flussauen**, sumpfigen **Flachmooren** oder in sauren und nährstoffarmen **Hochmooren**. Selbst im **Hochgebirge** sind trotz des kurzen Sommers und des harten, schneereichen Winters bestimmte Holzpflanzen beheimatet. All diese Pflanzen sind sehr gut an ihre Umwelt angepasst.

Die **Schwarzerle** *(Abb. 1)* verträgt von allen einheimischen Baumarten die meiste Bodenfeuchtigkeit. Oft steht sie so nahe am Ufer, dass ihre Wurzeln direkt ins Wasser reichen. Ihr Wurzelsystem ist sehr umfangreich und tiefgründig.

Die **Moorbirke** *(Abb. 2)* hat eine flache, aber sehr weitreichende Bewurzelung. Sie findet auf dem sumpfigen Flachmoorboden guten Halt.

Das **Heidekraut** *(Abb. 3)* ist ein immergrüner Zwergstrauch, der nur sehr langsam wächst. Die sparsame und Licht liebende Pflanze gedeiht am besten auf dem nährstoffarmen Boden von Hochmooren.

Grünerlensträucher *(Abb. 4)* kommen bis zu einer Höhe von 2.400 m vor. Sie wachsen vor allem an feuchten Nordhängen und verringern mit ihren kräftigen Wurzeln die Erdrutschgefahr. Ihre Zweige sind elastisch und geben der großen Schneelast im Winter nach, ohne zu brechen.

Die **Latsche** *(Abb. 7)* ist das bestimmende Holzgewächs der Krummholzzone und kommt bis in

einer Höhe von 2.700 m vor. Die kräftigen Stämme verlaufen erst flach und steigen dann im Bogen auf (daher auch die Bezeichnung Krummholzkiefer). Sie wächst sehr langsam und ist äußerst anspruchslos. Die kräftige und weitläufige Bewurzelung gibt auch an Steilhängen guten Halt.

Das Vorkommen der **Rostroten Alpenrose** *(Abb. 5)* erstreckt sich über die Krummholzzone hinaus, bis in eine Höhe von 3.000 m. Dort überlebt dieser Strauch den harten Winter geschützt unter der mächtigen Schneedecke.

Die **Krautweide** *(Abb. 6)* hält unter den Holzpflanzen der Alpen mit 3.300 m den Höhenrekord. Der Stamm und die Äste wachsen unterirdisch. Nur die 1–2 cm großen Blätter sind als grüner Teppich sichtbar. Der Naturforscher Linné bezeichnete die Krautweide einst als „kleinsten Baum der Welt".

In Gesellschaft mit den hier vorgestellten Holzpflanzen findet man auch bestimmte Kräuter und Stauden. Sie sind ebenso gut an die extremen Bedingungen des jeweiligen Standortes angepasst.

Abb. 5 Rostrote Alpenrose

Abb. 6 Krautweide

Abb. 7 Latsche

A1 Informiere dich über weitere typische Arten der verschiedenen Standorte und stelle dein Ergebnis in Tabellenform dar.

4.1 Hartes Gebirgsleben

Abb. 1 Edelweiß

Abb. 2 Gletscherhahnenfuß

Abb. 3 Alpenmannsschild

Pflanzen, die in den Alpen gedeihen, müssen einiges aushalten, denn Wind und Wetter gehen mit ihnen nicht zimperlich um. Um zu überleben, haben sie sich in unterschiedlicher Weise dem extremen Klima der Berge angepasst. Das **Edelweiß** *(Abb. 1)* trägt einen dichten Haarpelz, der die kleinen Blättchen und Blüten überzieht. Er spendet Schatten und schützt vor Kälte und Austrocknung. Gut eingepackt widersteht die Pflanze so den rauen Bedingungen der Hochalpen, wo der Boden oft neun Monate mit Schnee bedeckt ist. Den Gebirgspflanzen bleibt unter solchen Bedingungen nur wenig Zeit, in der sie Nährstoffe aufbauen, wachsen, blühen und Samen bilden können.

Auch in den Sommern sind sie extremen Witterungsverhältnissen ausgesetzt. Innerhalb weniger Stunden kann glühende Hitze – bedingt durch hohe Sonneneinstrahlung – in eisige Kälte umschlagen. Starker Wind reißt Pflanzenteile ab und trägt den Humus davon. Das Regenwasser fließt auf felsigem Grund schnell ab. So müssen die Alpenpflanzen oft gegen Trockenheit kämpfen. Nur in Senken und Spalten im Fels wird der Humus nicht von Wind, Wasser und Schnee mitgenommen. Trotz dieser Bedingungen kommen auf 3.000 m Höhe noch über 100 Pflanzenarten vor. Den **Gletscherhahnenfuß** *(Abb. 2)* findet man sogar in 4.000 m Höhe. Die Pflanze hat oft nur 30 Tage Zeit für ihre aktiven Lebensvorgänge. Deshalb wächst sie sozusagen im Zeitlupentempo. In einem Jahr bildet sie Knospen, die den Winter überdauern, im nächsten blüht sie. Da häufig aber schon kurz nach der Bestäubung der erste Schnee fällt, kann der Samen erst im darauf folgenden Sommer reifen. Eine erfolgreiche Überlebensstrategie in den Höhenlagen ist der **Zwergwuchs**. Deshalb werden viele Alpenpflanzen nur wenige Zentimeter hoch und nutzen somit die Vorteile der Bodennähe. Eine zwergwüchsige Pflanze ist das **Alpenmannsschild** *(Abb. 3)*. Sein Haupttrieb ist stark verzweigt und die Ästchen sind dicht mit Blättern besetzt. Dadurch bildet sich ein rundum geschlossenes, halbkugeliges **Polster**. Sein Inneres ist vor Wind und Sonneneinstrahlung geschützt, sodass sich die Feuchtigkeit darin gut halten kann. Wenn in 3.000 m Höhe das Thermometer im Sommer auf 5 °C klettert, können zwischen den Polsterblättern 30 °C gemessen werden. Polsterpflanzen sind Selbstversorger. Die nach außen wachsenden Triebe schließen die abgestorbenen Pflanzenteile vom Vorjahr ein und es entsteht Humus. Die lange Hauptwurzel wächst tief in Felsspalten und verhindert, dass die Pflanze durch Regen, Wind und Schnee abgetragen wird *(Abb. 4)*.

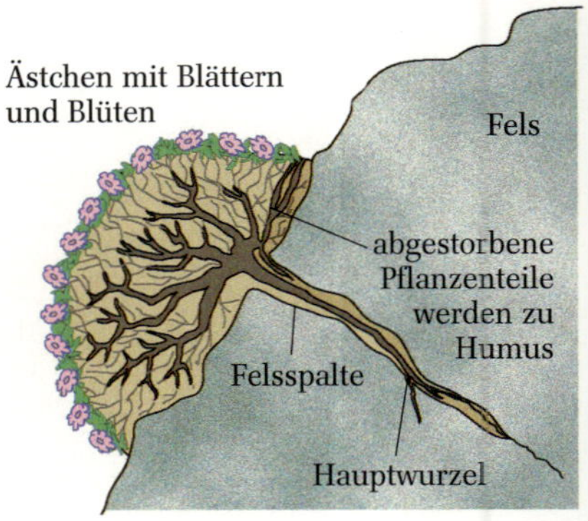

Abb. 4 Verankerung von Polsterpflanzen im Fels

A1 Informiere dich über drei weitere Alpenpflanzen und erstelle einen Steckbrief.

A2 Viele „Alpenpflanzen“ findet man auch in den flachen nördlichen Regionen von Norwegen und Schweden. Erkläre dieses Vorkommen.

4.2 Überleben in der Wüste

Abb. 5 Schirmakazie in der Savanne

In den Wüstenregionen der Erde fällt sehr wenig Niederschlag. Durch die starke Sonneneinstrahlung verdunstet das wenige Wasser, das vorhanden ist, sehr schnell. Dennoch können einige Tier- und Pflanzenarten unter den extremen Bedingungen der Wüste überleben. Ihr Geheimnis ist die **Anpassung**.

Akazien – Bäume der Wüste und der Savanne

Akazien sind stattliche Bäume *(Abb. 5)*. Sie kommen in der Sahara vor allem in trockenen Flusstälern vor. Der unterirdisch wachsende Teil der Akazie, das **Wurzelsystem**, ist wesentlich größer als der überirdische Teil. Die Wurzeln dringen bis in eine Tiefe von 35 m vor und gelangen so in die grundwasserhaltigen Bodenschichten. Während der Trockenphase werden die Blätter abgeworfen. Sie sind klein und fein gegliedert; dadurch kann weniger Wasser über ihrer Oberfläche verdunsten.

Auch in trockenen Savannen kommen Akazien vor. Dort sind sie die Lieblingsspeise von **Giraffen**. Die Akazien wehren sich dagegen, gefressen zu werden. Sie besitzen lange **Dornen** und produzieren ein hoch wirksames **Gift**. Die Giraffen jedoch fischen mit ihrer bis zu 40 cm langen blauen Zunge die Blätter geschickt zwischen den Dornen heraus und wandeln das Gift mithilfe ihres Speichels in einen ungiftigen Stoff um. Erst wenn die den Baum bewohnenden Ameisen die Giraffen in die empfindlichen Nasenlöcher beißen, lassen sie von der Akazie ab.

Kakteen – Wüstenbewohner Mittel- und Südamerikas

Kakteen kommen ursprünglich aus den **Wüstengebieten** Mittel- und Südamerikas. Ihre äußere Form zeigt die Anpassung an trocken-heiße Standorte. Um die Verdunstung zu reduzieren, sind die Blätter zu Dornen umgewandelt, der Stamm ist verdickt und kugel- oder säulenförmig *(Abb. 6)*. Diese Form bietet den Sonnenstrahlen wenig Angriffsfläche. Außerdem fließt das Regenwasser direkt am **Stamm** hinunter und gelangt ohne Umwege in den Bereich der Wurzeln. Innerhalb des Stamms befindet sich ein **Wasserspeichergewebe**. Wenn es regnet, nehmen Kakteen durch ihr großes Wurzelsystem viel Wasser auf und speichern es für Trockenzeiten im Stamm. Eine südamerikanische Kaktusart kann 700 l Wasser speichern. Viele Arten besitzen einen wachsartigen Überzug als Verdunstungsschutz. Die Spaltöffnungen liegen in kleinen Vertiefungen. So kann die Pflanze Kohlenstoffdioxid aufnehmen, ohne viel Wasser zu verlieren. Manche Kakteen verkriechen sich während Trockenperioden sogar im Boden.

Abb. 6 Kaktus

A1 In der 8,6 Mio. Quadratkilometer großen Sahara, der größten Wüste der Erde, kommen ca. 1.400 verschiedene Pflanzenarten vor. Im tropischen Regenwald fanden Wissenschaftler diese Anzahl von Arten auf wenigen Quadratkilometern. Erkläre diesen Unterschied.

A2 Weshalb wachsen Akazien in Flusstälern?

A3 Vergleiche Blätter, Sprossachse, Wurzel und Spaltöffnungen vom Hahnenfuß mit denen eines Kaktus.

A4 Wenige Wochen nach einem Regenguss blüht die Wüste. Wo vorher nur trockener Wüstenboden war, blühen jetzt Millionen von Pflanzen. Erkläre.

A5 Viele Kakteen sind dicht behaart. Welchen Vorteil hat die Behaarung?

A6 Das abgebrochene „Ohr" eines Feigenkaktus wiegt 85 g. Nachdem es zehn Tage an der Sonne lag, wiegt es noch 82 g. Nimm ein frisches großes Blatt von einer Rhabarberpflanze oder Pestwurz, wiege es und lege es auf das Fensterbrett an die Sonne. Wiege es nach zehn Tagen ebenfalls. Erkläre das Ergebnis.

Abb. 1 Schweizer Mannsschild

5 Bedrohte Lebensräume und Artenschutz

Mager- oder Trockenrasen, Feuchtwiesen und Heckensäume werden auch als Landschaftsdenkmäler der Natur bezeichnet. Sie sind Lebensraum hunderter Pflanzen und tausender Tiere *(Tab. 1)*.

Tiergruppe	Trockenrasen	Feuchtwiesen	Heckensäume
Bienen und Hummeln	138	403	44
Schmetterlinge	1.000	60	115
Fliegen	500	500	2.000
Käfer	77	490	800
Heuschrecken	16	403	7
Wanzen	102	219	73
Libellen	–	20	–
Spinnen	50	43	60
Schnecken	35	33	30
Amphibien	–	9	7
Reptilien	8	5	8
Vögel	19	78	50
Säuger	6	10	45
Tierarten insgesamt	2.000	3.500	7.000
Pflanzenarten insgesamt	500	350	1.000

Tab. 1 Archen Noahs des Artenschutzes

Feuchtwiesen, Heckensäume und Trockenrasen sind bei uns bedrohte Lebensräume. Straßenbau, Industrieansiedlungen und Wohngebiete weiten sich immer mehr aus. Auch Tourismus und Sport gehen häufig zu Lasten der Natur. In Deutschland wurden in den letzten 150 Jahren drei Viertel der Feuchtgebiete zerstört, Tümpel und Teiche zugeschüttet und Bäche begradigt. Trockenrasen wurden zersiedelt oder aufgeforstet. Heckensäume mussten Ackerflächen und Erntemaschinen weichen. Das Resultat: Ein Drittel aller Pflanzen der Feuchtwiesen und etwa ein Viertel der Pflanzen, die auf Trockenrasen gedeihen, sind vom Aussterben bedroht.

Die vom Aussterben bedrohten Pflanzen wurden unter **Naturschutz** gestellt. Sie sind damit gesetzlich geschützt und dürfen weder ausgegraben noch gepflückt oder beschädigt werden. Doch das allein reicht nicht aus, um ihr Überleben zu sichern. Deshalb werden **Naturschutzgebiete** ausgewiesen: Hier sind sämtliche Eingriffe in Feuchtgebiete und Trockenrasen verboten und deren Nutzung ist untersagt. Nur notwendige Pflegemaßnahmen kann die Naturschutzbehörde anordnen. Der Naturschutzwart überwacht die Einhaltung der Bestimmungen.

Nicht ganz so streng sind die Vorschriften in **Landschaftsschutzgebieten**; Nutzung ist hier im gewissen Rahmen erlaubt, doch soll die Eigenheit der Landschaft erhalten bleiben.

Hinzu kommen **Renaturierungsmaßnahmen,** z. B. von Baggerseen oder Steinbrüchen, und die Anlage von Biotopen unter enger Zusammenarbeit von Land, Städten, Naturschutzverbänden und Bürgerinitiativen. Ziel ist eine landesweite Vernetzung der Schutzgebiete und Biotope.

A1 Betrachte die Tabelle: Welche Artenzahlen hättest du erwartet, welche sind für dich überraschend?

A2 Erkläre, wieso die Vielfalt der Pflanzenarten mit der Vielfalt der Tierarten einhergeht.

A3 Nenne zwei konkrete Beispiele für die Abhängigkeit einer Tierart von einer bestimmten Pflanzenart.

A4 Erkläre, was der Verlust dieser Lebensräume mit den fast alljährlichen „Jahrhunderthochwassern“ zu tun hat.

! Natur- und Landschaftsschutzgebiete dienen dem Artenschutz.

Abb. 2 Trollblume

Abb. 3 Wiesenschaumkraut

Abb. 4 Wachtelkönig

Abb. 5 Schwalbenschwanz

Abb. 6 Schwalbenwurzenzian

Abb. 7 Blutweiderich

Abb. 8 Küchenschelle

Abb. 9 Sibirische Iris

Abb. 10 Bienen-Ragwurz

Seen verlanden im Laufe von Jahrhunderten, sie werden zu Mooren. Um die Moore herum bilden sich blumenreiche **Feuchtwiesen.** Sie werden zweimal im Jahr gemäht und mäßig mit Festmist gedüngt. Charakterarten sind hier die Trollblume *(Abb. 2)* und das Wiesenschaumkraut *(Abb. 3)*. Da ist auch die stark gefährdete Sibirische Iris *(Abb. 9)* beheimatet. Die Feuchtwiesen sind der Lebensraum für gefährdete Vogelarten wie den Wachtelkönig *(Abb. 4)* oder den Großen Brachvogel und für Schmetterlingsarten wie den Großen Perlmuttfalter.

Abb. 11 Silberdistel

An die Feuchtwiesen schließen sich die **Streuwiesen** an. Sie sind dadurch gekennzeichnet, dass sie nur einmal im Jahr gemäht und nicht gedüngt werden. Das Mähgut wurde früher als Einstreumaterial im Stall verwendet. In Streuwiesen kommen bis zu 200 Pflanzenarten vor, u. a. wachsen dort der Schwalbenwurzenzian *(Abb. 6)* und der Blutweiderich *(Abb. 7)*.

Wirtschaftswiesen werden bis zu sechsmal im Jahr geschnitten und häufig mit Gülle gedüngt. Man findet hier nur noch zwischen 10 und 20 Pflanzenarten. Auch die Tierwelt ist sehr verarmt. Dafür breiten sich Löwenzahn und Wiesenkerbel aus.

Unter Naturfreunden sind die **Trockenrasen** (**Magerrasen**) und **Wacholderheiden** der Schwäbischen und Fränkischen Alb sehr beliebt. Hier blühen noch die Küchenschelle *(Abb. 8)*, das Brand-Knabenkraut, die Bienen-Ragwurz *(Abb. 10)* und die Silberdistel *(Abb. 11)*. Dies ist der Lebensraum des Schwalbenschwanzes *(Abb. 5)*. Wacholderheiden verdanken ihr Dasein der Schafweide. Da sie derzeit kaum rentabel ist und vielfach aufgegeben wird, ist die Wacholderheide gefährdet.

A5 Erkläre den Zusammenhang zwischen der Anzahl der Mahden und der Anzahl der Pflanzenarten.

A6 Wieso bewirkt die intensive Düngung einen Artenrückgang?

A7 Erkläre, wie die Schafweide zur Wacholderheide führt.

A8 Was kannst du zum Naturschutz beitragen?

A9 Wie können private Gärten in die Biotopvernetzung einbezogen werden?

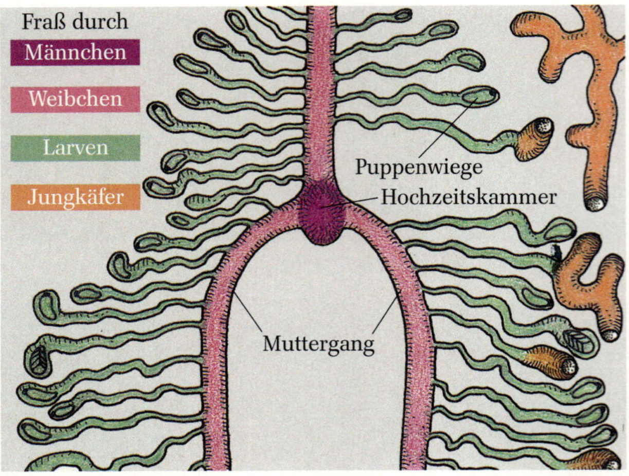

Abb. 1 Das Fraßbild – eine Gemeinschaftsarbeit

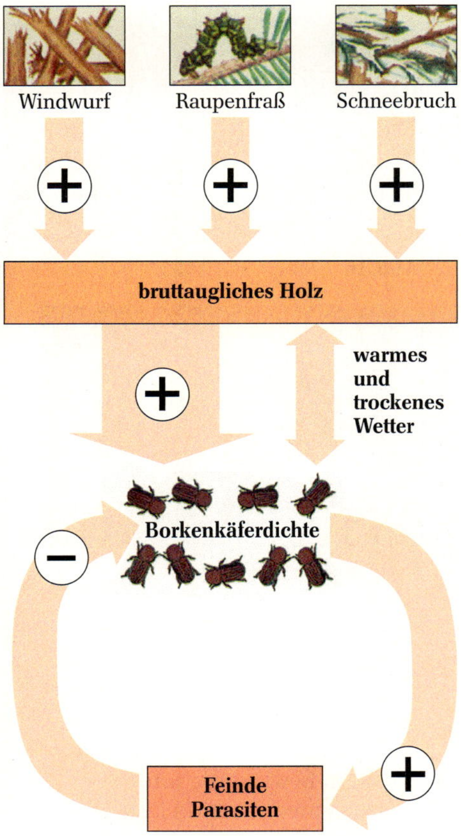

Abb. 2 Regulation der Borkenkäferdichte

A1 Erläutere anhand der Abbildung 2, wodurch die Borkenkäferdichte reguliert wird. Es bedeuten: + fördern, – unterdrücken.

6 Monokulturen: Störung des biologischen Gleichgewichts

Borkenkäfer – gefährliche Waldschädlinge

Unter den Schadinsekten, die den Wald bedrohen, sind die Borkenkäfer besonders gefürchtet. Bei uns richtet der Fichtenborkenkäfer, auch Großer Buchdrucker genannt, in Fichtenforsten großen Schaden an. Wenn dieser Käfer in Massen auftritt, können ganze Forste absterben. In den Jahren 1944–1951 mussten im Gebiet der Bundesrepublik Deutschland 30 Millionen Kubikmeter Holz seinetwegen geschlagen werden. Das entspricht in etwa der jährlich geschlagenen Menge Holz.

Ablauf des Befalls

Männchen des Großen Buchdruckers (4–6 mm lang) bohren sich im Frühjahr einen kurzen Gang in die Rinde der Bäume und höhlen eine Hochzeitskammer *(Abb. 1)* aus. Das Bohrmehl und mit Sexualduftstoffen (Pheromone) vermischter Kot werden an die Stammoberfläche transportiert. Die Duftstoffe locken jetzt Weibchen und weitere Männchen an, die ebenfalls den Baum befallen. Dies geschieht jedoch nur bei trockenem Wetter, bei Temperaturen von 19–20 °C. Etwa 2–4 Weibchen werden in der Hochzeitskammer begattet. Jedes legt einen Muttergang *(Abb. 1)* an, in dessen seitliche Nischen es jeweils ein Ei ablegt. Die Larven fressen sich nach außen und verpuppen sich in der Puppenwiege. Der geschlüpfte Käfer bohrt sich ins Freie. In warmen Sommern können sich die Jungkäfer bereits im selben Jahr vermehren.

Fraßbild und Schädigung des Baumes

Vom Großen Buchdrucker befallene Bäume erkennt man am bräunlichen Bohrmehl am Stammfuß. Im Kronenraum finden sich 1–2 mm große Löcher in der Borke. Auf der Innenseite der Borke bietet sich das in Abbildung 3 gezeigte Bild, das Ergebnis einer Gemeinschaftsarbeit von Altkäfern, Larven und Jungkäfern. Alle leben vom Holz des Baumes. Ein Käfer oder auch ein Dutzend vermag den Baum noch nicht zu schädigen. Ein Massenbefall jedoch trifft ihn an einer empfindlichen Stelle. Durch die Zerstörung der Transportbahnen werden der Wassernachschub in die Krone und der Abtransport von Assimilaten zu Stamm und Wurzeln unterbrochen. Durch die Zerstörungen ist ein Wiederaufbau von Leitungsbahnen nicht möglich. Nadeln und Wurzelhaare sind zwar nicht unmittelbar vom Befall betroffen; da aber ihre Zusammenarbeit unterbunden wird, stirbt der Baum.

Die Buchdrucker befallen einen Baum nur dann in großer Anzahl, wenn er sehr geschwächt und sein Harzfluss sehr gering ist. Denn am gesunden Baum werden die Käfer im reichen Harzfluss der Nadelbäume oft ertränkt.

Natürliche Feinde des Borkenkäfers

Viele räuberische Insektenarten stellen den Käfern und ihren Larven nach. Ein für den Buchdrucker besonders gefährlicher natürlicher Feind ist der Ameisenbuntkäfer, der für 20 % der natürlichen Sterberate dieses Borkenkäfers verantwortlich sein kann. Parasitische Pilze können Larven und Puppen des Buchdruckers befallen, Milben seine Eier. Unter den Vögeln sind Spechte die Hauptfeinde des Käfers.

Besondere Bedeutung in der **biologischen Schädlingsbekämpfung** im Wald haben Ameisen. Die **Roten Waldameisen** und ihre Brut bevorzugen Fleischnahrung. Sie erbeuten Schnecken, Raupen, Insekten und deren Larven – auch die des Buchdruckers. Sie beseitigen die Weichteile von Tierleichen, z. B. von Mäusen. Im Umkreis von etwa 50 m um ein Ameisennest findet man meist keine Schädlinge.
Unter den Roten Waldameisen, die unter Naturschutz stehen, ist die Kleine Rote Waldameise für den Nadelwald besonders wichtig. Diese Ameisenart lässt sich durch künstliche Ableger vermehren. Das geschieht dadurch, dass man Tausende von Arbeiterinnen und einige Königinnen in schädlingsgefährdeten und ameisenfreien Waldteilen ansiedelt. Die jungen Kolonien müssen während der ersten Jahre durch befestigte Hauben aus Drahtgeflecht vor Bruträubern (besonders Spechte) geschützt werden.

Monokultur fördert die Anfälligkeit

Kranke Stämme von Fichten entstehen durch Schneebruch, Windwurf, Raupenfraß oder anhaltende Trockenheit. Die Stämme, die noch nicht völlig abgestorben sind, jedoch im Harzfluss bereits geschwächt, liefern dem Borkenkäfer bruttaugliches Holz. Diese natürlichen Gefahren werden durch Monokulturen noch verstärkt. Da der nächste Baum derselben Art gleich nebenan steht, können sich Schädlinge leicht ausbreiten. In Fichtenmonokulturen kommen ihre natürlicherweise zahlreichen Feinde jedoch nicht alle vor. Insekten fressende Singvögel z. B. meiden in der Regel reine Nadelwälder, weil sie dort nicht nisten können. Dadurch wird das **Beute-Räuber-Verhältnis** unausgewogen. Es kommt zu einer Massenvermehrung der Borkenkäfer, und im befallenen Fichtenforst sterben unzählige Bäume ab. Welche Außeneinflüsse die Borkenkäferdichte in einem Fichtenbestand regulieren, zeigt Abbildung 2 in vereinfachter Form.
Letzten Endes ist der Mensch Ursache für die Störung des **biologischen Gleichgewichts**. Denn er hat – vergleichbar einem Acker – Reinkulturen einer einzigen Baumart, d. h. Monokulturen, angelegt, um nach 80–100 Jahren das Holz „ernten" und verkaufen zu können. Der Mensch hat also in die Natur eingegriffen, ohne das Beziehungsgefüge des biologischen Gleichgewichts zu beachten.

Chemische Schädlingsbekämpfung

Großflächig mit Spritzgeräten oder vom Hubschrauber aus durchgeführt, ist sie zunächst wirkungsvoll. Unübersehbar jedoch sind die Gefahren für Boden und Gewässer, für Pflanze und Tier und damit auch für den Menschen: Die versprühten Giftstoffe töten nicht nur die Schädlinge, sondern auch andere Lebenswesen, darunter natürliche Feinde des Schädlings. Das biologische Gleichgewicht kann empfindlich gestört werden.
Einige Schädlinge überleben; sie sind resistent gegen das Gift. Auch ihre Nachkommen können diese **Resistenz** aufweisen.
Pflanzenschutzgifte gegen Insektenfraß dringen in die Pflanze ein; fressen giftresistente Insektenraupen daran, die ihrerseits von Insekten fressenden Vögeln verspeist werden, so reichert sich das Gift zunächst in den Insekten und anschließend noch mehr in den Vögeln an, die Tausende Insekten fressen *(Abb. 4)*. Die Giftkonzentration kann schließlich für das Endglied in einer Nahrungskette lebensbedrohend werden. Auch der Mensch ist Endglied vieler Nahrungsketten.

Abb. 3 Fraßbild des Buchdruckers

Abb. 4 Anreicherung von Giftstoffen in einer Nahrungskette

A2 Erläutere an jeweils einem Beispiel das Prinzip der chemischen und der biologischen Schädlingsbekämpfung.

A3 Der Schweizer Chemiker P. H. Müller entdeckte 1939 DDT als ein hochwirksames Insektengift (Insektizid), was ihm den Medizin-Nobelpreis einbrachte. Mittlerweile ist die Substanz in Verruf geraten. Recherchiert in Gruppen- oder Partnerarbeit, warum, und welche Folgen der Einsatz dieses Insektizides hatte und hat!

A4 Integrierte Schädlingsbekämpfung ist eine Kombination von biologischen und chemischen Methoden. Informiert euch an Beispielen über das Vorgehen und die Erfolge. Welche Argumente sprechen dafür?

6.1 Schädlinge und Nützlinge

Abb. 1 Blattläuse saugen Pflanzensaft

Abb. 2 Blattläuse melkende Ameisen

A1 Erläutere, warum sich Blattläuse in relativ kurzer Zeit massenhaft vermehren können.

A2 Sind die Ameisen Feinde, Nutznießer oder Förderer der Blattläuse? Erläutere.

A3 Schlag nach: Sind Ameisen aus der Sicht des Menschen Nützlinge oder Schädlinge?

Insekten ernähren sich von Pflanzen oder Tieren. Durch das überreiche Nahrungsangebot in großen, einheitlichen Nutzpflanzenkulturen kann es, wie wir eben gesehen haben, zur massenhaften Vermehrung bestimmter Insektenarten kommen. Ernteschäden, sogar Ernteausfälle können die Folge sein. Solche Insekten werden deshalb auch **Schädlinge** genannt.

Viele Insektenarten sind Fleischfresser, die sich hauptsächlich von Pflanzen fressenden Insekten ernähren. Man bezeichnet diese Tiere als **Nützlinge**. Mit der Vermehrung der Schädlinge steigt die Zahl der Fleisch fressenden Insekten rapide an. Die Zahl der Nützlinge ist also abhängig von der Anzahl der Schädlinge. Nützlinge und Schädlinge beeinflussen sich wechselseitig: Es besteht eine **Wechselwirkung** zwischen diesen Insekten.

Das Beispiel Blattlaus

In den Sommermonaten findet man Blattläuse oft zu Hunderten eng beieinander auf Blättern und Stängeln *(Abb. 1)*. Sie sind nur wenige Millimeter groß. Mit ihren langen Stech-Saugrüsseln bohren sie die Pflanzen an und saugen Pflanzensäfte. Um ihren Eiweißbedarf abzudecken, müssen sie große Mengen Pflanzensaft aufnehmen. Der überschüssige Zucker wird als flüssiger Kot ausgeschieden. Dieser „Honigtau" ist wiederum Nahrung für Bienen, Ameisen und andere Insekten *(Abb. 2)*.
Blattläuse verursachen schwere Schäden an den Pflanzen. Ihre Saugtätigkeit führt zur Verkrüppelungen und Gelbfärbungen der meist jungen Blätter.
Zu den natürlichen Feinden der Blattläuse zählen die Florfliege, der Marienkäfer, die Schlupfwespe und der Ohrwurm.

Entwicklung der Blattlaus

Die Entwicklung der Blattläuse zeigt Besonderheiten: Im Frühjahr schlüpfen aus den Wintereiern nur weibliche, flügellose Blattläuse. Diese Stammmütter gebären ohne vorausgehende Paarung alle 14 Tage 20–50 Larven, die schon wieder Embryonen in sich tragen. Dadurch kommt es zur Massenvermehrung der Blattläuse. Bei Nahrungsmangel entstehen geflügelte Weibchen, die neue Wirtspflanzen aufsuchen können. Im Herbst entwickeln sich geflügelte Männchen. Nach der Paarung legen die Weibchen befruchtete Eier ab, die überwintern.

Marienkäfer

Marienkäfer *(Abb. 3)* sind im Garten gern gesehen, weil sowohl ihre bunt gefärbten Larven wie auch die ausgewachsenen Käfer Blattläuse vertilgen. Mit ihren beißend-kauenden Mundwerkzeugen fressen sie Hunderte davon.
Ihr meist nur 5–8 mm großer Körper ist auf der Oberseite orange oder rot gefärbt mit schwarzen Punkten. Marienkäfer stellen sich bei Berührung tot. Bei Gefahr scheiden sie einen gelben, übel riechenden und schlecht schmeckenden Körpersaft aus, der sie vor vielen Feinden schützt.

Abb. 3 Marienkäfer

Abb. 5
Blattläuse

Abb. 6 Florfliege

Abb. 4 Ohrwurm

Abb. 7 Schlupfwespe

Florfliegen

Florfliegen *(Abb. 6)* suchen nachts mit ihren langen Fühlern Blattläuse, die sie mit ihren beißend-kauenden Mundwerkzeugen auffressen. Die Larven, auch Blattlauslöwen genannt, spießen mit ihren großen Kieferzangen Blattläuse auf und saugen sie aus.
Florfliegen sind zarte, leicht grün gefärbte Insekten, deren Körper etwa 1,5 cm lang wird. Ein dichtes Netz von Adern durchzieht ihre Flügel und verleiht ihnen ein florartiges Aussehen. Nach ihren goldglänzenden Facettenaugen werden sie auch „Goldaugen" genannt. Viele erwachsene Tiere überwintern in unseren Wohnungen. Bei Gefahr sondern Florfliegen einen übel riechenden Stoff aus ihren Stinkdrüsen ab.

Ohrwürmer

Ohrwürmer *(Abb. 4)* sind Allesfresser, d. h., sie fressen sowohl pflanzliche wie tierische Nahrung. Junge Ohrwürmer fressen etwa 50 Blattläuse in einer Nacht, erwachsene bis zu 120.
Der Ohrwurm ist 9–20 mm groß und kastanienbraun gefärbt. Er hat stark verkürzte und verhärtete Flügeldecken. Warum das Tier den Namen „Ohrwurm" hat, ist unklar. Falsch ist die verbreitete Ansicht, dass der Ohrwurm gern in menschliche Ohren schlüpft. Er verträgt das bittere Ohrenschmalz überhaupt nicht. Möglicherweise hat er seinen Namen aufgrund der Form der Hinterflügel, die an ein menschliches Ohr erinnern.

Schlupfwespen

Schlupfwespen *(Abb. 7)* haben meist einen schlanken Körper, der dunkel gefärbt ist. Sie werden 20–30 mm groß. Ihr Hinterleib ist durch eine „Wespentaille" von der Brust abgegrenzt. Erwachsene Tiere ernähren sich von süßen Pflanzensäften, die sie auflecken. Die Weibchen bestimmter Schlupfwespenarten stechen Blattläuse an und legen jeweils ein Ei in eine Blattlaus. Daraus schlüpft die Larve, die sich von den inneren Organen der Blattlaus ernährt, bis sie die leere Blatthaushülle verlässt und sich in einem gelben Kokon verpuppt.

A4 Sind Marienkäfer Räuber?

A5 Ohrwürmer haben mächtige Hinterleibszangen. Wozu dienen sie?

7 Gefährdung der Insekten

Viele einheimische Insektenarten sind bereits ausgestorben oder stehen auf der Roten Liste gefährdeter Tiere. Die Gründe hierfür sind vielschichtig: Der Lebensraum für Insekten nimmt stark ab. Für „Unkräuter“ ist kein Platz in der Landwirtschaft. Selten finden wir heute noch unbehandelte, naturbelassene Flächen. Die auf die Felder ausgebrachten Düngemittel, Unkrautvernichtungsmittel (Herbizide) und Insektenbekämpfungsmittel (Insektizide) gelangen in erheblichen Mengen auch auf die Feld- und Wegränder. Sie verändern nicht nur die ursprüngliche Pflanzenwelt, sondern vernichten auch viele Insekten. Fehlende Brutplätze und vor allem der Rückgang der Blütenvielfalt sind die häufigsten Ursachen für die Verschlechterung ihrer Lebensbedingungen.

Abb. 1 Schwalbenschwanz

A1 Erkläre, warum häufiges Mähen der Wiesen und Rasenflächen den Schmetterlingen schadet.

Schmetterlinge

Die Futterpflanzen für Schmetterlingsraupen werden immer weniger. Die erwachsenen Schmetterlinge suchen oft vergeblich nach Nektar. Von 3.500 einheimischen Schmetterlingsarten sind 34 Arten ausgestorben und 530 Arten, z.B. der Schwalbenschwanz *(Abb. 1)*, gefährdet.

Bienen

Die Familie der Bienen, zu denen die Wildbienen und Hummeln zählen, ist in Deutschland mit 547 Arten vertreten. 29 Arten sind bereits ausgestorben; weitere 255 Arten stehen auf der Roten Liste.

Abb. 2 Mauerbiene

A2 Vergleiche Mauerbiene und Honigbiene in ihrer Lebensweise.

Wildbienen

In Gegenden, in denen keine Honigbienen fliegen, sind sie für die Bestäubung sehr vieler Nutzpflanzen verantwortlich. Die Mehrzahl der heimischen Wildbienenarten, z.B. die Mauerbiene *(Abb. 2)*, lebt einzeln. Sie werden meist vier bis sechs Wochen alt. Alle Tiere gelangen zur Geschlechtsreife. Nach der Paarung im Frühjahr legen die Weibchen 20 – 40 Eier in Mauerlücken, Lehmwänden, morschem Holz oder Pflanzenstängeln ab. Dazu errichten sie mehrere Brutkammern und tragen Pollen und Nektar ein. Auf diesen Futtervorrat legen sie ein Ei. Die Kammern verschließen sie mit Speichel und Lehm. Im nächsten Frühjahr schlüpfen die erwachsenen Tiere aus der Puppenhülle und verlassen das Nest.

Abb. 3 Hummel

A3 Was kannst du tun, um die Lebensbedingungen für die Hummeln zu verbessern?

Hummeln

Die Zahl vieler Hummelarten hat alarmierend abgenommen; zum Teil sind sie vom Aussterben bedroht. Dabei werden gerade unsere Kulturpflanzen sehr häufig von Hummeln *(Abb. 3)* bestäubt. Geschützt durch ihren dichten Haarpelz, können sie selbst bei kalten Temperaturen, Regen und Wind Pollen und Nektar sammeln.

Hummeln sind soziale Bienen, die in Sommerstaaten mit 100 – 300 Tieren leben. Im Frühjahr sucht die Königin unter Grasbüscheln oder in verlassenen Mäuse- und Maulwurfslöchern einen Nistplatz. Die ersten Eier versorgt sie selbst. Dann übernehmen Arbeiterinnen das Sammeln von Pollen und Nektar, die Brutpflege und die Erweiterung des Nestes. Im Sommer legt die Königin befruchtete Eier, aus denen sich Jungköniginnen entwickeln. Gleichzeitig entstehen aus unbefruchteten Eiern Drohnen, die Altkönigin stirbt und das Ende des Sommerstaates naht. Die Jungköniginnen verlassen das Nest, paaren sich mit Drohnen und suchen ein Winterquartier.

Mit Hand und Verstand

Die bedrohten Schmetterlinge, Wildbienen und Hummeln brauchen unsere Hilfe.

Nisthilfen für Erdhummeln

So gehst du vor:

1. Vergrößere mit der Feile das Bodenloch des Blumentopfes, bis es einen Durchmesser von ca. 15 mm hat.
2. Suche einen sonnigen und geschützten Platz im Garten und hebe dort mit dem Spaten ein Loch aus, in das der Topf hineinpasst.
3. Fülle den Topf zur Hälfte mit trockenem Moos und stelle ihn umgedreht in das Erdloch. Fülle mit lockerem Boden so auf, dass der Topf etwa 1 cm aus der Erde ragt. Verteile die vier Steine um den Topf; lege den Dachziegel mit 2 – 3 cm Abstand zum Topf darauf.
4. Beobachte deine Nisthilfe wöchentlich und protokolliere deine Beobachtungen.

Material:
Blumentopf aus Ton (Durchmesser ca. 12 – 15 cm), Feile, Spaten, trockenes Moos, 4 kleine Steine, Dachziegel (oder Steinplatte)

Abb. 1 Brutplatz für Erdhummeln

Nisthilfen für Wildbienen

So gehst du vor:

1. Schneide das Hartholzstück mit der Holzsäge schräg durch. Auf diese Weise erhältst du zwei Nisthilfen.
2. Bohre waagrechte Löcher mit 3 – 8 mm Durchmesser. Die Bohrtiefe sollte das Zehnfache des Bohrdurchmessers betragen (z. B. Durchmesser 8 mm, Tiefe 80 mm). Drehe an der Rückseite des Holzstückes von oben eine Ringschraube ein.
3. Suche einen sonnigen und vor Regen geschützten Platz (z. B. Hauswand, Baum) für deine Nisthilfe und befestige sie etwa in Kopfhöhe mit einem Schraubenhaken.
4. Kontrolliere deine Nisthilfe wöchentlich und protokolliere deine Beobachtungen.

Material:
Hartholzstück aus Buche, Eiche oder Esche (Nadelhölzer sind ungeeignet), Länge ca. 30 cm, Durchmesser ca. 15 cm, Holzsäge, Bohrmaschine, Bohrer mit 3 – 8 mm Durchmesser, Ringschraube, Schraubenhaken

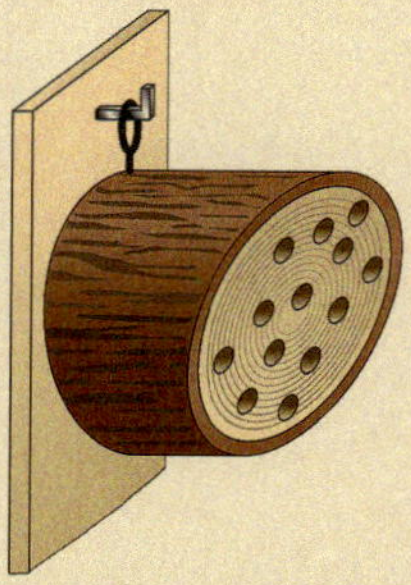

Abb. 2 Hohlräume für Wildbienen

Nahrungspflanzen für Bienen und Schmetterlinge

So gehst du vor:

1. Suche im Garten oder auf dem Schulgelände einen Platz, auf dem Brennnesseln wachsen dürfen. Lockere den Boden und lege blühende Brennnesseln auf die Fläche (Vorsicht! Handschuhe tragen!).
2. Achte darauf, dass im Garten oder auf dem Schulgelände auf Düngung verzichtet und die Rasenfläche nur 1- bis 2-mal im Jahr gemäht wird.
3. Lege eine Blumenwiese an: Besorge dir dazu im Fachgeschäft Samenmischungen mit verschiedenen einheimischen Blütenpflanzen. Lockere und lüfte die Rasenfläche mit einem Rechen. Beachte die Packungshinweise und streue den Samen auf der bearbeiteten Fläche aus.

Material:
Gartenfläche oder Schulgelände, Brennnesseln (blühend), Harke, Rechen, Arbeitshandschuhe, Samenmischungen Blütenpflanzen

Abb. 3 Bienenblumen: Glockenblume

Zuerst ein paar wichtige Hinweise:
- **Regenwürmer sind Lebewesen! Gehe mit den Tieren sorgfältig um. Gönne ihnen Ruhepausen!**
- **Achte darauf, dass der Regenwurm nicht austrocknet.**
- **Wasche dir nach den Versuchen gründlich die Hände.**

Material:
Regenwurm, Präparierschale, Papiertuch, Wasser, Glasrohr (Länge ca. 30 cm, Durchmesser ca. 1 cm), schwarzes Papier, Klebefilm, Tischlampe, Pinsel, Bleistift, eiskaltes Wasser, warmes Wasser, Pipetten, Essig

Abb. 1 Regenwurm im Glasrohr

Reaktionen eines Regenwurms

So gehst du vor:
1. Wickle das schwarze Papier längs um die Glasröhre und klebe es mit dem Klebefilm zu einer Hülse zusammen.
2. Lass den Regenwurm vorsichtig in das Glasrohr kriechen, bis er ganz unter der schwarzen Papierhülse verschwunden ist.
3. Halte das Glasrohr mit dem Wurm jetzt unter die Tischlampe und schiebe die schwarze Papierhülse langsam vorwärts und rückwärts. Was beobachtest du?
4. Lege das Glasrohr auf das feuchte Papier und warte, bis der Regenwurm aus dem Rohr herausgekrochen ist. Klatsche dann über dem Wurm kräftig in die Hände. Wie reagiert er?
5. Berühre das Tier leicht mit Pinsel und Bleistift. Beobachte.
6. Lass mit einer Pipette einen Tropfen eiskaltes Wasser auf den Regenwurm fallen. Wiederhole den Versuch mit warmem Wasser.
7. Tauche den Pinsel in Essig und ziehe einen Kreis um den Regenwurm. Was kannst du sehen?

Material:
Regenwürmer, 2 Einmachgläser, Gartenerde, heller Sand, Wasser, verrottendes Laub, Gaze, Gummiband

In der Erde tut sich was

So gehst du vor:
1. Fülle in beide Einmachgläser etwa 3 cm hellen Sand und befeuchte ihn. Schichte darauf 3 cm Gartenerde und befeuchte sie ebenso. Wiederhole die Schritte in beiden Gefäßen, sodass jeweils vier Schichten vorliegen.
2. Bedecke die oberste Schicht in beiden Gläsern mit verrottendem Laub.
3. Lege jetzt in einem Gefäß drei Regenwürmer auf das verrottende Laub. Das andere Gefäß bleibt ohne Regenwürmer.
4. Stülpe die Gaze über die Öffnung des Glases und befestige sie mit dem Gummiband.
5. Fertige eine Skizze von den Glasgefäßen an und beschrifte sie.
6. Stell die Einmachgläser in einen dunklen und kühlen Raum.
7. Kontrolliere die Glasgefäße alle drei Tage. Protokolliere deine Beobachtungen. Halte die oberste Schicht mit Wasser feucht. Vorsicht! Es darf keine Staunässe am Boden entstehen.
8. Vergleiche die Glasgefäße nach vier Wochen. Was kannst du erkennen? Erkläre deine Beobachtungen.

Abb. 2 Befüllte Einmachgläser mit und ohne Regenwürmer

Wiederholen - Üben und Vertiefen

1. Die Laubblätter von Rotbuchen unterscheiden sich deutlich, je nachdem, ob sie vom Waldrand oder dem Inneren des Waldes stammen. Abbildung 1 zeigt ein Sonnen- bzw. ein Schattenblatt in Aufsicht und Querschnitt. Erarbeite anhand der mikroskopischen Bilder der Querschnitte die Unterschiede zwischen Schatten- und Sonnenblatt und erläutere, worin die jeweilige Angepasstheit besteht.

2. Nicht selten finden wir im Wald einen zerwühlten Ameisenhaufen. Die Federn daneben stammen von einem Grünspecht. Wir können vermuten, was sich hier abgespielt hat. Findest du eine Erklärung dafür?

3. Stelle eine Nahrungskette auf. Folgende Stichwörter können dir helfen: grüne Pflanzen, Insekten, Singvögel, Greifvögel. Setze für die allgemeinen Begriffe bestimmte Arten ein. Stelle Nahrungsketten für weitere Pflanzen und Tiere des Waldes auf.

4. Welche Bedeutung haben die Bodenlebewesen für den Wald?

5. „Der Wald ist der Raum, in dem der Mensch der Massengesellschaft Erholung und Entspannung sucht und findet.“ Der Mensch beansprucht den Wald also für sich. Überlege, welche Ansprüche der Wald an den Menschen stellen muss, damit er auch weiterhin vielen Menschen als Erholungs- und Ruheraum dienen kann.

6. In Gebieten mit schadstoffarmer Luft gelangt nur etwa 1 kg Stickstoff pro Hektar und Jahr aus der Luft auf den Erdboden. Ein Fichtenwald benötigt aber ca. 10 kg pro Hektar und Jahr. Woher stammt der Rest?

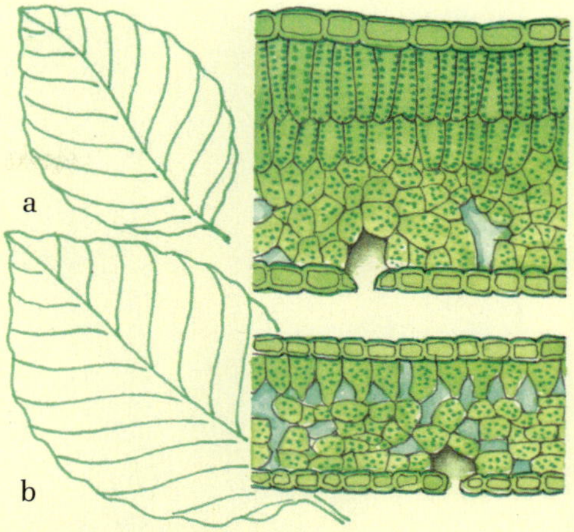

Abb. 1 Rotbuche a) Sonnenblatt, b) Schattenblatt (Aufsicht, Querschnitt)

Für Rechenkünstler

Ein erwachsener Regenwurm mit einer Körpermasse von 16 g frisst täglich im Durchschnitt ebenso viel Erde. 75 % davon wird als feinkrümeliger Kot wieder ausgeschieden, für Pflanzen ein wertvoller Dünger.

1. Welche Menge dieses Düngers produzieren 20 erwachsene Regenwürmer an einem Tag, in einer Woche und in einem Monat?

2. Auf einer Wiese im Donautal leben im Mittel etwa 300 Regenwürmer unter einem Quadratmeter. Welche Bodenmasse können diese Regenwürmer täglich auf 1 Quadratmeter, auf 1 Ar und auf 1 Hektar Wiese fressen und wieder ausscheiden?

In Topfkulturen wurde der Einfluss von Regenwürmern auf das Pflanzenwachstum am Beispiel von Weizenhalmen und Weizenkörnern untersucht. In den Abbildungen 2 und 3 sind die Ergebnisse dieser Untersuchung dargestellt.

3. Übertrage die Ergebnisse in dein Heft (Tabelle) und erkläre sie.

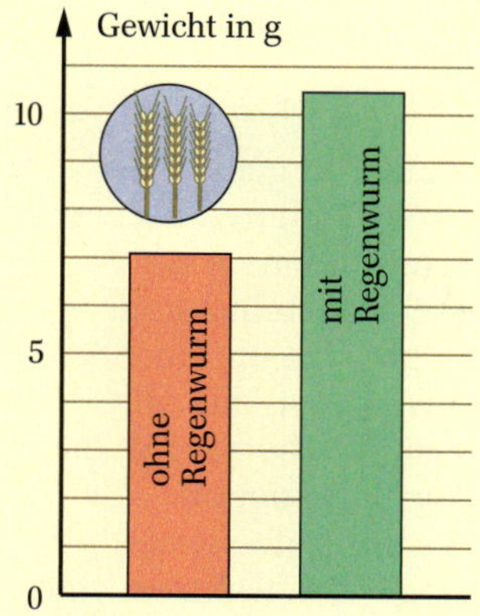

Abb. 2 Diagramm Weizenhalme

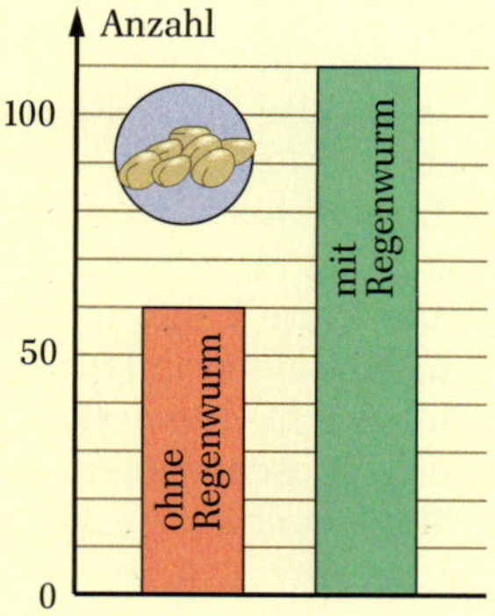

Abb. 3 Diagramm Weizenkörner

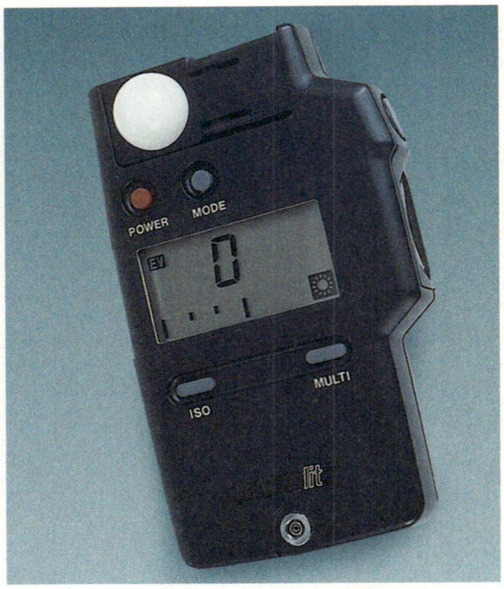

Abb. 1 Luxmeter

Abb. 2 Das Landkärtchen
a) Frühlings-, **b)** Sommerform

A1 Stelle aus den genannten Daten der Vogelstimmenuhr eine Übersicht zusammen, in der die Zeiten besser erkennbar sind. Wähle dir einen Tag im Kalender (Frühling bis Herbst) aus und berechne, um welche Uhrzeit die jeweilige Vogelart beginnt.
Wenn man exakt aufzeichnet, wann die Vögel z. B. während eines Monats zu singen beginnen, zeigen sich Abweichungen. Woran könnte das liegen?

A2 Moderne Kameras haben eine Automatik, sodass der Benutzer in der Regel nicht mehr erfährt, welche Lichtverhältnisse die Kamera in Lux misst. Wenn ihr zu Hause noch eine ältere Kamera habt, dann schätze damit die Lichtverhältnisse an verschiedenen Orten anhand der vorgeschlagenen Blende/Belichtungszeit ab! Exakte Ergebnisse bringt natürlich ein Luxmeter.

8 Abiotische Faktoren

Abiotische Faktoren haben schon mehrmals in diesem Buch eine Rolle gespielt; nur der Begriff selbst wurde noch nicht verwendet. So wurden z. B. Licht- und Schattenblätter erwähnt (S. 109), die Temperaturabhängigkeit der Keimung (S. 20) oder Anpassungen an Klima und Licht (S. 74/75). Abiotische Faktoren (Ökofaktoren) beschreiben die physikalisch-chemischen Umweltbedingungen. Wenn sich ihr Fehlen nicht durch einen Überschuss an anderen Faktoren kompensieren lässt, spricht man von Minimumfaktoren.

8.1 Ökofaktor Licht

Im Kapitel „Photosynthese und Zellatmung" ist bereits deutlich geworden, welche grundlegende Bedeutung Licht für das Leben auf der Erde hat. Licht spielt für viele Vorgänge eine Rolle; es beeinflusst die Entwicklung, das Wachstum und das Verhalten von Organismen. Die Helligkeit von Licht wird mit einem **Luxmeter** *(Abb. 1)* gemessen.

Das **Landkärtchen** haben wir bereits im letzten Jahr kennengelernt. Es gibt diesen einheimischen Schmetterling in zwei unterschiedlich gefärbten Formen: eine rotgelbe mit schwarzen Flecken im Frühjahr und eine schwarzbraune mit hellen Flecken im Sommer *(Abb. 2)*. Früher hielt man sie für verschiedene Arten. Heute weiß man, dass die Färbung sowohl von der Temperatur als auch davon abhängt, wie lange die Raupen des Landkärtchens dem Licht ausgesetzt sind. Bei kühlen Temperaturen und 8 Stunden Helligkeit entsteht die Frühjahrsform, bei wärmeren Temperaturen und 16 Stunden Helligkeit die Sommerform. Das Auftreten zweier äußerer Gestalten nennt man **Dimorphismus**; in diesem Fall spricht man von Saisondimorphismus, da der Gestaltwandel von den Jahreszeiten abhängt.

Bei **Menschen** zeigen u. a. Körpertemperatur, Stoffwechsel, Schlafzeiten und Konzentrationsfähigkeit eine deutliche Tagesrhythmik. Bei Unfallstatistiken im Straßenverkehr und in der Produktion, aber auch bei der Wirkung von Arzneimitteln lässt sich die Tagesrhythmik nachweisen.

An der Tageslänge orientieren sich Tiere in ihrem Balz- und Brutverhalten, bei jahreszeitlichen Wanderungen (Vogelzug) oder bei der Umstellung auf den Winter (Winterschlaf; zusätzlich temperaturgesteuert). Bei vielen Tierarten lässt sich auch eine Tagesrhythmik nachweisen. Untersuchungen haben gezeigt, dass das künstlich verlängerte Lichtangebot in unseren Städten sowohl das Verhalten von Pflanzen verändert (z. B. Blühtermine, Laubfall) als auch den Rhythmus von Tieren (Brutgeschehen bei Vögeln) beeinflusst.

Nur Frühaufsteher können sich nach der **Vogelstimmenuhr** richten: Zuerst beginnen die Gartenrotschwänze das Konzert 90 Minuten vor Sonnenaufgang; es folgen Rotkehlchen 10 Minuten, Amseln nochmals 5 Minuten später, der Zaunkönig weitere 5 Minuten danach. Der Kuckuck lässt sich 10 Minuten länger Zeit als der Zaunkönig; die Kohlmeise folgt mit ihrem Gesang 50 Minuten vor Sonnenaufgang. Wiederum jeweils 10 Minuten später hört man Zilpzalp und Buchfink. Haussperlinge hingegen beginnen 10 Minuten vor Sonnenaufgang. Den verschlafen die Stare: Man hört sie erst 10 Minuten danach.

Für die weitere zeitliche Orientierung über den Tag hinweg sorgen die Blütenpflanzen; beispielsweise sind Kürbisblüten von 5 bis 15 Uhr geöffnet, Blüten des Waldsauerklees von 10 bis 16 Uhr; die Sumpfdotterblume ist von 8 bis 21 Uhr geöffnet, der Klatschmohn von 5 bis 18 Uhr, der Huflattich von 7 bis 16 Uhr (jeweils auf die Sonnenzeit bezogen). Ihren Sinn finden diese unterschiedlichen „Öffnungszeiten" einmal darin, dass bestäubenden Insekten eine längere Futtersuche ermöglicht wird. Außerdem wird die Konkurrenz unter den Blütenpflanzen so verringert.
Der schwedische Naturwissenschaftler Carl von Linné hat 1745 die erste „Blumenuhr" angelegt *(Abb. 3)*.

Abb. 3 Carl von Linné: Blumenuhr

Von **Langtagpflanzen** (beispielsweise Getreide, Zuckerrüben und Salat) und **Kurztagpflanzen** (wie Hirse, Baumwolle oder Dahlien) haben wir schon gehört. Die einen blühen erst, wenn sie während einer lichtempfindlichen Entwicklungsphase täglich länger dem Licht ausgesetzt sind als es ihrer kritischen Tageslänge entspricht, die anderen, wenn während der lichtsensiblen Phase die kritische Tageslänge unterschritten wird. **Tagneutrale Pflanzen** (wie Tomate, Sonnenblume oder Gänseblümchen) lassen sich beim Blühen von der Tageslänge nicht beeinflussen.

Abb. 4 Austreibende Kartoffeln, **a** ohne Licht, **b** mit Licht

Dass die Photosyntheserate grundsätzlich von der Lichtintensität abhängig ist, haben wir bereits gesehen (S. 75, S. 84). Wir wollen diesen Zusammenhang ein wenig genauer betrachten. Man spricht beim Licht, dem eine Pflanze ausgesetzt ist, vom **relativen Lichtgenuss** und meint damit das Verhältnis der Lichtstärke am Standort zur Lichtstärke an einem völlig unbeschatteten Ort in gleicher Lage und zur gleichen Uhrzeit.

Lichtpflanzen sind auf hohen Lichtgenuss angewiesen, **Schattenpflanzen** kommen mit geringem aus. Moose, Flechten und Luftalgen können noch bei einem Lichtgenuss (L) von 0,5 – 0,1 % existieren; höhere Schattenkräuter benötigen 1 – 2 % L. Buche, Sonnenkräuter und Weizen stehen für die Mehrzahl unserer höheren Pflanzen; sie benötigen einen L-Wert von 10 bis etwa 30 %. Heimische Lichtpflanzen wie die Scharfe Fetthenne ($L > 50\,\%$) oder der Wiesensalbei ($L > 30\,\%$, bei 20 % nur noch steril) leiten über zu den (sub)tropischen Sonnenspezialisten.

Je nach den Lichtverhältnissen können Pflanzen auch ihre Gestalt ändern. Die Sprosse austreibender Kartoffeln sehen im Dunkeln und im Licht völlig unterschiedlich aus *(Abb. 4)*. Der langgestreckte Wuchs und die blasse Farbe des im Dunkeln getriebenen Sprosses werden als Vergeilung bezeichnet.
Bei Gebirgspflanzen zerstört der hohe UV-Anteil des Lichtes den zum Streckungswachstum nötigen Wuchsstoff Auxin. Sie sind daher niedrig; beim Umpflanzen in die Ebene werden sie hochwüchsig.

A3 Wie ziehen Gärtnereien die Langtagpflanze Kopfsalat ertragreicher im Frühjahr/Herbst, also an kurzen Tagen? Wie lassen sie die Kurztagpflanzen Chrysanthemen früher blühen?

A4 Vergleiche die beiden Sprossformen in Abbildung 4. Welchen Nutzen könnte die Vergeilung für die Pflanze haben?

! Abiotische Faktoren (Ökofaktoren beschreiben die physikalisch-chemischen Umweltbedingungen.

8.2 Ökofaktor Temperatur

Abb. 1 Bergeidechse

Viele lebensnotwendige Stoffwechselprozesse sind auf ausreichende Wärmezufuhr angewiesen; Beispiele sind die Atmung, viele Wachstumsprozesse und die Photosynthese. Die Temperatur beeinflusst die Reaktionsgeschwindigkeit von Stoffwechselprozessen, die Entwicklung und die Aktivität von Organismen. Außerhalb bestimmter Toleranzbereiche kann kein Leben existieren.

Auch der Minimumfaktor Temperatur begegnet uns nicht das erste Mal; wir haben davon gehört beim Jahresgang der Pflanzen (S. 10), beim Keimen von Samen (S. 20), bei der Pasteurisierung (S. 80) oder der Temperaturabhängigkeit der Photosyntheseleistung (S. 84). Dass auch Tiere temperaturabhängig sind, erkennen wir z. B. an Winterfell, Winterruhe oder Winterschlaf; wir kennen bereits die wechselwarmen Amphibien, Reptilien und Fische. Auch Wirbellose sind **wechselwarm**.

Wechselwarme Tiere

Die wechselwarme Bergeidechse *(Abb. 1)* richtet ihren flachen Körper bei kühlem Wetter an günstigen Stellen senkrecht zu den Sonnenstrahlen aus. Erreicht sie ihre Vorzugstemperatur von 37 °C, so meidet sie die Sonne. Bei weiterem Temperaturanstieg würde sie in Wärmestarre verfallen und dann den Hitzetod erleiden.

Im Herbst sucht sich die Bergeidechse einen frostfreien Überwinterungsplatz und fällt in die **Kältestarre**. Alle Lebensvorgänge werden dabei auf annähernd null zurückgefahren, sodass das Tier nicht mehr aufwachen kann. Es wird keine Nahrung aufgenommen und fast keine Energie verbraucht. Herzschlag und Atemfrequenz sind während der Kältestarre wechselwarmer Tiere meist sehr gering. Im Frühjahr erwacht die Bergeidechse mit den steigenden Temperaturen aus ihrer Kältestarre und sucht nach warmen Sonnenstrahlen.

Abb. 2 Fächelnde Bienen

Die Kältetoleranz wechselwarmer Tiere ist sehr unterschiedlich. Regenwürmer erleiden den Kältetod schon bei wenigen, Insekten erst bei über 10 bis 30 Minusgraden.

Teichmolche verbringen 3 bis 4 Monate, Blindschleichen und Kreuzottern 4 bis 5 Monate, Laubfrösche und Zauneidechsen 5 bis 6 Monate im Zustand einer Winterstarre.

Höhere soziale Insekten, wie Honigbienen oder Waldameisen, können den Ökofaktor Temperatur teilweise kontrollieren. Sie können im Bau bzw. Nest eine geregelte, erhöhte Temperatur schaffen und so kürzere Kaltwetterperioden oder Temperaturschwankungen zwischen Tag und Nacht gut überstehen. Allerdings müssen auch sie eine Winterruhe halten. Der Zeitpunkt dafür wird in der Regel durch eine „innere Uhr" (endogener Faktor) sowie äußere Bedingungen wie Wetter und Temperatur (exogene Faktoren) bestimmt.

Bei warmem Wetter sind beispielsweise Bienen sehr darauf bedacht, die Temperatur im Stock nicht zu hoch werden zu lassen. Steigt sie deutlich über die optimalen 37 °C an, fächelt ein Teil des Bienenvolkes als lebender Ventilator Frischluft in den Bau *(Abb. 2)*.

Eine ganz andere Reaktion auf Temperatur zeigen die Riffschildkröten: zunächst nahm man an, dass das Geschlecht der Nachkommen genetisch vorbestimmt sei. Inzwischen wurde der entscheidende Einfluss der Temperatur erkannt: Eine durchschnittliche Temperatur um 30 °C

A1 Ein arktischer Laufkäfer hat 22 % Glycerin (Alkohol) in seiner Körperflüssigkeit und hält so Temperaturen aus, die in der Natur bis −50 °C betragen können. Experimentell sind sogar bis zu −80 °C nachgewiesen. Findest du eine Erklärung dafür?

A2 Wieso sind Landwirte und Gärtner von milden Wintern nicht begeistert?

bringt annähernd die gleiche Anzahl von Männchen und Weibchen hervor. Unter 26 °C dominieren die männlichen Nachkommen, deutlich über 30 °C die weiblichen. Solche Abhängigkeiten scheint es bei einer ganzen Reihe von Reptilien zu geben.

Gleichwarme Tiere

Sie sind in ihren Lebensaktivitäten weitgehend unabhängig von der Außentemperatur. Nur Vögel und Säugetiere sind gleichwarm. Um eine gleich bleibende Körpertemperatur zu erreichen, wird ein Teil der aus Nährstoffen erzeugten Energie in Wärme umgewandelt. Deswegen benötigen gleichwarme Tiere zur Aufrechterhaltung ihrer Körpertemperatur eine größere Nahrungsmenge als vergleichbar große wechselwarme Tiere.

Schon 1847 fiel dem Physiologen Carl Bergmann auf, dass bei verwandten Säugern und Vögeln in kälteren Gebieten größere Arten (oder Rassen) zu finden sind als in wärmeren Gebieten. Diese Beobachtung bestätigte sich von Skandinavien über Mitteleuropa bis zu den Mittelmeerländern für zahlreiche gleichwarme Tiere wie Füchse, Rehe, Wölfe, Wildschweine, Bären oder Bussarde. Sie ist heute als **Bergmann-Regel** bekannt.
Während der Stoffwechsel und damit die Wärmeproduktion vom Volumen der Tiere abhängt, ist für die Wärmeabgabe ihre Oberfläche maßgebend. Bei Größenzunahme steigt das Volumen der Tiere mit der dritten Potenz, die Oberfläche aber nur im Quadrat. Diese mathematische Gesetzmäßgkeit erklärt die Bergmann-Regel.
Nicht immer wirkt sich die Temperatur auf die Größe von gleichwarmen Tieren aus, da die Arten stets an eine Vielzahl von Umweltfaktoren angepasst sind. So kommen in den Tropen große und kleine verwandte Tiere nebeneinander vor, z. B. bei den Huftieren.

Die **Herz-Gewichts-Regel** oder Hesse'sche Regel bringt zum Ausdruck, dass das relative Herzgewicht bei gleichwarmen Arten zu kälteren Gebieten hin zunimmt. In Gramm pro Kilogramm Körpergewicht angegeben, findet man bei Haussperlingen folgende Werte: Tübingen 13,1, Hamburg 14,0 und Sankt Petersburg 15,7.

Um den Winter besser überstehen zu können, fressen sich manche Säugetiere Fettreserven an und fallen in **Winterschlaf** (Fledermäuse, Murmeltiere, Hamster) oder **Winterruhe** (Dachs, Eichhörnchen, Braunbär). Von Winterschlaf spricht man, wenn die Körpertemperatur abgesenkt wird, von Winterruhe, wenn dies nicht der Fall ist.
Bei Murmeltieren dauert der Winterschlaf, abhängig von äußeren Bedingungen wie der Umgebungstemperatur, 6 bis 9 Monate. Die Körpertemperatur der Tiere fällt von 39 °C auf 7 bis 9 °C ab, bleibt aber immer über dem Gefrierpunkt. Pro Minute erfolgen statt 100 nur noch 5 Herzschläge und nur 1 bis 3 Atemzüge.
Die Baue der Tiere können, bedingt durch den felsigen Lebensraum, kaum mehr als 3 Meter in die Tiefe gehen; die Überlebensrate sinkt daher drastisch bei sehr niedrigen Außentemperaturen, insbesondere, wenn gleichzeitig Schneearmut herrscht. Im Gegensatz zu anderen Winterschläfern überwintert eine Murmeltiersippe stets gemeinsam; die Elterntiere dulden also mehrere Generationen von Jungtieren im Revier. Wenn die Temperatur im Bau an den Gefrierpunkt herankommt, erwachen die Tiere und steigern ihre Körpertemperatur durch Muskelzittern *(Abb. 3)*.

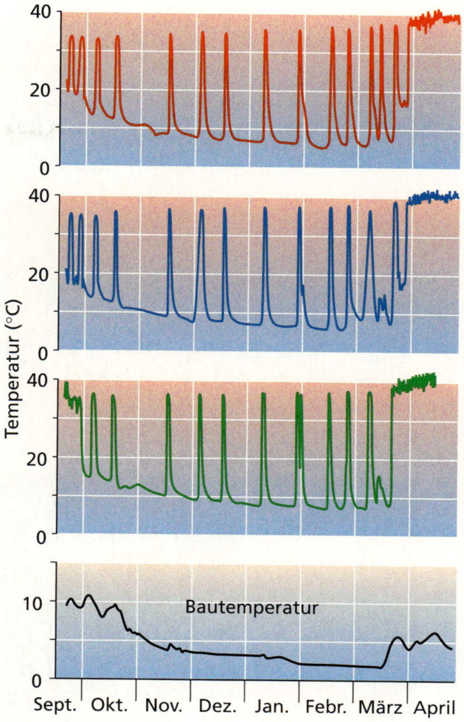

Abb. 3 Bautemperatur und Körpertemperatur von drei Murmeltieren während des Winterschlafs

A3 Was sind die Vorteile, was die Nachteile von gleich- bzw. wechselwarmen Tieren?

A4 Vergleiche Winterruher und Winterschläfer hinsichtlich ihrer Stoffwechselaktivität, Körpertemperatur und Gefährdung.

A5 Recherchiere das jeweilige Körpergewicht einiger verwandter Arten, die in mehreren Klimazonen vorkommen (z. B. Füchse oder Bären).

8.3 Weitere abiotische Faktoren

Abb. 1 Birken auf dauernassem Boden

Abb. 2 Universalindikatorpapier

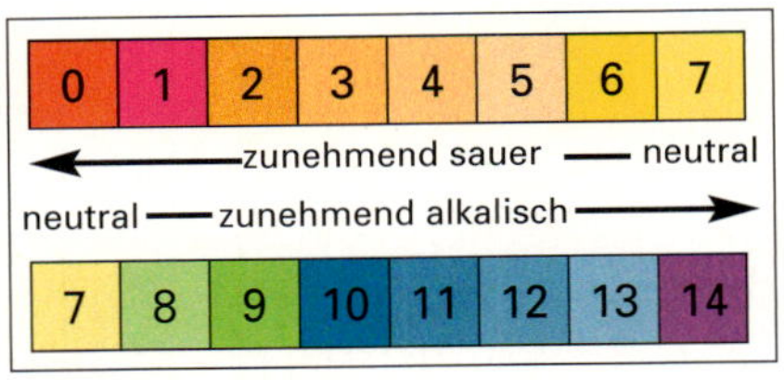

Abb. 3 pH-Skala

Abb. 4 Hopfenanbau

A1 Warum tragen Chemiker beim Arbeiten mit Säuren oder Laugen eine Schutzbrille?

Ein insbesondere für das pflanzliche Leben bedeutender abiotischer Faktor ist die **Bodenqualität**. Auf unterschiedlichen Böden gedeihen unterschiedliche Pflanzen. Birken wachsen beispielsweise gut im sauren Moorboden *(Abb. 1)*, während Kiefern in einem sandigen Boden besser gedeihen.

Säure und Lauge

Wovon ist die Rede, wenn ein Gärtner oder Bauer von „saurem" Boden spricht? Die Begriffe „Säure" und „Lauge" kennst du z. B. von der Zitronensäure oder der Laugenbrezel. Der Geschmack von Säuren ist dir vertraut: Viele Früchte enthalten Fruchtsäuren, Mineralwasser oder Limonade erfrischen durch prickelnde Kohlensäure. Laugen haben einen scharfen, brennenden Geschmack und fühlen sich auf der Haut seifig an. Der Chemiker nennt sie **alkalisch**. Sie sind in Nahrungsmitteln eher selten zu finden, in Wasch- und Reinigungsmitteln hingegen häufig.

Manche Farbstoffe verändern ihre Farbe in saurer oder alkalischer Umgebung; sie sind Indikatoren (von lat. indicare – anzeigen). Schwarztee ist ein solcher Indikator; sicher hast du schon bemerkt, was geschieht, wenn man Zitrone hinzugibt. Auch Blaukraut verändert seine Farbe beim Zugeben von Säuren und Laugen.
Mit einem **Universalindikatorpapier** *(Abb. 2)* kann man angeben, wie stark sauer oder alkalisch eine Lösung ist. Die Maßeinheit ist der pH-Wert; die Messskala reicht von 0 bis 14. Der Wert 7 bedeutet neutral, kleiner als 7 bedeutet sauer, größer als 7 alkalisch *(Abb. 3)*.
Säuren und Laugen können starke Verätzungen hervorrufen. **Teste deswegen den pH-Wert niemals über den Geschmack!**

Bodenqualität

„Boden" besteht aus Gesteinsanteilen, wie Sand, Ton oder Kalk, und aus Humus. Humus ist eine schwarzbraune Masse, die beim Verrotten von Bioabfällen wie geschnittenem Gras oder Laub entsteht. Auch Mineralstoffe wie Nitrate, Phosphate und Kaliumsalze sind im Boden enthalten Sie kommen aus Gestein und aus abgestorbenem, von Bodenlebewesen zersetztem Material. Pflanzen benötigen die Mineralstoffe zum Wachsen. Ein fruchtbarer Boden muss außerdem genügend Luft, Feuchtigkeit und Bodenlebewesen enthalten. Bauern bevorzugen einen lockeren, nährstoffreichen Boden. Besonders fruchtbar sind Lössböden, wie sie z. B. im Hopfengebiet Hallertau vorkommen *(Abb. 4)*. Löss besteh hauptsächlich aus sehr feinen Gesteins- und Sandteilchen mit vielen eingelagerten Nährstoffen. Solche Böden lassen sich leicht bearbeiten und geben den Wurzeln guten Halt. Sie können Wasser gut speichern sind aber trotzdem ausreichend wasserdurchlässig. Dies verhinder Staunässe, in der die Wurzeln vieler Pflanzen verfaulen würden.
Lehmböden sind grundsätzlich fruchtbare Böden; aufgrund ihrer Zusammensetzung speichern sie zwar Wasser gut, sind jedoch relati schwer und meist nicht sehr gut durchlüftet.
Neben der sandigen oder lehmigen Beschaffenheit des Bodens interessiert den Bauern auch sein pH-Wert. Bei Werten zwischen 5 und gedeihen die meisten Kulturpflanzen am besten. Moorboden als „saurer" Boden hat niedrigere pH-Werte. Stark kalkhaltige „alkalische" Böden dagegen haben höhere Werte und sind ebenfalls weniger fruchtba

Kleine Abweichungen vom idealen pH-Wert kann man durch Düngung ausgleichen: Bei sauren Böden wird Kalkpulver ausgestreut, bei alkalischen Böden hilft das Ausbringen von Kompost.

Abb. 5 Ausbringen von Kunstdünger

Düngung

Da die Nutzpflanzen bei der Ernte entfernt werden, gelangen ihre Mineralstoffe nicht zurück in den Boden. Düngung soll dem Boden wieder zurückgeben, was ihm von den Nutzpflanzen entnommen wird. Wurde früher nur mit Mist, Gülle oder Kompost gedüngt, so arbeitet man heute auch mit Chemikalien, sogenanntem Kunstdünger *(Abb. 5)*.

Seit dem Beginn der künstlichen Düngung haben sich die Ernteerträge stark erhöht. Nur so kann die immer größer werdende Zahl von Menschen auf der Erde ernährt werden. Wird jedoch mehr gedüngt, als der Boden benötigt bzw. aufnehmen kann, gelangt der Dünger in die Gewässer und verursacht dort ein starkes Algenwachstum. Dies kann zum **„Umkippen"** des Gewässers (S. 128) führen, wobei auch eine Reihe wasserlebender Pflanzen und Tiere absterben.

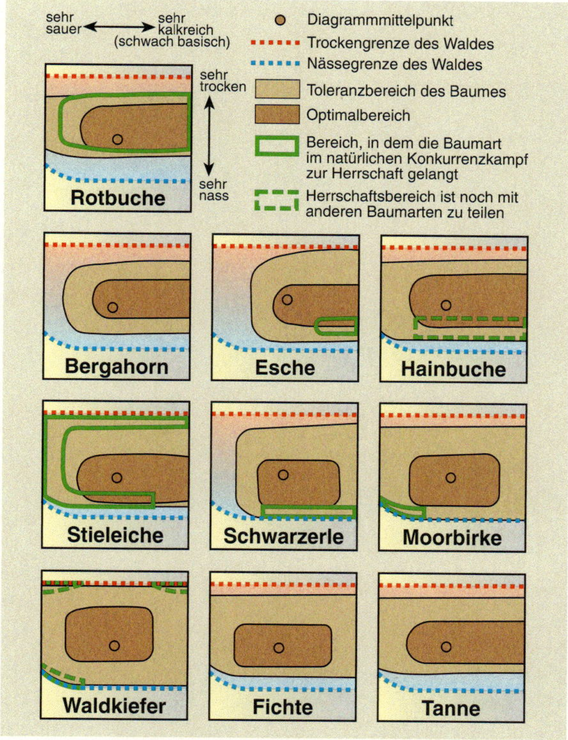

Abb. 6 Optimal- und Toleranzbereiche wichtiger Waldbäume

Das komplexe Zusammenwirken von Umweltfaktoren

Jedes Lebewesen lebt nach Möglichkeit dort, wo es die günstigsten Umweltbedingungen findet (**Optimalbereich**). Die weniger günstigen Bereiche, in denen das Lebewesen jedoch noch leben kann, nennt man **Toleranzbereiche**. Im Optimalbereich finden sich die meisten Individuen bzw. höchste Zuwachs- oder Ertragsleistungen. Arten mit breitem Toleranzbereich nennt man **Generalisten**; ist der Toleranzbereich bei einem oder mehreren Umweltfaktoren eng, spricht man von **Spezialisten**.

Die **Buchenmischwälder** Mitteleuropas, mit Buchen als dominanten Bäumen, erstrecken sich im nördlichen Mitteleuropa von etwa 200 bis 600 m Meereshöhe, im südlichen von 500 bis 900 m. Bei „mittleren" Verhältnissen, mäßiger Feuchtigkeit und schwach saurem Boden, liegt der Optimalbereich aller Baumarten *(Abb. 6)*. Werden sie von der Forstwirtschaft vom Konkurrenzkampf befreit, erbringen sie hier die höchsten Ertragsleistungen. Ohne Regulierung setzen sich vor allem rasch wachsende Arten durch, mit Vorteilen für die stärker Schatten ertragenden und Schatten spendenden Arten wie Buche und Tanne.

Im Buchenmischwald ist die Buche der Tanne durch ihr schnelles Jugendwachstum überlegen. Nur Esche und Bergahorn können neben ihr aufkommen, weil sie noch kräftigeres Wachstum zeigen. Vernässt der Boden zeitweise, wird die Buche gehemmt und die beiden anderen Baumarten gedeihen gut, aber nur, wenn ihre hohen Nährstoffansprüche gestillt werden. Zugleich wird die lichtbedürftige Schwarzerle auf sehr nasse, moorige Standorte abgedrängt. Nur dort – an ihrer Toleranzgrenze – kann die Schwarzerle Bestände bilden, obwohl sie rasch wächst. Birken keimen auf allen Böden, sind jedoch nur auf sauren Nassböden mit schlechter Nährstoffversorgung konkurrenzlos und können sich dort ausbreiten. Ähnliches gilt für die Kiefer. Die licht- und wärmebedürftigen Eichen kommen von Natur aus nur an Standorten vor, die der Buche zu nährstoffarm, zu trocken oder zu feucht sind.

A2 Sicher gibt es bei dir zu Hause Blumendünger; welche Bestandteile weist das Etikett aus? Wenn du verschiedene Pflanzendünger findest, z. B. auch Orchideen-, Kakteen- oder Rasendünger, dann vergleiche die Bestandteile. Was stellst du fest?

A3 Kennst du alle genannten Baumarten? Sonst schlage nach und erstelle für zwei davon einen Steckbrief; zeichne auch die Blattform und die Früchte.

8.4 Bioindikatoren

Abb. 1 Schüsselflechte

Abb. 2 Krätzflechte

Abb. 3 Wand-Gelbflechte

Durch Eingriffe des Menschen in die Natur können sogar Ernährungskünstler wie die Flechten (S. 95) beeinträchtigt werden: Schadstoffe in der Luft, z. B. Schwefeldioxid, können schon in geringen Mengen zum Tod vieler Flechtenarten führen. Daher kann ihr Fehlen oder Vorkommen in einem Gebiet dazu benutzt werden, auf einfache und preiswerte Weise den Verschmutzungsgrad der Luft festzustellen. Flechten können sozusagen als lebende Messgeräte, als **Bioindikatoren**, eingesetzt werden.

Sie sind dafür besonders geeignet, weil Schadstoffe ungehindert in ihren Körper eindringen können und kaum wieder ausgeschieden werden. Da Flechten mehrjährige Lebewesen sind und in ihrem Stoffwechsel keine winterliche Ruhepause einlegen, „funktionieren" sie ganzjährig. Und da Flechten über längere Zeit allen Schadstoffbelastungen der Luft ausgesetzt sind, ist ihre Reaktion auch Ausdruck des Zusammenwirkens der Schadstoffe auf den Organismus, d. h., seiner tatsächlichen Gesamtbelastung. Man arbeitet beim Einsatz von Flechten mit zwei Methoden.

Die Flechtenkartierung

Eine quantitative, also mengenmäßige Bestandsaufnahme der Flechtenvegetation nennt man Kartierung, Sie kann Aussagen zur Luftverschmutzung ermöglichen. Bei hoher Luftverschmutzung kommen nur noch Krustenflechten vor, z. B. die Schüsselflechte oder Krätzflechte *(Abb. 1, 2)*. In mäßig verunreinigter Luft wächst z. B. noch die Wand-Gelbflechte *(Abb. 3)*. Die Pflaumenflechte *(Abb. 4)* als empfindlichere Flechtenart findet man nur in gering belasteten Gebieten.
Je weniger Flechtenarten in einem Gebiet vorkommen, desto stärker ist die Luftbelastung.

Die Expositionsmethode

Gesunde, grüne Hornblattflechten aus einem Reinluftgebiet bringt man auf Holztafeln an, die für einen längeren Zeitraum an den zu untersuchenden Stellen aufgestellt werden *(Abb. 5)*. Nun wird regelmäßig beobachtet, ob die Flechten geschädigt werden. Den Grad der Schädigung erkennt man an der Entfärbung des Flechtenkörpers, denn bei belasteter Luft werden die Chloroplasten zerstört.

Abb. 4 Pflaumenflechte

Abb. 5 Holztafel mit Hornblattflechten

A1 Schau dich einmal um, wo du Flechten finden kannst, und versuche, diese zu bestimmen. Kannst du Schlüsse aus deinen Funden ziehen?

Wiederholen – Üben und Vertiefen

1. Ein einziges Rind besitzt die gleiche Körpermasse (600 kg) wie 300 Kaninchen. Warum brauchen die Kaninchen täglich 30 kg Heu zur Ernährung, das Rind jedoch nur 7,5 kg?
2. Innerhalb einer verwandten Tiergruppe nehmen Körpergröße und -masse von den Tropen zu den Polen hin zu. Ein Braunbär z. B. wird bis 200 cm lang und 250 kg schwer, ein Eisbär wird bis 300 cm lang und 700 kg schwer. Die relative Länge der Körperanhänge (Beine, Ohren, Schwanz) nimmt jedoch zu den Polen hin ab *(Abb. 1)*. Wie lässt sich dies erklären?
3. Abbildung 2 zeigt eine junge Kastanie im Frühsommer. Was kannst du noch darüber sagen?
4. Der skandinavische Sommer wird von Urlaubern gelobt. Wie ist das trotz der nördlichen Lage möglich?
5. Würde man einen Teil der Sahara mit Solarzellen bestücken, so würde der kleine Kreis die gesamte Energie für Deutschland liefern, der große Kreis für die ganze Erde reichen *(Abb. 3)*. Gut gedacht, aber … Findest du den oder die Haken daran?
6. Warum ist es ein gutes Zeichen für die Bodenqualität, wenn es viele Würmer gibt?
7. Warum wächst der Rasen vor einem Fußballtor nur schlecht? Was muss der Platzwart dort tun?

Abb. 1
a Eisfuchs (Arktis)
b Rotfuchs (Mitteleuropa)
c Wüstenfuchs

Abb. 2 Kastanie

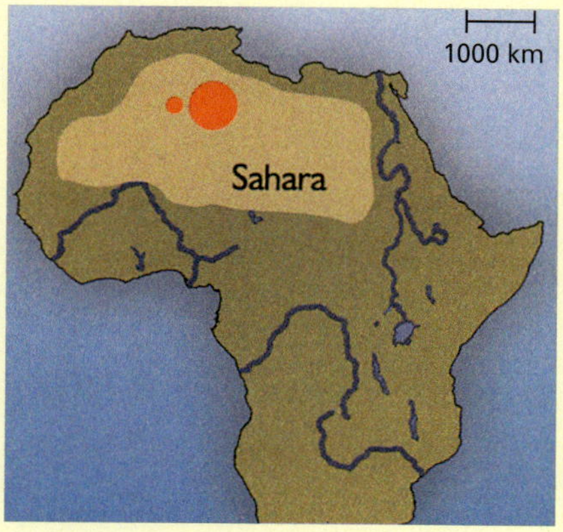

Abb. 3 Energie aus der Sahara?

Abb. 4 Abgestorbene Bäume

Info

Waldsterben

Seit den 1970er-Jahren wurden bei verschiedenen Baumarten (z. B. Fichte, Tanne, Eiche, Buche) neuartige Erkrankungen beobachtet. Im Anfangsstadium findet man schadhafte Stellen auf einzelnen Nadeln oder Blättern, nach und nach verliert der Baum immer mehr Nadeln oder Blätter, bis er im Extremfall völlig kahl ist. Schließlich stirbt der ganze Baum ab *(Abb. 4)*.
Heute ist man sicher, dass Schadstoffe in der Luft eine der Hauptursachen für das Sterben der Bäume sind. Diese Schadstoffe entstehen bei der Verbrennung von Kohle, Erdölprodukten (Treibstoffe, Heizöl) oder Holz; sie bilden sich im heißen Motor aus den Luftbestandteilen Sauerstoff und Stickstoff oder sie entstehen in Industriebetrieben. Über die Luft können sie über viele Kilometer weit verfrachtet werden, sodass Schäden auch an Bäumen auftreten, die weit weg von jeder Industrieansiedelung sind. Manche Schadstoffe wirken direkt auf die Blätter bzw. Nadeln ein und beginnen sie zu zerstören. Dadurch funktioniert die Photosynthese nicht mehr richtig und der Baum leidet zunehmend an Nahrungsmangel. Einige Schadstoffe reagieren aber auch mit Wassertröpfchen in der Luft. Es entstehen Säuren, die als „saurer Regen“ den pH-Wert der Erde verändern. Dadurch bilden sich sogenannte übersäuerte Böden. Aus solchen Böden können Mineralstoffe leicht vom Wasser ausgewaschen werden. Dieser mineralische Dünger fehlt den Bäumen dann. Außerdem werden von den Säuren Schwermetalle freigesetzt, die vorher fest an Bodenbestandteile gebunden waren. Sie können auf Bäume giftig wirken.

Die Mauer – eine Freilanduntersuchung

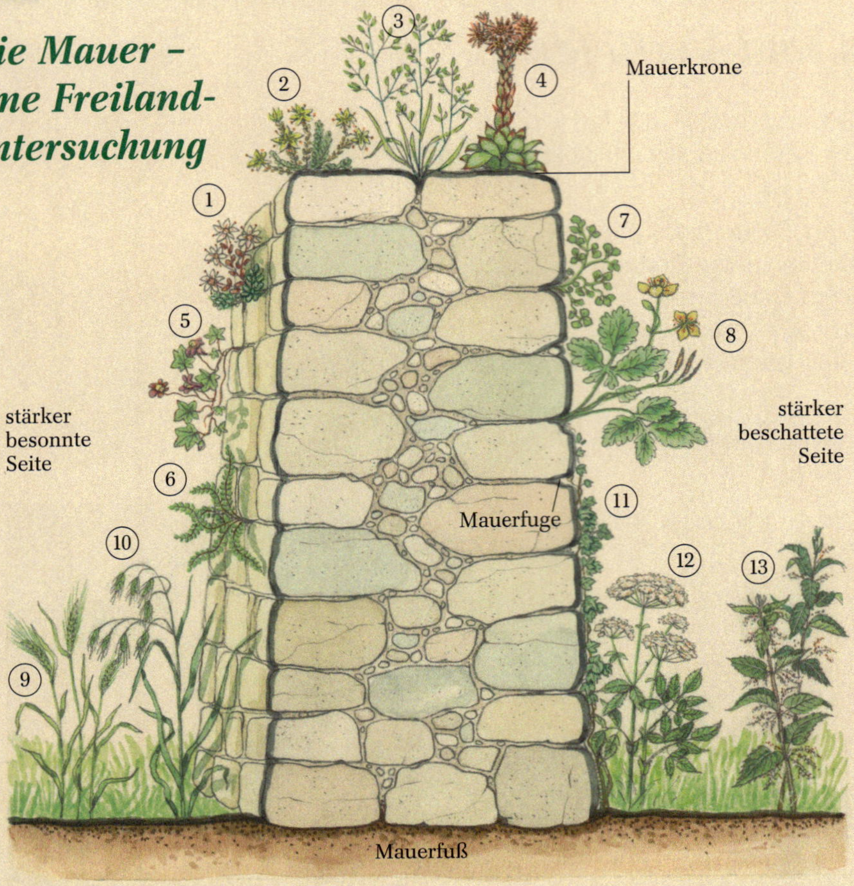

Abb. 1 Pflanzen an der Trockenmauer (Auswahl; stark schematisiert)
Mauerkronen-Pflanzen: 1 Weißer Mauerpfeffer, 2 Scharfer Mauerpfeffer, 3 Flaches Rispengras, 4 Echte Hauswurz; **Mauerfugen-Pflanzen:** 5 Zimbelkraut, 6 Brauner Streifenfarn, 7 Mauerraute, 8 Schöllkraut, **Mauerfuß-Pflanzen:** 9 Mäusegerste, 10 Dachtrespe, 11 Gemeiner Efeu, 12 Giersch, 13 Große Brennnessel

Bei einer Mauer mit Fugen lohnt es sich, abiotische Faktoren sowie die Pflanzen am vielgestaltigen Lebensraum Mauer zu untersuchen.

Material:
Thermometer, Zollstock, pH-Messgerät, stark verdünnte Salzsäure für die Probe auf Kalk (am besten von der Lehrkraft durchzuführen!), Kompass, Flasche mit Wasserzerstäuber, Lupe, Pflanzenbestimmungsbücher

So geht ihr – evtl. arbeitsteilig – vor:

1. Mauerstruktur und Pflanzenbewuchs
Fertige eine große Übersichtsskizze der Mauer an (evtl. auch einen Querschnitt) und ordne die Himmelsrichtungen zu.
Wie sind Mauerkrone, Mauerfläche und Mauerfuß gegliedert? Zeichne besondere Strukturen wie Fugen, Löcher, Risse, in deine Skizze ein. Kennzeichne in der Zeichnung die Stellen, an denen Pflanzen wachsen. Verwende dazu Symbole: Für Samenpflanzen ✤, Farne ▽, Moose ▭, Flechten ○. Unterscheide bei Moosen, ob sie als Polster ⌓ wachsen oder flach _ aufliegen.

2. Abiotische Faktoren
Miss die Temperatur und achte darauf, dass das Thermometer nicht von der Sonne beschienen wird:
- an der Oberfläche der sonnenabgewandten und der sonnenzugewandten Seite;
- in zwei Mauerfugen.

Suche Stellen, an denen sich Erde angesammelt hat, und miss den pH-Wert. Miss, wenn möglich, auch den pH-Wert am Mauerfuß.

3. Ausgewählte Pflanzen
Betrachte verschiedene Individuen des Zimbelkrautes. Vergleiche, in welche Richtung sie wachsen. Versuche deine Beobachtungen in Skizzen festzuhalten.
Findest du auch andere Samenpflanzen *(Abb. 1)*?
Suche Farne an der Mauer und beschreibe ihre Gestalt.
An welchen Stellen der Mauer findest du mehr Polstermoose, an welchen mehr flach aufliegende Moose?
Bei Sonnenschein sind die Farne und Moose auf durchsonnten Standorten der Mauer oft ausgetrocknet und zusammengerollt. Besprühe sie mit einem Wasserzerstäuber, warte 1–2 Minuten und beschreibe, was geschieht.

4. Mauern sind gefährdet
In Städten gibt es kaum noch „biologisch wertvolle" Mauern. Überlege dir, warum.
Wie könnte man biologisch wertvolle Mauern anlegen?

5. Pflanzensteckbriefe
Erstelle für drei Pflanzen, die du an deiner Mauer gefunden hast, einen Steckbrief. Beziehe dabei die Ergebnisse deiner eigenen Messungen von abiotischen Faktoren ein. Berücksichtige auch den Gesichtspunkt „Angepasstheit der Pflanzen" an ihren individuellen Standort an der Mauer.

6. Langzeitbeobachtung
Besuche deine Mauer über einen längeren Zeitraum hinweg in regelmäßigen Abständen und notiere die Veränderungen.

9 Wasser – eine Voraussetzung für alles Leben

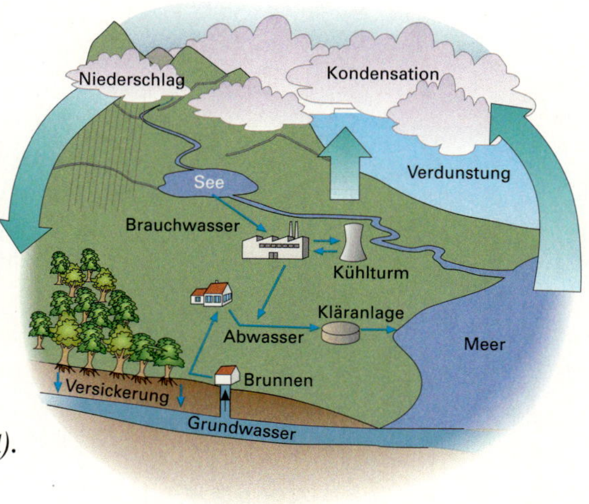

Abb. 1 Der Wasserkreislauf

Wie wichtig Wasser für Mensch, Tier und Pflanze ist, muss man niemandem erklären. Um 1 kg Pflanzenmasse aufzubauen, benötigt die Pflanze je nach Standort 250–1000 l Wasser. Der Mensch braucht täglich etwa 3 l Flüssigkeit für seinen Stoffwechsel; darüber hinaus ver(sch)wenden wir sehr viel Wasser für sonstige Bedürfnisse. Von Lebewesen aufgenommenes Wasser wird wieder ausgeschieden und gelangt zurück in einen ständigen **Kreislauf**.

Große Wassermengen verdunsten aufgrund der Sonneneinstrahlung und gelangen als Niederschlag wieder zur Erde zurück *(Abb. 1)*. Wasser geht nicht verloren – es wird aber auch nicht vermehrt.

Die Trinkwassergewinnung beträgt nur ca. 12 % der Gesamtwassergewinnung; große Mengen an Brauchwasser benötigen die Industrie zur Produktion sowie die Elektrizität produzierende Industrie als Kühlwasser. Etwa die Hälfte des gesamten Bedarfs an Trink- und Brauchwasser wird aus **Grundwasser** gewonnen. Es muss nur wenig aufbereitet werden und liefert das beste Trinkwasser. Es ist aber nur begrenzt verfügbar; in Ballungsräumen sind die Grundwasservorräte bereits überfordert.

Der Mensch gefährdet den Bestand an Grundwasser: Flussbegradigungen führen zur Absenkung des Grundwasserspiegels, rasches Abfließen der Niederschläge durch ausgebaute Flussläufe und Versiegelung großer Flächen verringert die Menge des einsickernden Niederschlagswassers. Das Grundwasser wird zunehmend verschmutzt, durch Öl (aus belasteten Oberflächengewässern) und Nitrate (aus Düngung).

Oberflächenwasser ist die zweite wichtige Wasserquelle. Es tritt entweder durch natürliche Uferfiltration in den Boden oder wird durch Filter- und Sickerbecken versickert. Pumpen fördern das Wasser zum Wasserwerk, wo gelöste Stoffe, u. a. Nitrate, beseitigt werden, mit Chlor und Ozon desinfiziert wird und organische Stoffe und Schwermetalle mittels Aktivkohlefiltern gebunden werden *(Abb. 2)*.

Alle Gewässer sind durch Eingriffe des Menschen in Gefahr. Da das Angebot an einwandfreiem Grundwasser nicht mehr ausreicht, ist der Schutz der Oberflächengewässer künftig äußerst bedeutsam.

A1 Wir leben in einer Region, in der Wasser in großen Mengen zur Verfügung steht. Das ist nicht überall auf unserem Planeten so. Informiere dich darüber, wie in wasserarmen Gebieten Wasser gewonnen wird (Stichwörter: Meerwasserentsalzungsanlagen, fossiles Grundwasser). Welche Probleme sind damit verbunden?

A2 Informiert euch über die Auswirkungen unsauberen Trinkwassers. Wie viele Menschen haben heute kein sauberes Wasser? Was geschieht mit den Abwässern?

Abb. 2 Schema der Trinkwassergewinnung

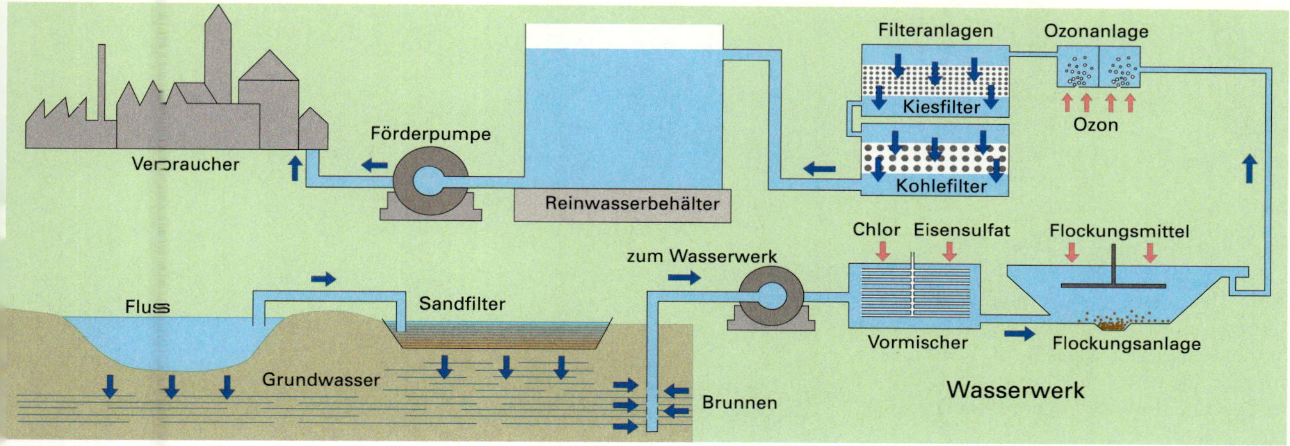

10 Leben in stehenden Gewässern

▲ **Abb. 1** Pflanzen am Wasser

Alle Gewässer – sowohl die Meere als auch unsere Binnengewässer (Flüsse, Bäche, Seen, Weihe, Teiche und Tümpel) – sind Lebensräume, **Biotope**. Pflanzen und Tiere bilden darin eine Lebensgemeinschaft, eine **Biocönose**. Nur wenn in dieser Gemeinschaft ein biologisches Gleichgewicht herrscht, ist das Gewässer intakt. Verschmutzungen stören das Gleichgewicht und gefährden das Leben in den Gewässern.

Seen sind größere stehende Gewässer mit einer Wassertiefe von über 5 Metern. Da in den tieferen Wasserschichten nur noch sehr wenig Licht ankommt, wachsen hier keine grünen Pflanzen mehr. Das Pflanzenvorkommen eines Sees beschränkt sich also auf die Randzonen und das Oberflächenwasser. Tierisches Leben und Bakterien finden wir jedoch auch noch am und im Boden des Sees.

Weiher sind Flachgewässer. Im Gegensatz zu den tieferen Seen gedeihen im durchlichteten Weiher überall Pflanzen. Gemessen an der Wassermenge ist der Weiher dicht mit Pflanzen besiedelt und bietet somit die Voraussetzungen für ein arten- und individuenreiches Tierleben.

Teiche sind künstliche, bewirtschaftete Gewässer mit starken Wasserstandsschwankungen; man kann das Wasser ablassen. Die Gewässertiefe entspricht der des Weihers.

Tümpel sind natürliche, wenige Dezimeter tiefe Gewässer, die nicht ständig Wasser führen; während der Sommerzeit trocknen sie meistens aus.

Die Pflanzengürtel des Weihers

Entsprechend dem allmählich abfallenden Ufer treten vom Weiherrand bis zu den tiefen Stellen unterschiedliche Pflanzengruppen auf, die je nach Wassertiefe **Pflanzengürtel** bilden *(Abb. 2)*.

Abb. 2 Pflanzengürtel eines Weihers mit seinen Brutvögeln (von links): Teichrohrsänger, Blässhuhn, Rohrammer, Krickente, Teichhuhn, Stockente (fliegend), Haubentaucher, Zwergtaucher (Pflanzen a–k siehe Text) ▶

Außerhalb des eigentlichen Wasserbereichs wachsen Schwarzerlen (a) und verschiedene Weidenarten. Sie bevorzugen feuchten Boden und ertragen gelegentliche Überflutungen; sie bilden den **Erlenbruch** und die **Weidengebüsche**.
An den Flachwasserstellen siedeln vereinzelt verschiedene Arten von scharfkantigen Seggen: an nährstoffreichen Weihern vor allem die Sumpfsegge (b) und die Steife Segge. Dieser **Seggengürtel** geht über in den **Schilfgürtel**.
Die vorherrschende Pflanze dieses Gürtels, das Schilf (d), wird bis zu 4 m hoch und wächst bis zu einer Wassertiefe von höchstens 2 m. Im Schlammboden treibt das Schilf lange, waagerechte Ausläufer. Häufig finden wir den Breitblättrigen Rohrkolben (c), den „Lampenputzer". Der dichte Schilfgürtel, das Röhricht, ist Brutraum vieler Wasservögel. Am äußeren Rand des Schilfgürtels wächst die Hohe Teichsimse (e), die hier lockere Bestände bildet.

Zum **Seerosengürtel** zählen wir vor allem die **Schwimmpflanzen**. Sie wurzeln im schlammigen Boden; ihre langen, biegsamen Sprossachsen reichen bis zur Wasseroberfläche, auf der ihre Schwimmblätter flach aufliegen. Wasserknöterich (f) und Schwimmendes Laichkraut (h) erheben ihre Blütenstände, die Gelbe Teichrose ihre Blüten über die Wasseroberfläche. Die Blüten der Weißen Seerose (g) schwimmen auf dem Wasser wie ein Kahn.
Zum Teil schon im Seerosengürtel oder im daran anschließenden **Laichkrautgürtel** wachsen die **Unterwasserpflanzen** mit ihren verästelten oder weichlappigen Laubblättern. Ähriges Tausendblatt (i) und Krauses Laichkraut (j) ragen mit ihren Blütenständen aus dem Wasser, während das Raue Hornblatt völlig untergetaucht lebt. Auch die Bestäubung erfolgt unter Wasser. Die Kanadische Wasserpest (k) wurde 1859 nach Deutschland eingeschleppt.

Abb.3 Pflanzen im Wasser

A1 Finde Beispiele für Teiche, Weiher und Seen in der Umgebung deines Schulortes. Gibt es Unterschiede im Pflanzenbewuchs und in der Nutzung dieser stehenden Gewässer?

A2 Welche Pflanzen sind für die verschiedenen Gürtel der Uferzone charakteristisch? Lege eine Tabelle an.

! Stehende Gewässer werden je nach Größe und Tiefe in Seen, Weiher, Teiche und Tümpel geordnet.

Mit Hand und Verstand

Mikroskopieren von Teichwasser

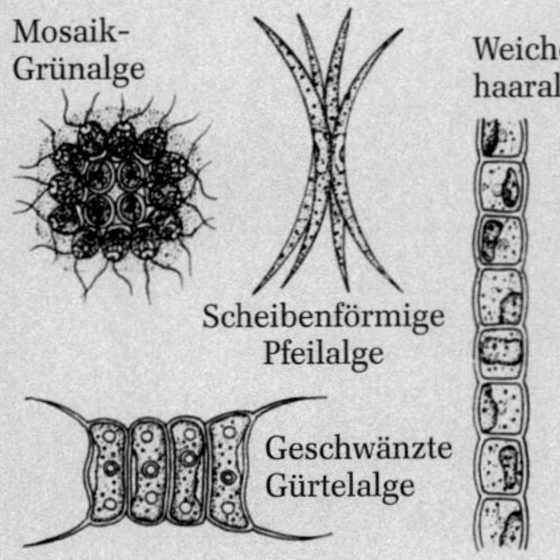

Abb. 1

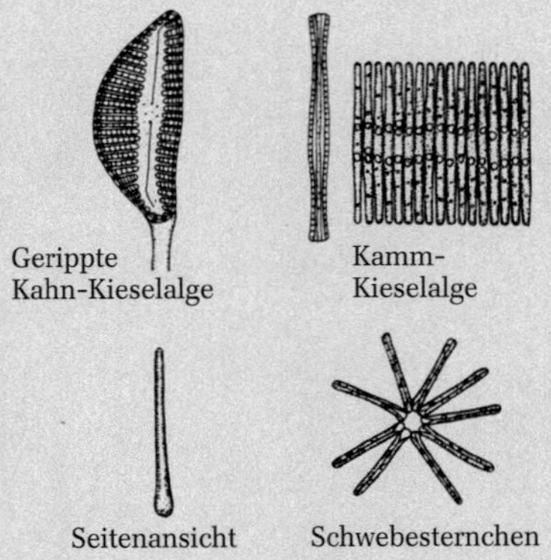

Abb. 2

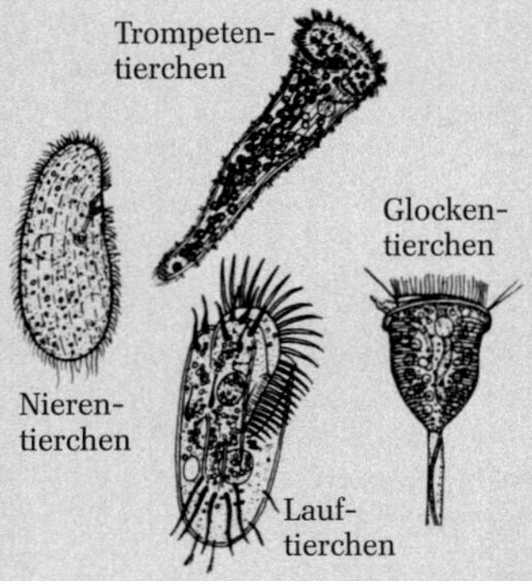

Abb. 3

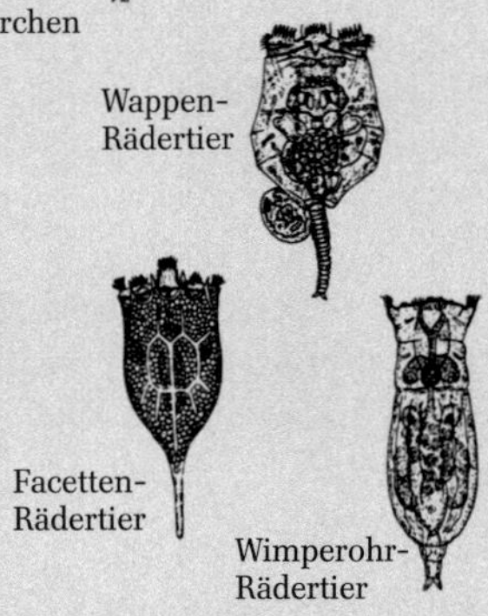

Abb. 4

Grünalgen *(Abb. 1)* sind durch das Chlorophyll ihrer Chloroplasten grün gefärbt. Sie zeichnen sich durch eine große Formenvielfalt aus. Neben zahlreichen einzelligen und Kolonien bildenden Arten finden wir lange Fäden, die oft in großen Mengen wie Watte an der Wasseroberfläche treiben.

Kieselalgen *(Abb. 2)* sind bräunliche pflanzliche Einzeller. Der Zellkörper ist von einer zweiteiligen, porösen Schale aus Kieselsäure umgeben. Die Teile passen wie Deckel und Boden einer Schachtel zusammen. Die Chloroplasten enthalten einen braunen Farbstoff, der das Grün des Chlorophylls überdeckt.

Wimpertierchen *(Abb. 3)* sind die am höchsten entwickelten Einzeller. Sie tragen Wimpern auf ihrer Körperoberfläche. Manche Arten, z. B. das Pantoffeltierchen, sind gleichmäßig mit Wimpern bedeckt. Andere tragen die Wimpern gehäuft an besonderen Stellen des Körpers. Die festsitzenden Wimpertierchen (z. B. Glockentierchen und Trompetentierchen) besitzen einen Wimpernkranz am Mundfeld. Die Lauftierchen tragen aus zahlreichen Wimpern gebildete, stachelartige Fortsätze, mit denen sie „laufen“ können.

Rädertierchen *(Abb. 4)* sind kleine, bis zu 3 mm lange Mehrzeller. Sie leben in sehr vielen unterschiedlichen Formen als Strudler, Weidegänger oder Reusenfänger in allen erdenklichen Gewässern. Die durchsichtigen Tiere sind an ihrem Räderorgan mit seinen sich schnell bewegenden Wimpern zu erkennen. Das am Kopfende liegende Räderorgan und der Fuß am Hinterende werden ruckartig eingezogen.

Zahlreiche Arten von Kleinstlebewesen, die im Teichwasser vorkommen, macht uns erst das Mikroskop sichtbar.

Material:
Weiher- oder Teichwasser, alternativ Aquariumwasser; kleine (Hand-) Zentrifuge, alternativ Planktonnetz (Maschenweite 0,06 mm) oder selbstgebautes Netz mit Perlonstrumpf; Pipette; Objektträger; Mikroskop;
Belag von Steinen oder Wänden eines Gartenteichs

So gehst du vor:

1. Da die Kleinstlebewesen im Teichwasser weitläufig verteilt sind, solltest du zunächst eine Wasserprobe zentrifugieren. Die Lebewesen werden dabei auf den Grund des Gläschens gedrückt.
2. Mit der Pipette wird eine Probe aus diesem Bodensatz entnommen, ein Tropfen davon auf einen Objektträger gegeben und mit einem Deckgläschen bedeckt.
3. Untersuchst du abgeschabtes Material, so wird nur wenig (!) in einem Wassertropfen auf einen Objektträger gebracht.
4. Betrachte die Proben zunächst mit der schwächsten, dann mit stärkerer Vergrößerung.

Wie viele verschiedene Arten von Lebewesen kannst du finden? Kannst du sie den Abbildungen auf dieser Seite zuordnen?

Wir untersuchen Pflanzen des Teichufers

Mikroskopische Untersuchung von Uferpflanzen

Vergleiche die Blattquerschnitte von Wasserpflanzen *(Abb. 5 a, b)* untereinander und mit dem Blatt einer Landpflanze (Abbildungen auf S. 36, S. 65).

Material:
Mikroskopierausrüstung, Lupe; Blatt der Sumpfdotterblume, des Rohrkolbens oder der Sumpfschwertlilie

1 Sumpfpflanze

So gehst du vor:
Mikroskopiere des Querschnitt eines Blattes und fertige eine mikroskopische Zeichnung an (S. 36).

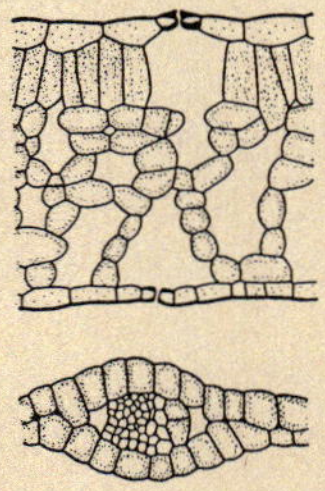

Abb. a Querschnitt einer Sumpfpflanze (Sumpfdotterblume)

b Querschnitt einer Tauchpflanze (Wasserpest)

2 Schwimmblattpflanze

So gehst du vor:
1. Betrachte einen Blattstielquerschnitt mit der Lupe oder mikroskopiere ihn bei schwacher Vergrößerung. Fertige eine beschriftete Zeichnung an.
2. Mikroskopiere den Querschnitt eines Schwimmblattes und zeichne ihn.

Material:
Blatt einer Seerose
Achtung! Das Seerosenblatt darf man nicht einem beliebigen Gewässer entnehmen, denn die Weiße Seerose und die Gelbe Teichrose stehen unter Naturschutz. Bitte deshalb darum, aus einem künstlich angelegten Wasserbecken ein Schwimmblatt der Seerose mit einem ca. 50 cm langen Blattstiel abschneiden zu dürfen.

3 Unterwasserpflanze

So gehst du vor:
Mikroskopiere den Querschnitt eines Tauchblattes und zeichne ihn.

Material:
Blatt der Kanadischen Wasserpest; Dauerpräparat

Experimentelle Untersuchungen von Uferpflanzen

4 Die Durchlüftung des Pflanzengewebes

So gehst du vor:
1. Tauche ein Ende des Blattstiels der Seerose in eine Schüssel mit Wasser. Puste kräftig durch eine frische Schnittfläche in den Blattstiel.
2. Tauche ein Seerosenblatt in eine Schüssel mit Wasser ein. Puste kräftig durch eine frische Schnittfläche in den Blattstiel.
3. Wiederhole den Versuch mit einem Binsenstängel.
4. Beschreibe, was du beobachtest, und erkläre deine Beobachtungen.

Material:
ca. 50 cm langer Blattstiel der Seerose (siehe jedoch Versuch 2!); Schwimmblatt der Seerose mit einem ca. 10 cm langen Blattstiel; Binsenstängel; große Wasserschüssel

5 Die Benetzbarkeit der Blätter

So gehst du vor:
1. Stelle fest, was mit der Feuchtigkeit auf der Oberseite eines Blattes geschieht, nachdem du es kurz in Wasser getaucht hast.
2. Beschreibe, was du beobachtest, und erkläre deine Beobachtungen.

Material:
Blatt einer Sumpfpflanze (Schilf, Schwertlilie), von Seerosen und einer Tauchblattpflanze. Beachte Naturschutzbestimmungen, wenn du die Blätter abschneidest!

6 Der Verdunstungsschutz der Blätter

So gehst du vor:
1. Lege je eine trockene Pflanze auf einen Bogen Papier und stelle etwa alle 10 Minuten des Welkezustand (Straffheit des Gewebes) fest.
2. Wiege von den verschiedenen Pflanzen jeweils eine etwa gleich große Masse an Blättern ab und lege sie aus wie in 1. Bestimme die Masse nach 30, 60 und evtl. 120 Minuten.
3. Protokolliere deine Beobachtungen und Messwerte und vergleiche sie für die verschiedenen Pflanzen.
4. Versuche die Befunde (auch anhand der mikroskopischen Beobachtungen) zu erklären.

Material:
gleich große, beblätterte Sprosse einer Landpflanze (z. B. Taubnessel), einer Sumpfpflanze (Sumpfdotterblume, Froschlöffel), von Tauchblattpflanzen (Wasserpest) sowie einer Schwimmblattpflanze (Laichkraut); Haushaltspapier zum Abtrocknen; Waage

Wir untersuchen Wassertiere

1 Untersuchung der Atmung von Wassertieren

Material:
1 großer Eimer; Kescher; Teichwasser mit verschiedenen, häufig vorkommenden Wassertieren; verschiedene kleine Behälter; Teesiebe, Plastiklöffel, Pinsel; Methylenblau (1 %ig); Tropfpipette

So gehst du vor:
1. Jeweils ein Tier wird vorsichtig in eines der Gefäße überführt; der Name oder die Tiergruppe (S. 125) wird bestimmt. Beobachte das Tier.
2. Lege dir eine Tabelle zum Protokollieren an und beantworte folgende Fragen:

- Atmet das Tier Luftsauerstoff?
  - Wie lange taucht es?
  - Wie lange bleibt es nach dem Auftauchen jeweils an der Wasseroberfläche?
  - Mit welchem Körperteil berührt es die Wasseroberfläche?
  - Mit welchem Körperteil wird ggf. Luftsauerstoff als Vorrat unter Wasser mitgenommen?
- Atmet das Tier Sauerstoff, der im Wasser gelöst ist?
  - Welche Körperöffnung nimmt Wasser auf oder gibt Wasser ab?
  - Auf welche Weise wird frisches Wasser zum Körper transportiert?
  - Wie häufig treten Bewegungen zur Erzeugung eines Wasserstroms auf?
  - Kann mit der Farbstofflösung ein Wasserstrom sichtbar gemacht werden? (Tropfe hierzu vorsichtig 1 Tropfen Methylenblau in die Nähe des Tieres.)

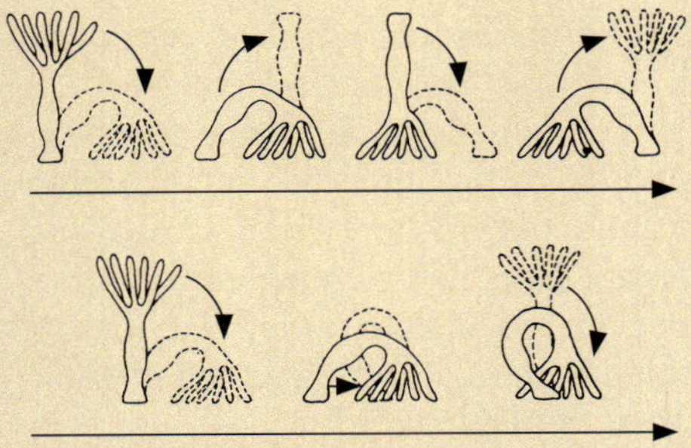

Abb. 1 Fortbewegung von Hydra

2 Untersuchung der Bewegung von Wassertieren

Material:
aus Versuch 1; Schalen mit weißem Untergrund, evtl. Stereolupen

So gehst du vor:
1. Gib ein Tier in eine Schale mit Teichwasser.
2. Protokolliere deine Beobachtungen:

- Hat das Tier mehrere Bewegungsvarianten, z. B. frei schwimmend, kriechend, schwänzelnd, zuckend?
- Welcher Körperteil ist ausschlaggebend für die Fortbewegung?
- Gibt es besondere körperliche Eigenschaften, die diese Fortbewegung erleichtern?
- Wie reagiert das Tier auf Pflanzen, Steine, Wassererschütterung, mögliche Beutetiere?

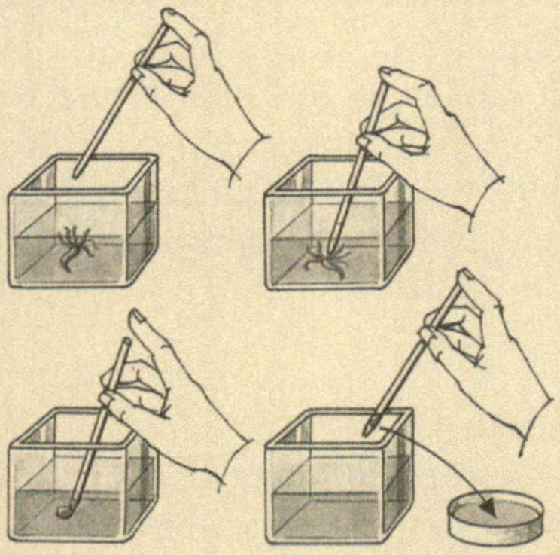

Abb. 2 Übertragung eines Süßwasserpolypen in eine Petrischale

3 Bewegung und Fressverhalten eines Süßwasserpolypen (Hydra)

Material:
kleines Aquarium, Petrischale, Glasrohr (25 cm lang, 0,3 cm weit); einige Wasserpflanzen und Wasser aus einem stehenden, sauberen Gewässer.
Achte dabei darauf, dass kleine, gallertartige Klümpchen von Stecknadelkopfgröße (= die zusammengekugelten Polypen) am Pflanzenmaterial haften.

So gehst du vor:
1. Gib die Pflanzen und das Wasser in das Aquarium, und stelle es erschütterungsfrei auf.
2. Versuche, die gestreckt 1 bis zu 3 cm langen Polypen auf den Wasserpflanzen zu entdecken und Gestalt und Bewegungsverhalten zu erkennen.
3. Untersuche das Fressverhalten:
   Verschließe das Glasröhrchen mit dem Zeigefinger und tauche es in das Aquarium *(Abb. 2)*. Wenn du mit dem Röhrchen einen Polypen von der Wand oder einem Blatt erwischt hast, nimm den Finger vom Glasrohr. Das einströmende Wasser schwemmt das Tier in das Rohr. Setze den Finger wieder auf und übertrage den Polypen in die Petrischale. Fange mit dem Glasrohr einen Wasserfloh und bringe ihn an die Fangarme des Polypen. Was geschieht jetzt?

Wir bestimmen häufige Wirbellose aus Süßgewässern

mit Schale oder Gehäuse

- **einteilige Schale** → Schnecken (A)
- **zweiteilige Schale** → Muscheln (B), Muschelkrebse
- **Gehäuse aus mehr Teilen zusammengesetzt** → Köcherfliegenlarven (C)

ohne Schale

Körper wurmartig

- **ohne Anhänge** → Würmer (D)
- **mit ungegliederten Anhängen** → Mückenlarven (E) Fliegenlarven

Körper mit gegliederten Beinen

- **mehr als 3 Beinpaare** → Krebse, Spinnen (F)
- **3 Beinpaare**
  - **ohne Flügel** → Libellenlarven, verschiedene Insektenlarven (G)
  - **mit Flügeln** → Käfer (H) → Käfer (I)

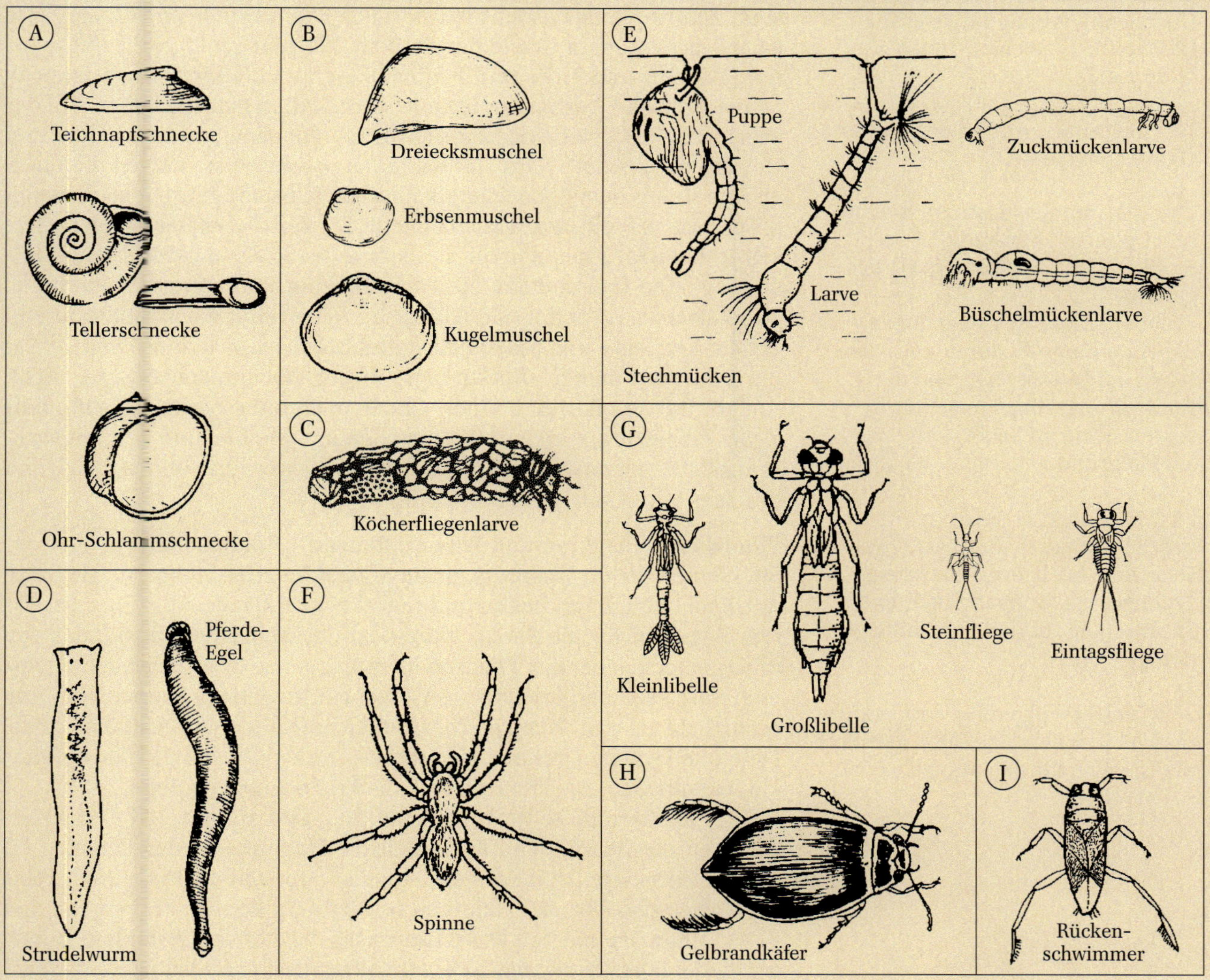

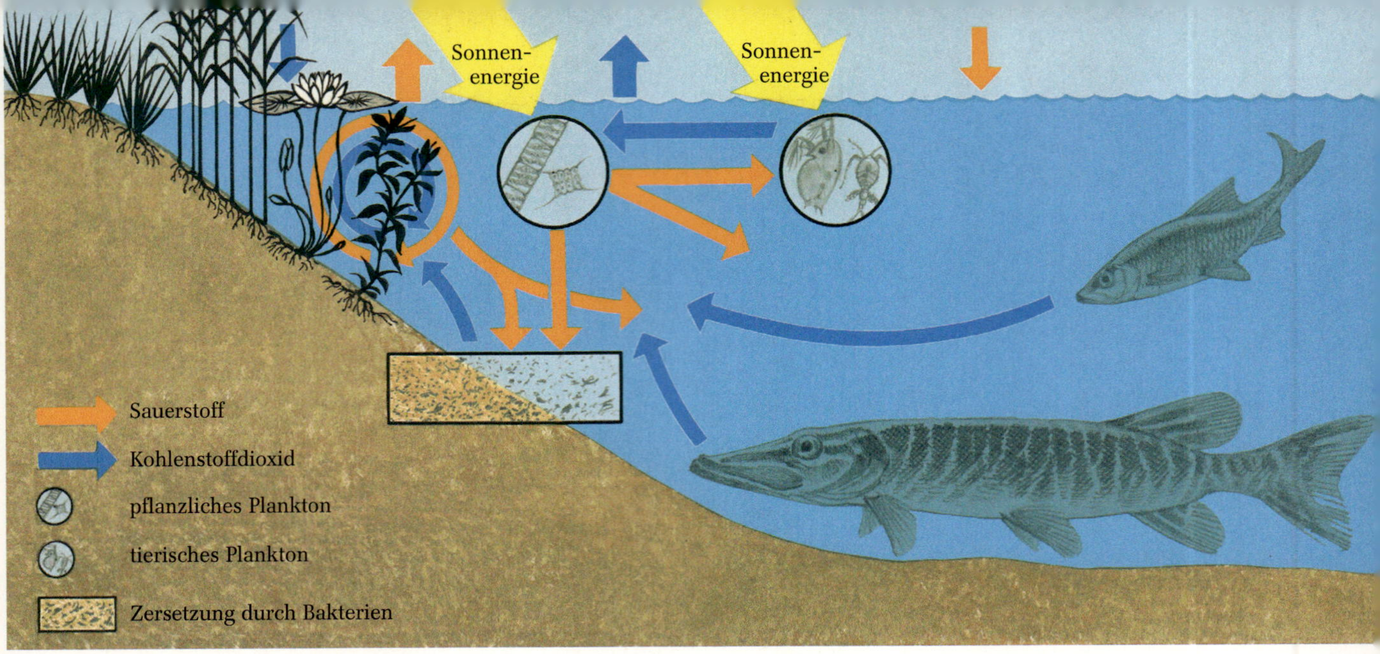

Abb. 1a Gaskreislauf

A1 In Abbildung 1a, b sind Gas- und Stoffkreislauf zur besseren Übersicht getrennt dargestellt. Beschreibe die beiden Teilabbildungen.

A2 Begründe, warum der See ein Ökosystem darstellt.

A3 „Die im See erzeugte Biomasse wird nicht vollständig in den Stoffkreislauf des Weihers zurückgeführt."
Erläutere diese Aussage; denke dabei an Eingriffe durch den Menschen, an Wasservögel und die Entwicklungsgänge mancher Insekten sowie an Sauerstoffmangel am Seegrund.

A4 Man sagt, in einem naturnahen, „intakten" Gewässer herrsche ein Gleichgewicht zwischen Produzenten, Konsumenten und Destruenten. Erkläre das mit eigenen Worten.

A5 Welche Folgen hat Sauerstoffmangel in einem See? Was könnte die Ursache für den Mangel sein?

10.1 Lebenszusammenhänge in einem See

Aasfresser und Zersetzer

Ein Fisch verendet; er treibt eine Zeitlang an der Wasseroberfläche und sinkt dann zu Boden. Auch abgestorbene Pflanzenteile und kleine Tiere lagern sich auf dem Grund des Sees ab. Würmer „entdecken" diese toten Pflanzen und Tiere und beginnen sie aufzufressen. Auch manche Schnecken sind **Aasfresser**. Sie alle setzen einen beträchtlichen Teil der organischen Baustoffe der abgestorbenen Pflanzen und toten Tiere um. Der Hauptteil jedoch wird von Bakterien verwertet; sie nutzen die Energie, die sie aus dem Abbau der organischen Substanz gewinnen, um damit körpereigene Stoffe aufzubauen. Ein großer Teil dieser **Destruenten** (Zersetzer) benötigt Sauerstoff für den Abbau der Stoffe in ihren Zellen (Zellatmung). Die Endprodukte dieser Zersetzung sind anorganische Stoffe: Mineralsalze, wie Nitrat oder Phosphat, weiterhin Kohlenstoffdioxid und Wasser. Die Salze und das Kohlenstoffdioxid lösen sich im Wasser.
Bei Sauerstoffmangel funktioniert dieser Abbaumechanismus nicht. Andere Bakterienarten können jedoch auch ohne Sauerstoff eine teilweise Zersetzung erzielen: Es entstehen u. a. Methan und Schwefelwasserstoff. Die unverwertbaren Reste des toten Gewebes bilden am Grund des Sees eine Faulschlammschicht.

Pflanzliches Plankton und Wasserpflanzen – Produzenten

Sie können die im Wasser gelösten Mineralsalze aufnehmen. Die Salze werden benötigt, um Zellen und Gewebe aufzubauen.
Ausgangsstoff für die Photosynthese ist das Kohlenstoffdioxid, das von untergetaucht lebenden Pflanzen über ihre ganze Oberfläche aufgenommen wird. Die Energie der in das Wasser eindringenden Sonnenstrahlung ermöglicht es den Pflanzen, energiereiche Nährstoffe (Kohlenhydrate, Fette und Proteine) aus energieärmeren Stoffen (Wasser, Kohlenstoffdioxid) aufzubauen. Die Pflanzen sind die **Produzenten** im See.
Bei der Photosynthese wird Sauerstoff frei. Den größten Teil davon produzieren die Algen, denn sie bilden die Hauptmasse der Pflanzen im See. Ein geringer Anteil des gebildeten Sauerstoffs tritt aus dem Wasser in die Luft über, der Hauptteil verbleibt im Wasser. Er wird von den Wasserpflanzen und den Wassertieren bei der Atmung, vor allem jedoch von den Bakterien bei der Zersetzung organischer Substanz wieder ver-

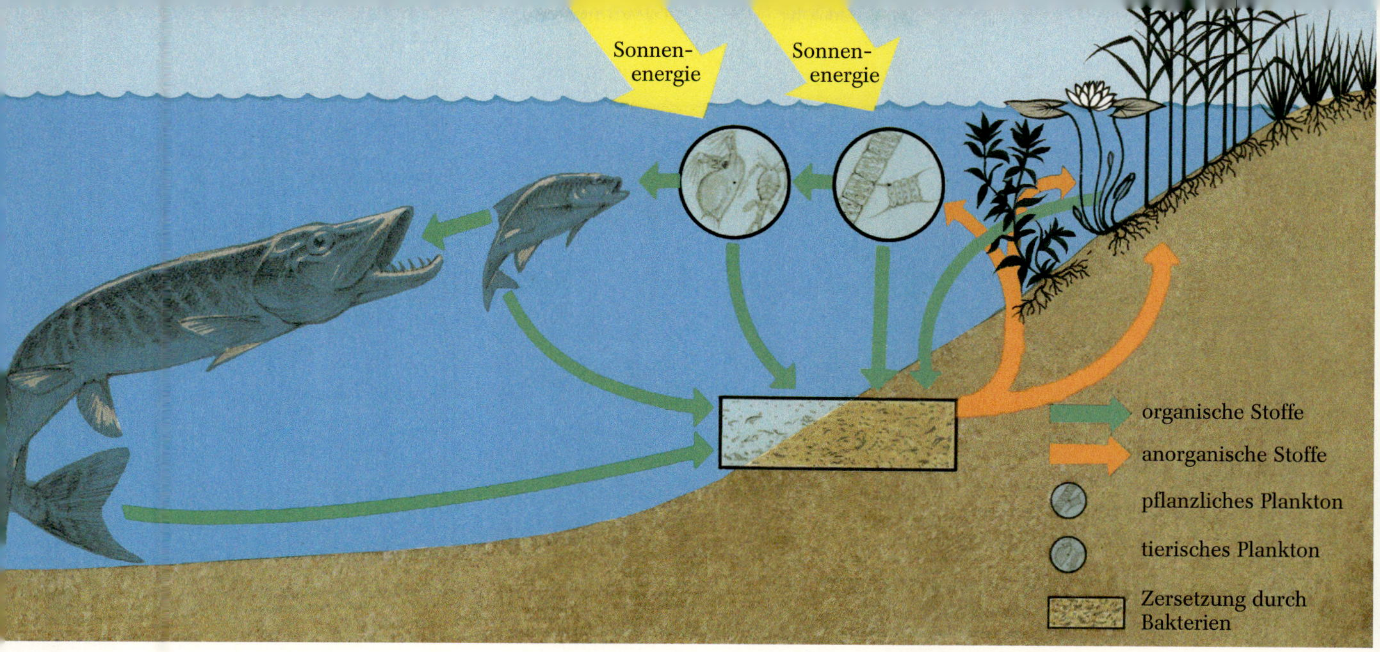

Abb. 1b Stoffkreislauf im See

braucht. Darum sind die unteren Wasserschichten und der Schlammboden eines Gewässers im Allgemeinen sauerstoffarm. Besonders im Sommer, wenn in einem See viel totes organisches Material anfällt, kann durch die Tätigkeit der Bakterien Sauerstoffmangel eintreten. Erst durch Herbst- und Frühjahrsstürme tritt über die Wasseroberfläche eine größere Menge Luftsauerstoff in das Wasser über. Dieser gelangt durch die Umwälzung des Seewassers in die sauerstoffärmere Tiefe.

Konsumenten

Das pflanzliche Plankton, das sich vor allem in den oberen, gut durchlichteten Wasserschichten aufhält, ist die Nahrungsgrundlage für das tierische Plankton (Wasserflöhe, Hüpferlinge und andere Kleintiere). Von den Planktontieren ernähren sich wiederum Jungfische und kleinere Insektenlarven, welche größeren Wasserinsekten und Raubfischen als Nahrung dienen. Schließlich ist auch der Mensch, der einen Hecht verzehrt, ein Konsument. Am Anfang solcher Nahrungsketten stehen jedoch immer pflanzliche Einzeller und Pflanzen.

Der Energiefluss

Der größte Teil der in den See eingestrahlten Sonnenenergie bewirkt seine Erwärmung. Nur ein geringer Anteil davon wird vom pflanzlichen Plankton für den Aufbau organischer Substanz verwertet. Diese energiereichen Stoffe verbraucht das Plankton größtenteils wieder selbst für seinen Stoffwechsel oder die Fortpflanzung. Nur etwa ein Zehntel wird für den Körperaufbau verwendet; hiervon ernährt sich dann das tierische Plankton. Die Planktontiere benötigen ebenfalls die Hauptmenge der mit ihrer Nahrung aufgenommenen Energie für ihren Stoffwechsel, ihre Eigenbewegung und die Fortpflanzung. Auch von ihnen wird nur etwa ein Zehntel der aufgenommenen Energie für den Körperaufbau verwendet. Auch der Plankton fressende Fisch bewegt sich, hat einen Stoffwechsel und pflanzt sich fort. Erneut wird nur etwa ein Zehntel der aufgenommenen Energie in Fischfleisch „angelegt". Ebenso verhält es sich beim Raubfisch Hecht und beim Menschen. So wird in einer Nahrungskette von Stufe zu Stufe nur jeweils etwa ein Zehntel der aufgenommenen Energie für die nächste Stufe „zur Verfügung gestellt".

Die **Nahrungspyramide** *(Abb. 2)* zeigt, welche Riesenmenge an pflanzlicher Planktonmasse nötig ist, damit der Mensch als Letzter in dieser Nahrungskette 100 g an Gewicht zunimmt.

Abb. 2 Nahrungspyramide

! Ein intaktes ökologisches Gleichgewicht bedeutet ein Gleichgewicht zwischen Produzenten, Konsumenten und Destruenten. In einer Nahrungskette wird der jeweils nächsten Stufe nur ein Zehntel der aufgenommenen Energie weitergegeben.

Abb. 1 Braunkohlentagebau – rekultiviertes Abbaugebiet

Abb. 2 Kiesgrube – ein „künstlicher Lebensraum“

A1 Falls deine Schule einen Teich hat, versuche, seine Kleinlebensräume aufzulisten.

A2 Welche Kleinlebensräume hast du bereits kennengelernt (z. B. in einem Wald, an einer Mauer)?

A3 Beschreibe, was sich in den Kleinlebensräumen eines Gewässers *(Abb. 3)* nach Eintrag von Dünger ändern könnte.

10.2 Kleingewässer – notwendige Lebensräume

Kleingewässer sorgen für Tier- und Pflanzenreichtum, denn sie sind in vielfältige Kleinlebensräume gegliedert *(Abb. 3)*. Aus Unkenntnis wird oft achtlos mit kleinen Tümpeln, Seen und Bächen umgegangen.

Bäche wurden und werden teilweise bis heute über weite Strecken verrohrt und begradigt; das Bachbett wird ausgepflastert. Die Gewässer werden damit praktisch aus dem Wasserhaushalt der Landschaft herausgenommen. Ihre Fließgeschwindigkeit nimmt zu, das Einsickern des Oberflächenwassers in das Grundwasser ist stark behindert bzw. gestoppt. In diesen ökologisch funktionstoten Gewässern gibt es kaum noch Pflanzenleben. Folglich ziehen sich auch die Tiere zurück oder sterben.
Ähnliches gilt für das Zuschütten der wenigen noch vorhandenen **Weiher**, Wald- und Wiesentümpel. Sie dienen vielfach als Müllkippen. Dadurch verlor und verliert man jedoch auch die Lebensräume und Laichplätze der heimischen Lurche.

Heute versucht man, **Feuchtgebiete** zu erhalten, oft in zähem Ringen mit den verständlichen Interessen der Landwirtschaft. Mit aufwendigen, ringartigen Wassergräben um Feuchtgebiete wird der mit Dünger belastete Wasserzufluss aus dem landwirtschaftlich genutzten Umland gestoppt, der sonst langfristig das Feuchtgebiet zerstört.
Eine Möglichkeit, die Zahl der Kleingewässer zu erhöhen, besteht darin, **Ersatzlebensräume** zu schaffen. Man hat z. B. die durch den Braunkohlentagebau entstandenen Gruben mancherorts nicht mehr verfüllt und aufgeforstet, sondern in eine Landschaft aus Seen und Mischwäldern verwandelt *(Abb. 1)*.

Straßen- und Städtebau brauchen Sand und Kies. Häuig werden **Kiesgruben** *(Abb. 2)* an Autobahnen oder **Sandkuhlen** nach ihrer Stilllegung gezielt umgestaltet. Man bepflanzt die Ufer mit standortgerechter Vegetation, lässt Pflanzen und Tiere ungestört den anfangs noch „toten“ Bodenaufschluss besiedeln und schafft so wertvolle Lebensräume „aus zweiter Hand“.

Info

Eutrophierung

Eutrophierung bedeutet, dass große Nährstoffmengen in ein Gewässer gelangen. In der Folge vermehren sich insbesondere die Algen, sodass grüne Algenwatten an der Oberfläche treiben. Einzellige blaugrüne Bakterien können derart rasch zunehmen, dass das gesamte Wasser blaugrün schimmert.
Woher stammen diese Nährstoffe? Auf Äcker ausgebrachte Gülle oder Mineraldünger können ausgeschwemmt werden und statt der Nutzpflanzen die Algen düngen. Die daraus folgende übergroße Algenproduktion führt zu einem vermehrten Absinken von Algenzellen. Gleichzeitig vermehrt sich aufgrund des großen Nahrungsangebotes das tierische Plankton. Auch hierdurch wird letztlich der Seegrund mit organischem Material angereichert.
Die Zersetzung dieses Materials verbraucht Sauerstoff, was zu erheblichem Sauerstoffmangel in den tieferen Wasserschichten führt. Dadurch sterben mehr Kleintiere ab, was ein weiteres Mal das Absinken von totem organischem Material verstärkt.
Das Gleichgewicht von Produzenten, Konsumenten und Destruenten ist nun empfindlich gestört. Im Extremfall findet eine unvollständige Zersetzung ohne Sauerstoff statt und es kommt zur Bildung von Faulschlamm: Der See ist umgekippt.

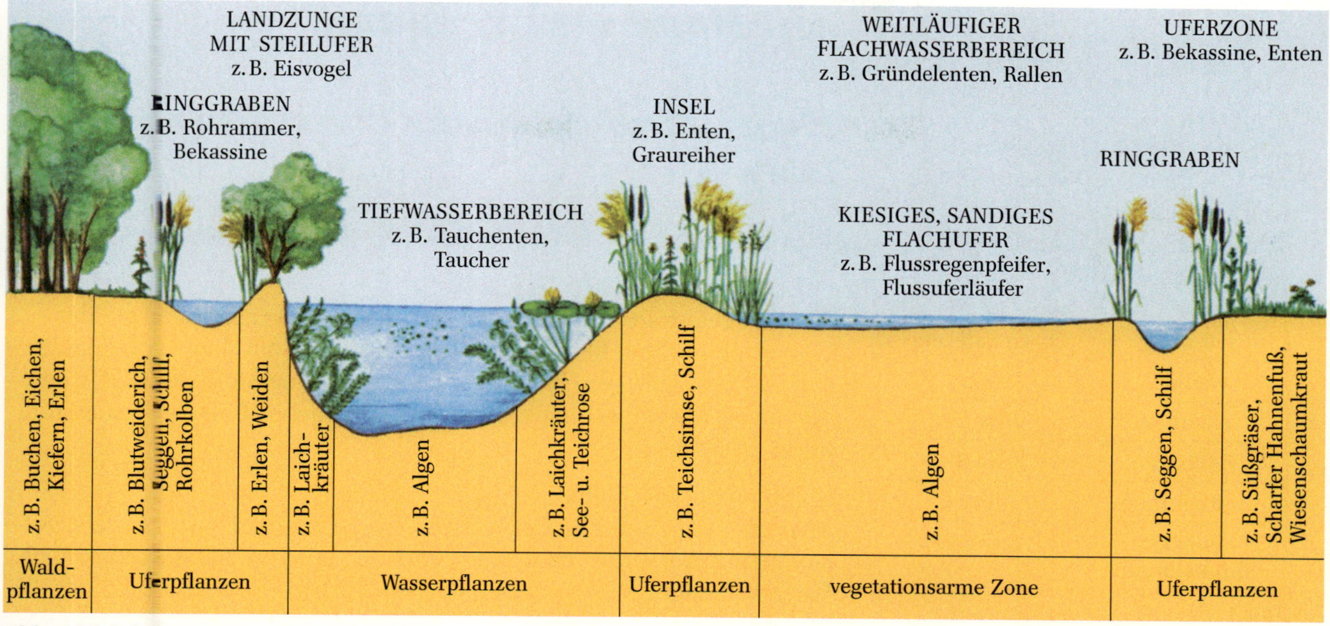

Abb. 3 Kleinlebensräume eines Gewässers

Zu den **Pionieren** der Besiedelung gehören Gräser, Erlen und Weidengebüsch sowie Insekten, besonders Libellen, und Frösche, Eidechsen und Schlangen.

An besonders attraktiven Baggerseen wird der **Interessenkonflikt** zwischen menschlicher Freizeitgestaltung und Natur deutlich. Vor allem im Sommer werden die Seen überbeansprucht. Der Baggersee kann aber nicht beide Aufgaben erfüllen – nämlich wertvoller Lebensraum und Freizeitraum zugleich zu sein. Als Lösung bietet sich an, benachbarte künstliche Seen unterschiedlich zu nutzen, entweder nur als Naturraum oder nur als Freizeitsee.

Größere Baggerseen werden geteilt. Einen Teil stellt man unter Schutz, den anderen Teil gestaltet man zu einem Naherholungsgebiet um. Der Publikumsverkehr ist erwünscht und wird hier konzentriert. Es gibt ausgewiesene Badeplätze, Bootsstege, kleine Restaurationsbetriebe; Wassersport ist möglich.

! Eutrophierung bedeutet Anreicherung mit organischem Material und dadurch Störung des Gleichgewichtes von Produzenten, Konsumenten und Destruenten. Biotopschutz bedeutet Artenschutz.

Info

Naturschutz – ein Gebot unserer Zeit

Der Mensch macht sich die Erde untertan und wird so zum Konkurrenten aller anderen Lebewesen. Bisher hat er sich nicht darin beirren lassen, seine Umwelt so zu gestalten, wie es ihm am günstigsten erschien. Er verbraucht Natur und zerstört Lebensraum. Dies hat immer auch das Verschwinden von Tieren und Pflanzen zur Folge, die an diesen Lebensraum angepasst sind.
Anders ausgedrückt: **Biotopschutz bedeutet Artenschutz.**
Wachstum der Bevölkerung, Ausweitung der Industrie, zunehmender Verkehr und Sicherstellung der Ernährung üben seit dem 19. Jahrhundert in Europa einen immer stärkeren Druck auf die Naturlandschaften aus.
Es gibt heute in Deutschland keine Naturlandschaften mehr, die nicht durch den Menschen umgestaltet oder zumindest beeinflusst worden sind. Die wenigen naturnahen Landschaftsschutzgebiete liegen inselartig in der Kulturlandschaft. Diese Gebiete zu erhalten, zu pflegen und auszuweiten ist eine Hauptaufgabe des Naturschutzes. Eine weitere Aufgabe besteht in der Schaffung neuer naturnaher Räume. Hierfür werden unter oft hohem Kostenaufwand erhaltenswerte Landflächen angekauft oder Lebensräume aus zweiter Hand geschaffen.

Mit Hand und Verstand

Material:
handelsübliches Testkit (bzw. Winklerflaschen, Manganchlorid und Natronlauge); (Minimum-/ Maximum-) Thermometer am Faden; **Schutzbrille**

Färbung	O_2-Gehalt (mg/l)
weißlich	etwa 1
elfenbein	etwa 2 – 3
hellbraun	etwa 3 – 5
mittelbraun	über 5
intensiv dunkelbraun	etwa 10

Tab. 1 Zusammenhang Färbung – Sauerstoffgehalt

Gesamthärte °dH	Beurteilung
0 – 3	sehr weich
3,1 – 7	weich
7,1 – 14	mittelhart
14,1 – 21	hart
mehr als 21	sehr hart

Tab. 2 Einteilung nach Härtegraden

Material:
handelsübliches Testkit für Gesamthärte, Bechergläser

Abb. 1

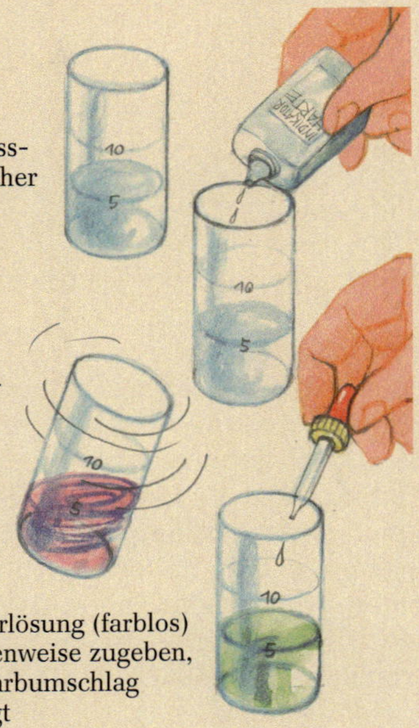

Physikalisch-chemische Untersuchung eines Teiches

Wie hoch ist der Sauerstoffgehalt des Teichwassers?

Sauerstoffsättigung
Die Menge des in Wasser lösbaren Sauerstoffs ist abhängig von der Wassertemperatur. Bei höheren Temperaturen löst sich weniger Sauerstoff als bei niedrigen. Ein Gewässer ist mit Sauerstoff gesättigt, wenn die für die jeweilige Temperatur höchstmögliche Menge an Sauerstoff darin gelöst ist.

So gehst du vor (Teil 1):
Miss die Temperatur an der Probestelle. Fülle eine Winklerflasche vorsichtig mit Wasser bis zum Überlaufen. Die Chemikalien werden nach Vorschrift zugegeben; verschließe die Flasche mit dem Stopfen luftblasenfrei (evtl. Klemme); gut umschütteln.

Temperatur in °C	Sauerstoffsättigung in mg/l
0	14,6
5	12,7
10	11,3
15	10,1
20	9,1
25	8,3
30	7,6

1. Beurteile den entstandenen Niederschlag mithilfe von Tabelle 1.
2. Vergleiche den ermittelten O_2-Gehalt mit Tabelle 3.
3. Wiederhole die Messung mit Wasser verschiedener Probestellen bzw. Wassertiefen.

Tab. 3 Temperaturabhängige Fähigkeit von Wasser zur Sauerstoffaufnahme

So gehst du vor (Teil 2):
Durch Zugabe weiterer Chemikalien wird der Niederschlag gelöst; mit einem Indikator tritt Blaufärbung ein. Nun kann der Sauerstoffgehalt genauer bestimmt werden, indem bis zur Farblosigkeit titriert wird.

Wie hart ist das Wasser?

So gehst du vor:
Spüle das Messgerät mehrmals mit dem zu prüfenden Wasser und fülle es bis zur 5-ml-Markierung. Gib 3 Tropfen Indikator dazu und schwenke vorsichtig um. Die Probe färbt sich rot.
Gib tropfenweise Titrierlösung hinzu und zähle die Tropfen; schwenke das Messgerät nach jedem Tropfen um. Wenn der Farbumschlag (nach grün) erfolgt *(Abb. 1)*, entspricht die Anzahl der verbrauchten Tropfen der Wasserhärte in °d (deutscher Härtegrad). Seit April 2007 gibt es in Deutschland ein neues, europäischen Richtlinien angepasstes Wasch- und Reinigungsmittelgesetz, das nur noch 3 Härtegrade kennt.

1. Vergleiche den Messwert mit Tabelle 2.
2. Vergleiche den Messwert mit den Dosierangaben auf Waschmittelbehältern.

Untersuchung zum Jahresgang der Temperatur eines Sees

Wir benutzen ein Aquarium als Modell eines Sees!

Wie erwärmt sich der See im Sommer?

So gehst du vor:

1. Das Aquarienwasser sollte völlig ruhig stehen, weshalb man es am besten schon am Vortag einfüllt und mit Methylenblau einfärbt.
2. Beleuchte die Wasseroberfläche mindestens 30 min lang von oben; Lampenabstand ca. 20 cm; Schutzscheibe als Abdeckplatte verwenden.
3. Miss die Temperatur in verschiedenen Tiefen. Erläutere die Messwerte und übertrage deine Deutung auf einen See mit größerer Tiefe.
4. Vergleiche deine Überlegungen mit Spalte 1 und 2 der Tabelle 1.

Material:
Aquarium (mindestens 40 cm hoch), 3 Thermometer am Stativ in verschiedenen Tiefen, von außen ablesbar; oder elektronisches Messgerät; 3 Lampen (ca. 60 W), Methylenblau, Schutzscheibe

Vermischen sich in einem See im Laufe der Zeit wärmeres und kälteres Wasser?

So gehst du vor:

1. Erhitze 200 ml Wasser auf etwa 70 °C.
2. Färbe 200 ml kaltes Leitungswassser an und fülle es bei geschlossenen Schlauchklemmen in ein Glasrohr bis knapp über die obere Verbindung ein *(Abb. 1)*. Die Verbindungsrohre müssen ebenfalls (blasenfrei) gefüllt sein. Gieße das heiße Wasser in gleicher Weise in das zweite Rohr und öffne die Schraubklemmen.
3. Beobachte die beiden Wassersäulen: Vermischen sie sich oder nicht? Versuche die Temperaturmesswerte in Tabelle 1 zu erklären.

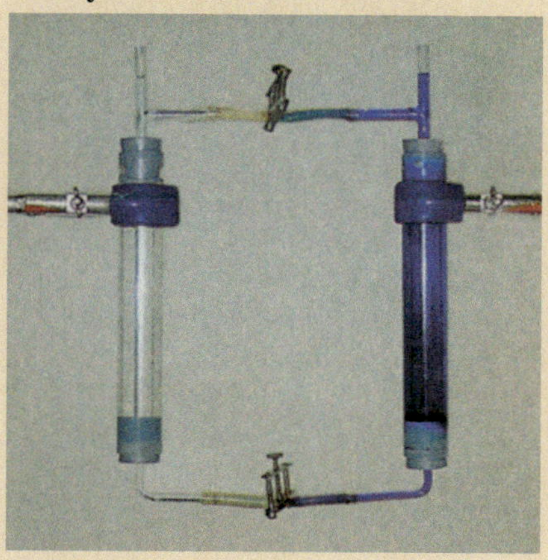

Abb. 1

Material:
Methylenblau, Kochplatte; 2 Glasrohre, Schlauchklemmen, verbunden wie in Abbildung 1

Was geschieht bei der herbstlichen Abkühlung der Wasseroberfläche in einem See, was im Winter?

So gehst du vor:

1. Lege die Eisstückchen auf die Wasseroberfläche; sie sollen die nächtliche Abkühlung der Oberfläche nachahmen *(Abb. 2)*.
2. Beobachte die Farbschlieren und erkläre die Vorgänge im See.

Die Wassertemperaturen eines Sees im Winter *(Tab. 2)* widersprechen den Aussagen aus diesem und dem letzten Versuch.

3. Versuche eine Erklärung für die Messdaten *(Tab. 2)* zu finden.
4. Denke dir eine Versuchsanordnung aus, um deinen Erklärungsversuch zu überprüfen.
5. Vergleiche die Daten aus Tabelle 2 mit den Messwerten in Tabelle 3.
6. Was bedeuten die in Tabelle 2 aufgezeigten Messwerte für die Lebewesen im See?

Material:
Aquarium; Eisstückchen (Wasser mit Fluorescein angefärbt)

Abb. 2

Tiefe / m	Temperatur / °C	Sauerstoff mg/l
0	18	9,3
5	17	8,8
10	16	8,5
20	6	0,6
30	5	0

Tab. 1 Wassertemperatur und Sauerstoffgehalt in einem See im Sommer

Tiefe / m	Temperatur / °C
0	0,5
1	1,0
2	2,1
3	2,6
4	3,2
5	3,6
6	3,8
7 (und mehr)	4,0

Tab. 2 Wassertemperaturen im Winter

Temperatur / °C	Masse von 1 l Wasser in g
0	999,87
4	1000,00
5	999,99
10	999,73
15	999,13
18	998,62
20	998,23
25	997,07

Tab. 3 Die Masse von 1 l Wasser in Abhängigkeit von der Temperatur

11 Abwasserreinigung und Gewässergüte

11.1 Abwasserreinigung

Die künstliche Abwasserreinigung

Über die Kanalisation werden die Abwässer aus Wohnhäusern und Betrieben zu einer zentralen Kläranlage geleitet.

Dort wird zunächst eine **mechanische Reinigungsstufe** durchlaufen: Der Grobmüll wird mit automatischen Rechen (2) entfernt. Dann fließt das Abwasser durch den Sandfang (3): Sand und größere Schwebeteilchen sinken in langen Betonrinnen zu Boden. Im Fettabscheider werden Benzin, Heizöl und fettartige Stoffe abgetrennt, die aufgrund ihrer geringen Dichte auf dem Wasser schwimmen. In den anschließenden Vorklärbecken (4) setzen sich die ungelösten feinsten Schwebstoffe ab; der Schlamm wird zu den Faultürmen (11) transportiert. Fast alle unlöslichen Stoffe sind nun abgeschieden.

Es folgt eine **biologische Reinigungsstufe** für die gelösten organischen Stoffe. Im Hochlastbecken (5) werden die für den Abbau erforderlichen Kleinstlebewesen (Mikroorganismen) zugegeben. In den anschließenden riesigen Belebtschlammbecken (9) wird Luft in das von Rotoren vorangetriebene Abwasser gedrückt. Die Kleinstlebewesen bauen die organischen Bestandteile unter Verbrauch von Sauerstoff ab.

Nach etwa 5 Stunden mit wechselnder Begasung hat das Abwasser mit Fußgängergeschwindigkeit eine fast 25 km lange Fließstrecke zurückgelegt. Es fließt in große runde Nachklärbecken (10), worin sich Belebtschlammflocken absetzen, die aus Bakterien und abgestorbenen Lebewesen bestehen. Außerdem werden hier Phosphate durch Zugabe von Eisensalzen chemisch gebunden und ausgefällt. Die Belebtschlammflocken können größtenteils neuen Abwässern eingeimpft werden; der Rest des Klärschlamms wandert in die Faultürme (11).

Das geklärte Abwasser fließt nach durchschnittlich 42 Stunden weiter in den Vorfluter. Die Abbauprodukte der organischen Stoffe sind nun größtenteils aus dem Abwasser entfernt.

Eine **chemische Reinigungsstufe** ist aufwendig. Seit jedoch hochgiftige Stoffe wie Arsen oder Cyanide bereits beim Verursacher in fabrikeigenen Kläranlagen entfernt werden müssen, muss sie in der Regel nicht mehr eingesetzt werden.

Im **Faulturm** zersetzen Methanbakterien innerhalb von ca. 2 Monaten den Faulschlamm unter Bildung von Methan und Wärme; das in Gasometern (12) gesammelte Methangas kann als Energiequelle genutzt werden.

Kleinkläranlagen für kleinere, zerstreut liegende Siedlungen oder Gehöfte, die nicht an Kläranlagen angeschlossen sind, können das dort entstehende Abwasser mechanisch und auch biologisch klären. Sie sind auf ein Wasseraufkommen von maximal 8 m^3/Tag ausgelegt.

Im Jahr 2004 wurden ca. 9,4 Mrd. m^3 Abwasser in öffentlichen Anlagen behandelt und anschließend in die Oberflächengewässer eingeleitet. Mehr als die Hälfte davon war Schmutzwasser, also durch den Gebrauch verändertes Wasser, der Rest vor allem Niederschlagswasser. Insgesamt ist in den letzten Jahren die Belastung der Oberflächengewässer deutlich zurückgegangen.

Info

Verunreinigungen von Wasser bestehen im Wesentlichen aus:
Schwebeteilchen, also in Wasser ungelöste Verschmutzungen unterschiedlicher Größe, von der Konservendose bis zum feinsten Staubkorn. Es bereitet wenig Schwierigkeiten, Schwebeteilchen zu entfernen;
organischen Verunreinigungen, die durch Mikroorganismen zum größten Teil wieder abgebaut werden. Abwässer mit organischen Verunreinigungen kommen aus Haushalten, Schulen, Krankenhäusern, aus Viehhaltungen und Schlachthöfen, Zucker- und Stärkefabriken, Molkereien, Brauereien oder der Papierherstellung. Zu den organischen Verunreinigungen zählen auch Teerverbindungen, Phenole aus Gaswerken und Raffinerien;
anorganischen Verunreinigungen, die z. B. aus der Industrie stammen. Darunter befinden sich Salze, beispielsweise aus Düngemittelfabriken oder Metall verarbeitenden Betrieben, sowie Metalle wie Kobalt, Kupfer, Nickel und Blei.

A1 Informiert euch über die nächstliegende Kläranlage; wann wurde sie gebaut, wann ggf. modernisiert, wie arbeitet sie? Könnt ihr evtl. einen Besuch dort vereinbaren?

A2 Wie viel Wasser verbraucht euer Haushalt im Jahr? Wie viel davon geht ins Abwasser und muss geklärt werden (Schätzung)? Was könntet ihr tun, um die Menge des Abwassers zu reduzieren, was, um seinen Schadstoffgehalt zu vermindern?

Abb. 1 Kläranlage einer größeren Stadt (Münster)

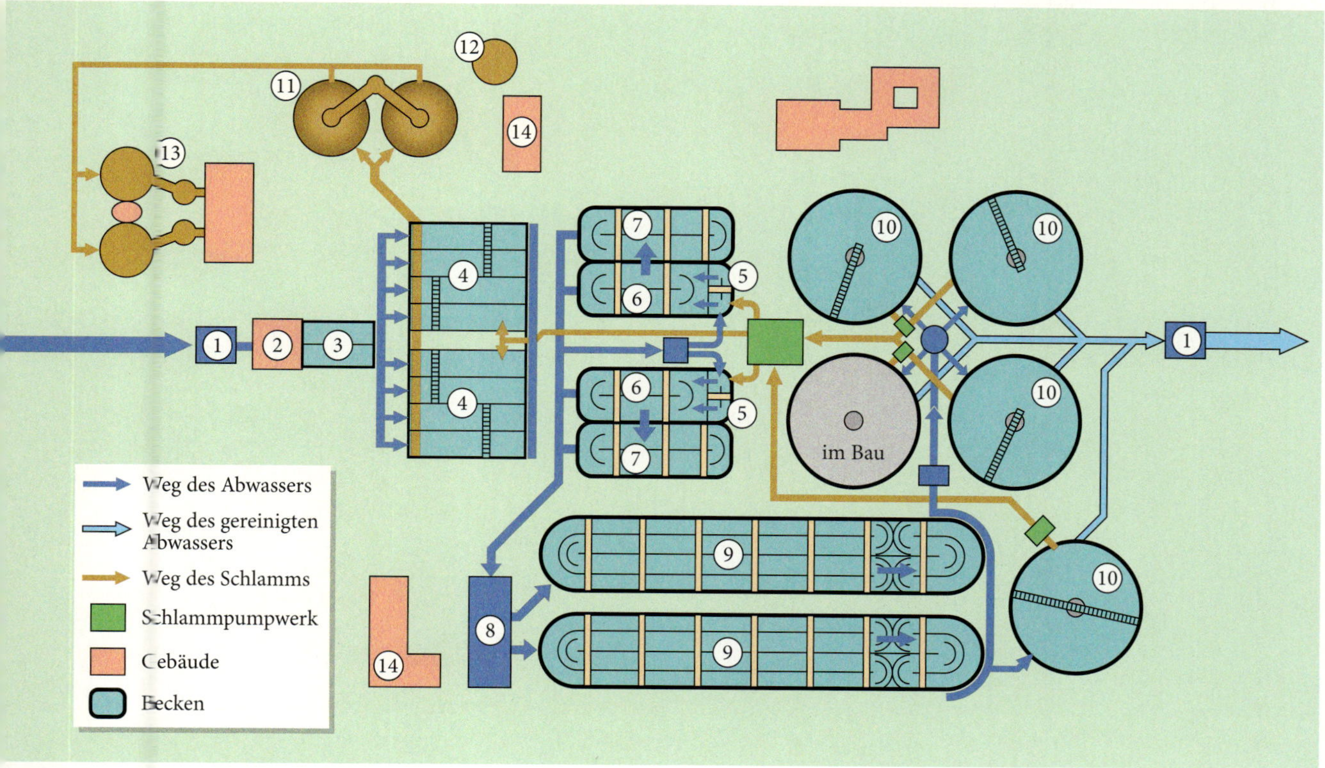

Abb. 2 Kläranlage (Schema zu Abb. 1)
1 Zu- bzw. Ablauf des Abwassers, 2 Rechenanlage, 3 Sandfang, 4 Vorklärbecken, 5 Hochlastbecken, 6–7 Phosphatentfernung, 8 Pumpwerke, 9 Belebtschlammbecken, 10 Nachklärbecken, 11 Faulturm, 12 Gasbehälter, 13 Schlammentwässerung, 14 Maschinenhäuser

11.2 Wassergüteklassen

Die Verschmutzung von Gewässern ist eine Störung des biologischen Gleichgewichts und eine große Gefahr für den Haushalt der Natur. Daher müssen die Gewässer ständig auf das Ausmaß ihrer Verschmutzung überprüft werden, um rechtzeitig Gegenmaßnahmen ergreifen zu können. Um den Verschmutzungsgrad zu bestimmen, bedient man sich sowohl physikalisch-chemischer als auch biologischer Messverfahren.

Abb. 1 Chemische Analysen und die vorkommenden Kleintiere zeigen den Verschmutzungsgrad eines Fließgewässers an.

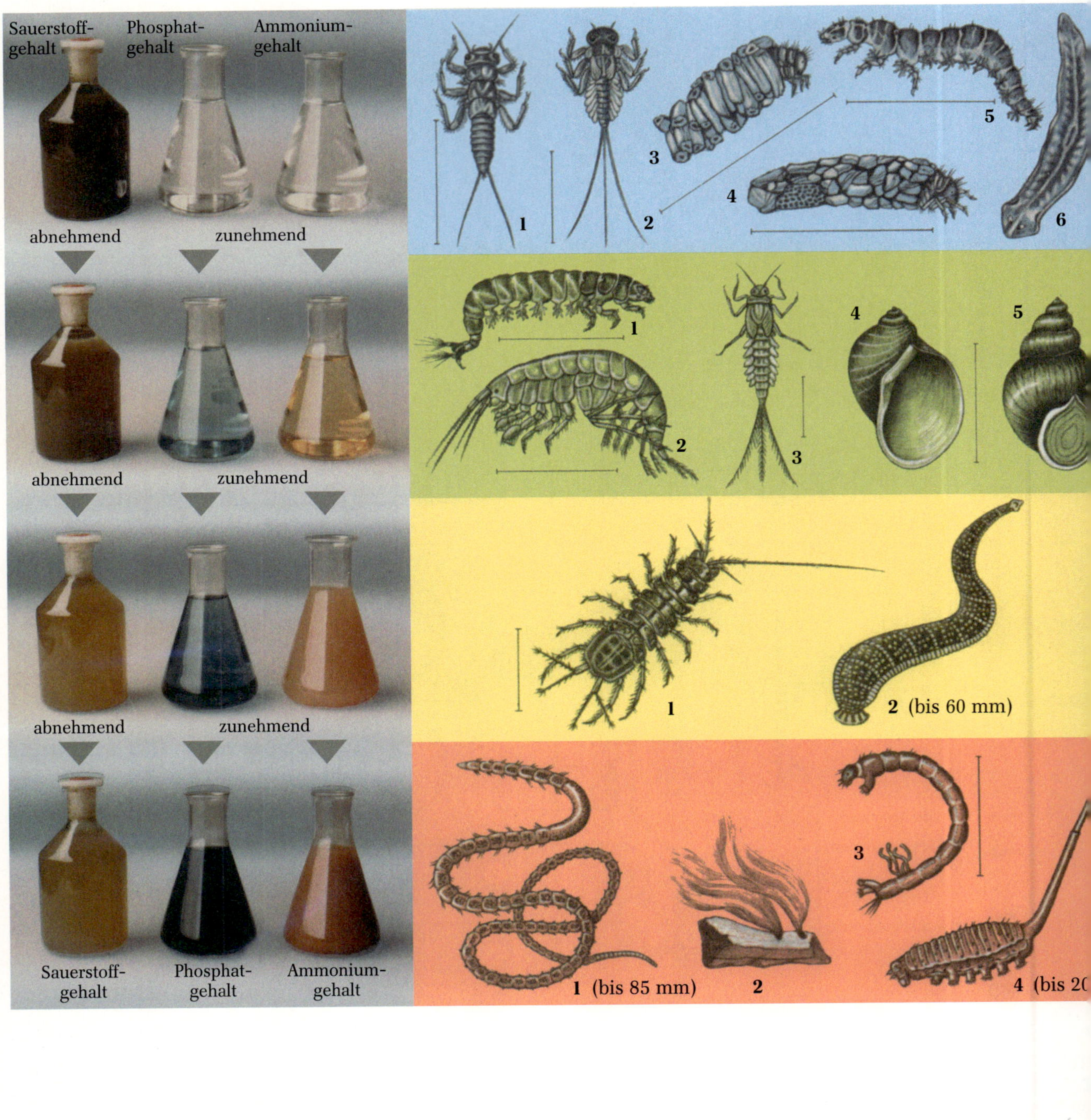

Info

Physikalisch-chemische Methoden

Der Sauerstoffgehalt des Wassers und die Menge an Phosphaten und Stickstoffsalzen (z. B. Ammoniumsalze) können mithilfe chemischer Methoden bestimmt werden.

Insbesondere auf den Sauerstoffgehalt kommt es an, denn nur bei ausreichender Versorgung mit Sauerstoff sind Mikroorganismen in der Lage, schwebende oder gelöste organische Stoffe vollständig abzubauen.

Biologische Methoden

Durch das Einleiten von Abwässern entstehen in einem Fließgewässer unterschiedliche Kleinlebensräume mit jeweils eigenen Lebensbedingungen. Sie unterscheiden sich z. B. im Gehalt an organischen Stoffen, Phosphorsalzen, Stickstoffsalzen oder Sauerstoff sowie in der Temperatur.
Da bestimmte Lebewesen bei manchen dieser Bedingungen besonders gut gedeihen, kann man aus ihrem gehäuften Vorkommen auf den Verschmutzungsgrad einer Gewässerstelle schließen. Solche Organismen heißen **Zeigerorganismen.** Je nach ihrem Vorhandensein kann man die Gewässer nach ihrer Reinheit in **Wassergüteklassen** einstufen.
Als Zeigerorganismen verwendet man oft wirbellose Kleintiere, weshalb die Untersuchung eines Fließgewässers zeitaufwendig ist und spezielle Geräte verlangt.
Tiere reagieren auf Wasserverschmutzungen empfindlicher und rascher als Pflanzen (als pflanzliche Zeigerorganismen verwendet man vor allem mikroskopisch kleine Algen).
Zur Kennzeichnung der Wassergüteklassen hat man sich international auf bestimmte Symbolfarben geeinigt.

Wassergüteklasse 1 (Symbolfarbe Blau)
gar nicht oder kaum verunreinigt; Wasser sauerstoffreich und nährstoffarm; Artenzahl groß, Individuenzahl gering;
Zeigerorganismen (Auswahl):
- Steinfliegenlarve (1), bis 21 mm; zwei Schwanzanhänge, Kiemenbüschel an der Brust zwischen den Beinen;
- Eintagsfliegenlarve (2), bis 15 mm; drei Schwanzanhänge, Körper abgeplattet;
- Köcherfliegenlarve mit Köcher aus Pflanzenmaterial (3), mit Steinköcher (4), köcherlose Art (5);
- Grauer Strudelwurm (6), bis 25 mm, Kopf dreieckig zugespitzt, seitliche bewegliche „Öhrchen", zwei Augen vor der breitesten Stelle des Kopfes, stark abgeplattet

Wassergüteklasse 2 (Symbolfarbe Grün)
mäßig verunreinigt; Sauerstoffgehalt über 70 % der Sauerstoffsättigung; sehr arten- und individuenreich; ertragreiche Fischgewässer;
Zeigerorganismen (Auswahl):
- Köcherfliegenlarve (1), bis 20 mm, köcherlose Art mit Fangnetz, Körper gelblich;
- Bachflohkrebs (2), 20 mm, weißlich-gelblicher Krebs in großen Ansammlungen, Körper seitlich zusammengedrückt;
- Eintagsfliegenlarve (3), bis 9 mm, drei Schwanzanhänge, Körper sehr schmal, 7 Paar vom Hinterleib abstehende rundliche Kiemenblättchen;
- Eiförmige Schlammschnecke (4), Gehäuse eiförmig, dünnwandig;
- Kleine Deckelschnecke (5), Gehäuse mit Deckel verschlossen

Wassergüteklasse 3 (Symbolfarbe Gelb)
stark verunreinigt; Sauerstoffgehalt mindestens 25 % der Sauerstoffsättigung; Massenentwicklung weniger, besonders widerstandsfähiger Arten; Verschlammung des Flussbettes mit periodischem Fischsterben ist zu rechnen;
Zeigerorganismen (Auswahl):
- Wasserassel (1), bis 12 mm, weißlich-schwarzbrauner Krebs, Körper abgeplattet;
- Rollegel (2), bis 60 mm, 8 Augen, je ein Saugnapf am Vorder- und Hinterende des Körpers, Körper braun mit helleren Flecken, rollt sich häufig zusammen

Wassergüteklasse 4 (Symbolfarbe Rot)
außerordentlich stark verunreinigt; Sauerstoffgehalt unter 25 % des Sättigungsgehaltes, zeitweise 0 %; starke Faulschlammbildung (Gestank); Fische fehlen;
Zeigerorganismen (Auswahl):
- Schlammröhrenwurm (1), bis 85 mm, wie ein dünner roter Regenwurm; Kopfende in einer Röhre im Schlamm, mit dem Hinterende schlängelnde Bewegungen;
- „Abwasserpilz" (2), lange watteartige Zotten von Bakterienkolonien;
- Zuckmückenlarve (3), bis 20 mm, weiße bis tiefrote Körperfarbe;
- Rattenschwanzlarve (4), ohne Schwanz bis 20 mm, weicher grauer Körper mit 7 Paar Scheinfüßchen und langer Atemröhre („ausgefahren" bis 100 mm)

Abb. 2 Steinfliege

12 Wälder und Wasser bilden eine Einheit

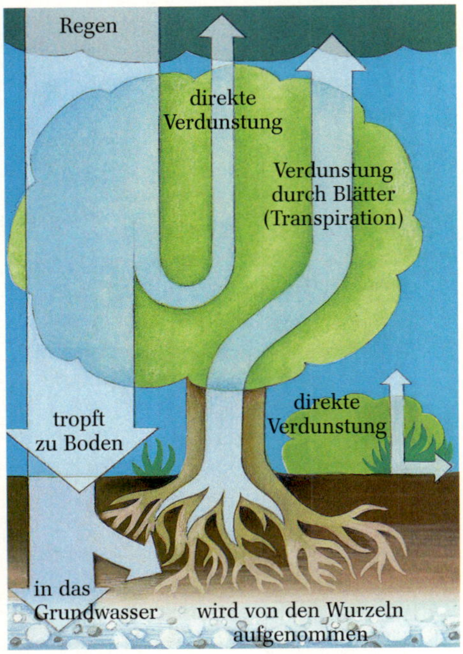

Abb. 1 Verteilung der Niederschläge im Wald

Der Wald ist unentbehrlich für zahlreiche Tiere und Pflanzen; er trägt dazu bei, dass auch unbewaldete Flächen für viele Arten bewohnbar bleiben. Er hat eine nicht zu unterschätzende Funktion für unsere Versorgung mit Wasser und nützt dem Menschen wirtschaftlich, er dient zum Schutz und zur Erholung.

Wasserschutz

Sauberes Grundwasser ist die Voraussetzung für unsere Trinkwasserversorgung. Waldböden liefern das sauberste Trinkwasser überhaupt, weshalb mehr als ein Fünftel unserer Gesamtwaldfläche heute Wasserschutzgebiet ist.

Das Niederschlagswasser, das auf Wald niedergeht, dringt zum Teil in das Grundwasser ein, zum Teil wird es im Kronenbereich verdunstet. 1 ha Buchenwald verdunstet bei trocken-heißem Wetter täglich ca. 40 000 l Wasser.

Der Waldboden ist ein bedeutender **Wasserspeicher**. Wegen seiner vielen großen Poren und der intensiven Durchwurzelung kann er Wasser wie ein Schwamm speichern. Es wird nur langsam wieder abgegeben, was Überschwemmungen verhindert, denn die das Wasser abführenden Bäche und Flüsse schwellen nicht so stark und nicht so rasch an. In reinen Waldgebieten fließen nur 10 – 20 % des Niederschlagswassers oberflächlich ab. Bäume und Boden wirken zudem wie Filter und reinigen das Wasser *(Abb. 1)*.

In Wasserschutzgebieten dürfen keine Düngemittel und Gifte eingesetzt werden, damit das Wasser frei von Schadstoffen bleibt.

Boden- und Lawinenschutz

Das Kronendach des Waldes bremst starken Regen und die Wurzeln der Bäume halten die Bodenkrume fest. Das Wurzelwerk einer 60-jährigen Buche kann eine Gesamtlänge von 20 km erreichen! Regen und Wind können die Erde im Wald nicht abtragen, sodass er einer Bodenerosion entgegenwirkt. Im Gebirge schützt der Wald vor Erdrutschen (Muren) und bannt die Gefahr von Steinschlag und Schneelawinen. In den deutschen Alpen sind 80 % des Waldes Schutzwald.

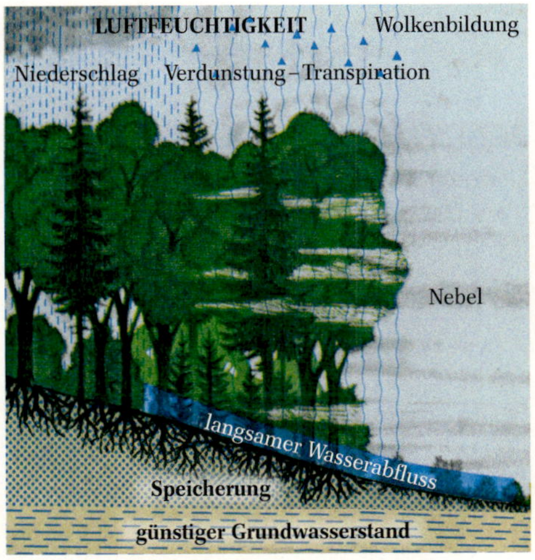

Abb. 2 Wirkungen des Waldes auf die Landschaft

Abb. 3 Waldbestandene Kulturlandschaft

Erst in jüngerer Zeit sind dort durch den immer stärker ansteigenden Ski- und Wandertourismus die Böden auf weite Strecken stark erodiert.

In ebenen und offenen Landschaften können schon schmale Landstreifen und Hecken die Gefahr der Erosion deutlich mindern. Windschutzstreifen sieht man z. B. im Rhonetal oder in manchen Gegenden Norddeutschlands in größerer Anzahl.

Lärmschutz

Lärm erzeugt Stress. Dabei leiden nicht nur die Ohren, sondern der ganze Organismus wird belastet. Wald ist ein natürlicher Schallschutzdämpfer, weshalb an Autobahnen oder an Start- und Landebahnen von Flughäfen Waldstreifen angelegt werden.

Verbesserung von Luft und Kleinklima

Wald wirkt wie ein Filter, wenn die Luft durch Staub und Schadstoffe belastet ist. Besonders auf der insgesamt riesigen Oberfläche der Blätter setzt sich ein großer Teil der Verunreinigungen ab. Wald filtert Luft 200-mal wirksamer als ein gleich großer Acker. An heißen Tagen ist es im Wald feuchter und bis zu 10 °C kühler als außerhalb. Nachts dagegen ist es im Innern des Waldes wärmer als draußen, da das Kronendach die Wärmeabstrahlung verhindert.

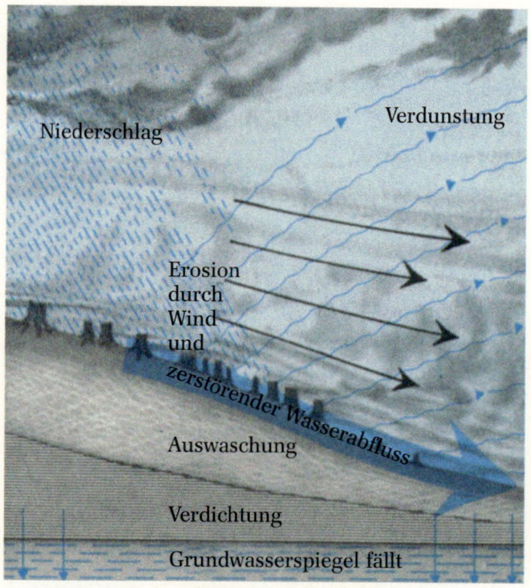

Abb. 4 Folgen der Abholzung

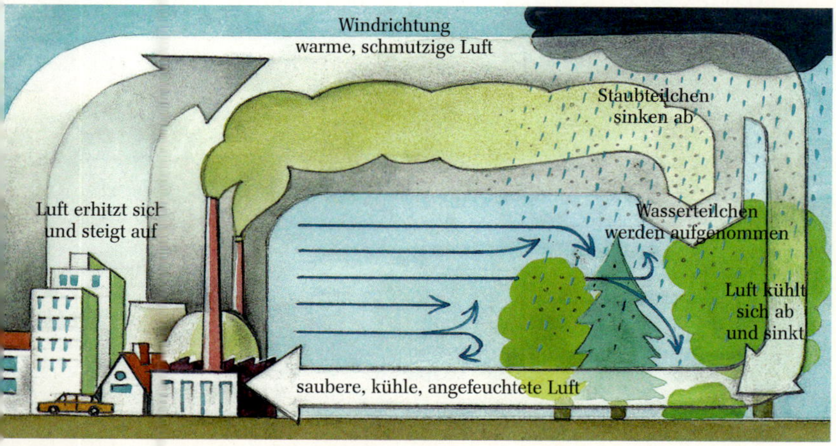

Abb. 5 Luftaustausch zwischen Wald und Stadt

A1 Fährst du Ski? Wo tust du das? Erkundige dich, wann die Liftanlagen gebaut wurden. Wird künstlich beschneit (Schneekanonen)?

A2 Treibst du Wassersport? Welchen? Wo tust du das und wie oft? Ist das Gewässer natürlich oder künstlich? Gibt es dort Ruhezonen für Wasservögel?
Wenn es ein natürliches Gewässer ist, wie wird die Wasserqualität kontrolliert? Kannst du herausfinden, wie sie sich in den letzten 20 Jahren entwickelt hat?

Erholungsraum

In der Stadt herrschen Enge und Reizüberflutung. Viele Städter suchen deshalb die Natur auf, und der Wald spielt dabei eine große Rolle. Dort ist es still, die Luft ist angenehm frisch und kühl, das Licht ist diffus und die Farben sind beruhigend.
Die seelische Gesundheit des Menschen in der Industriegesellschaft zu stärken ist eine unbezahlbare positive Wirkung nicht nur des großen, sondern bereits des kleinen, stadtnahen Waldes.

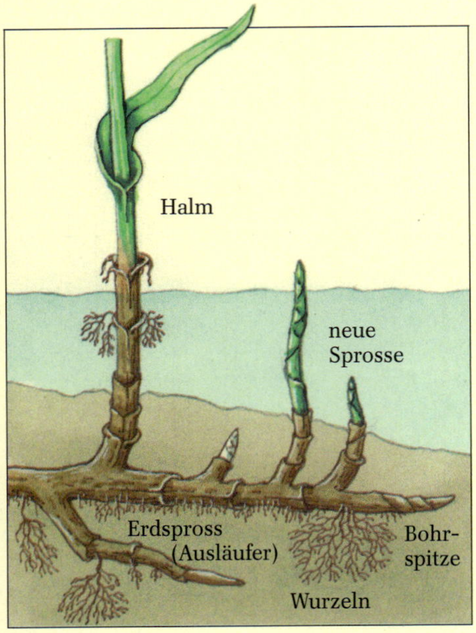

Abb. 1

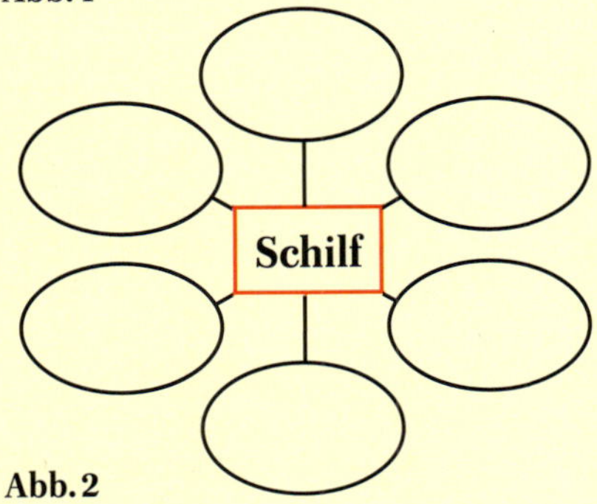

Abb. 2

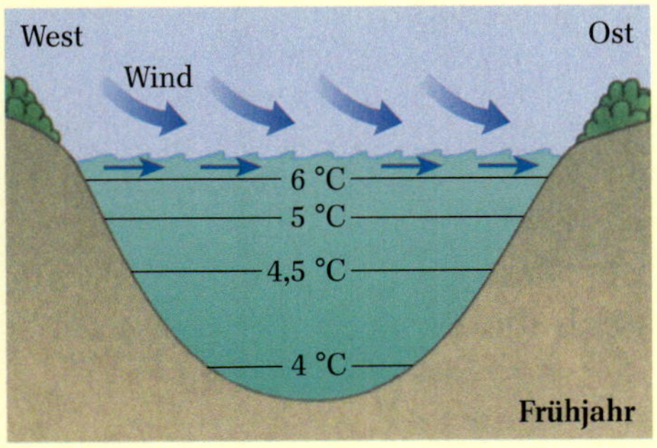

Abb. 3a

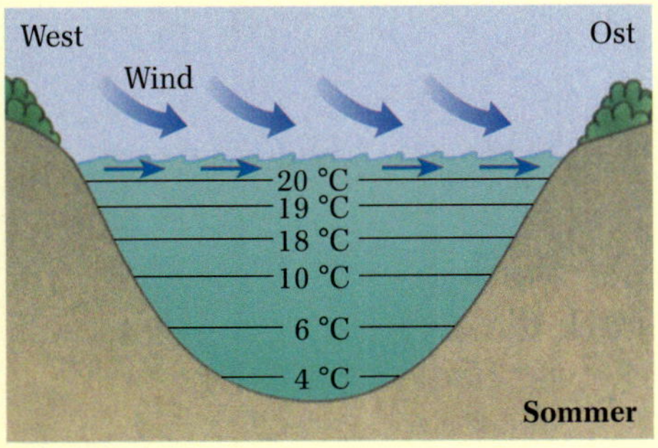

Abb. 3b

Wiederholen – Üben und Vertiefen

1. Ein Gewässerbiologe hat einmal gesagt: „Weiher sind Seen ohne Tiefe." Erläutere diese Aussage.

2. Schilf hat wie die Seerose und andere Sumpfpflanzen luftgefüllte Kanäle, welche die im Schlamm gelegenen Sprossteile und Wurzeln mit Sauerstoff versorgen. Was kann passieren, wenn die Pflanzen umgeknickt, flachgetreten oder ausgerissen werden?

3. Erläutere Abbildung 1, die eine Schilfpflanze zeigt. Was ist dargestellt?

4. Überlege dir, welchen Beeinträchtigungen Pflanzen am Ufer durch Wassersportler ausgesetzt sein können. Welche Schutzmaßnahmen schlägst du vor?

5. Nenne zwei bis drei typische Eigenschaften, die Algen, Seerosen bzw. das Hornblatt in Gewässern aufweisen.

6. Übertrage das Schema, das Abbildung 2 zeigt, vergrößert in dein Heft oder deine Biologiemappe. Trage die Umweltfaktoren in die Kreise ein, die auf eine Wasserpflanze (z. B. Seerosen oder Schilf) einwirken. Trage auch ein, welche Folgen diese Faktoren auf die Pflanze haben.

7. Nenne verschiedene Möglichkeiten für Wassertiere, Sauerstoff zu bekommen. Berücksichtige auch die unterschiedlichen Verhältnisse zwischen Sommer und Winter bzw. hohem und niedrigem Sauerstoffgehalt des Wassers.

8. Enthält warmes Wasser mehr oder weniger Sauerstoff als kälteres Wasser, jeweils bei Sauerstoffsättigung?

9. Zwei flache Uferteile eines Sees (etwa 2 m Wassertiefe) haben unterschiedlichen Untergrund: hellen Kies bzw. dunkles Gestein. Beschreibe, wie sich intensive Sonneneinstrahlung auf die beiden Flachwasser-Uferteile auswirkt.

10. In den Abbildungen 3a und b ist ein See schematisch im Frühjahr und im Sommer dargestellt. Was geschieht, wenn starker Wind das Wasser in Bewegung bringt?
    Tipp: Eine Tabelle auf S. 131 kann dir helfen.

11. Denk dir ein sinnvolles Diagramm für die Wassertemperatur eines 30 m tiefen Sees in den Monaten März und Juli aus; gehe von gemessenen Daten mit jeweils einem Meter Abstand aus. Erkläre deine Vorgehensweise.
    Tipp: Tabellen auf S. 131 können dir helfen.

12. Erläutere die Abbildungen 4a, b. Wieso bilden sich in einem See im Sommerhalbjahr diese Sauerstoffverhältnisse aus?

13. Viele Haushaltschemikalien (Putzmittel, Spülmittel, Waschmittel) sind mit dem Hinweis „biologisch abbaubar“ versehen. Was bedeutet das? Warum ist es sinnvoll, solche Reinigungsmittel bevorzugt zu verwenden?

14. Warum sind Rohölprodukte für das Grundwasser besonders gefährlich?

15. Welche Schadstoffe können im Abwasser von Haushalten enthalten sein? Nenne einige Beispiele. Was können wir dagegen tun, dass diese Schadstoffe in unser Abwasser gelangen?

16. Finde heraus, ob sich in der Nähe deines Wohnortes ein Wasserschutzgebiet befindet. Beim Wasserwirtschaftsamt gibt es Informationen dazu. Was bedeutet es, wenn ein Gebiet Wasserschutzgebiet ist? Welche besonderen Vorschriften gelten dort?

17. Stelle eine Tasse unter einen tropfenden Wasserhahn. Miss die Zeit, bis sie gefüllt ist, und bestimme die Menge an Wasser. Rechne den so gewonnenen Wert in Liter pro Stunde um und bestimme den täglichen sowie den jährlichen Wasserverlust.
Erkundige dich nun, wie teuer das Wasser an deinem Wohnort ist. Wie viel Geld kostet der tropfende Hahn pro Jahr?

18. Man sollte sich die Zähne mindestens zweimal am Tag drei Minuten lang putzen. Manche lassen das Wasser dabei laufen. Fange das Wasser auf, das in drei Minuten aus dem Hahn fließt, und bestimme die Menge. Wie viel Wasser läuft sinnlos in den Abfluss, wenn man sich zweimal pro Tag die Zähne putzt? Was kostet das? (Aufgabe 17)

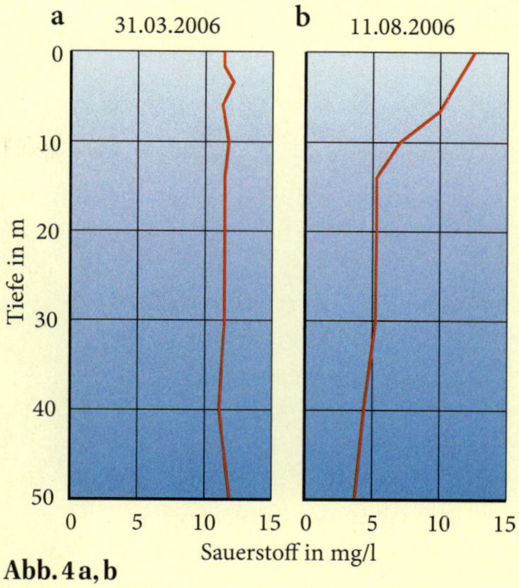

Abb. 4 a, b

Abb. 5 Wasserschutzgebiet

Grundwissen Ökosysteme

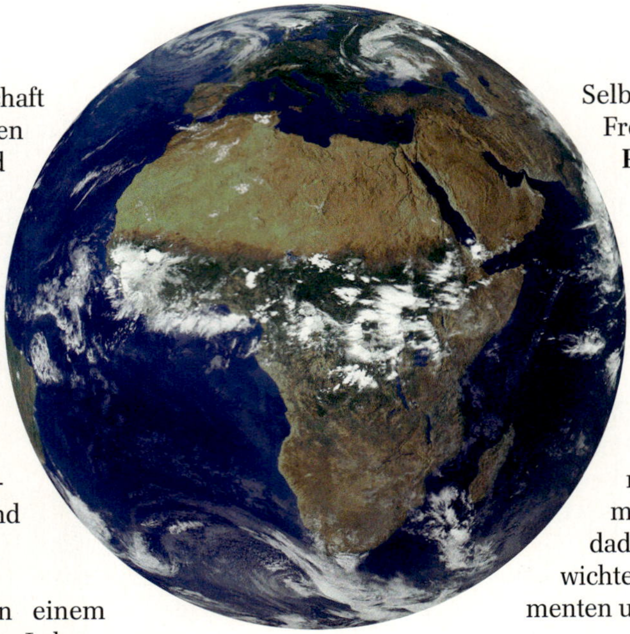

Ökologie ist die Wissenschaft von den Wechselbeziehungen zwischen Organismen und ihrer Umwelt. Ein **Ökosystem** ist charakterisiert durch die Gesamtheit aller in ihm wirkenden biotischen und abiotischen Faktoren.
Ein intaktes **ökologisches Gleichgewicht** bedeutet ein Gleichgewicht zwischen **Produzenten** (Pflanzen), **Konsumenten** (Tiere, Mensch) und **Destruenten** (v. a. Bakterien).

Selbsternährer sind **autotroph**, Fremdernährer **heterotroph**. **Parasiten** leben von ihren Wirten. Eine **Symbiose** ist ein enges, aufeinander abgestimmtes Zusammenleben unter gegenseitigem Nutzen. **Saprophyten** ernähren sich von abgestorbenen Tier- und Pflanzenresten.
Eutrophierung bedeutet Anreicherung von Gewässern mit organischem Material und dadurch Störung des Gleichgewichtes von Produzenten, Konsumenten und Destruenten.

Die Gemeinschaft aller in einem Ökosystem vorkommenden Lebewesen wird als **Biocönose** (Lebensgemeinschaft), die Gemeinschaft aller abiotischen Faktoren wird als **Biotop** (Lebensraum) bezeichnet. **Abiotische Faktoren** (Ökofaktoren) beschreiben die physikalisch-chemischen Umweltbedingungen. Unter den Minimumfaktoren, deren Fehlen sich nicht kompensieren lässt, finden sich das Licht und die Temperatur.
Umweltfaktoren wirken auf sehr komplexe Weise zusammen. Die für ein Lebewesen günstigsten Umweltbedingungen findet es in seinem **Optimalbereich**; weniger günstig, aber noch erträglich sind die **Toleranzbereiche.** Generalisten sind Arten mit einem breiten Toleranzbereich, Spezialisten Arten mit engem Toleranzbereich. Das Überleben an extremen Standorten hängt von der Fähigkeit zur **Anpassung** ab.
Bioindikatoren sind Pflanzen oder Tiere, die als lebende Messgeräte für Umweltbedingungen dienen können. Die Qualität der Luft kann mithilfe von Flechten, die des Wassers vor allem mithilfe von Kleinlebewesen bestimmt werden.

Nahrungsketten bestehen aus Produzenten einerseits und aus Primär-, Sekundär- und Tertiärkonsumenten andererseits. Diese vier auf der Art der Ernährung basierenden Stufen bezeichnet man auch als **Trophieebenen.** In einer Nahrungskette wird der jeweils nächsten Stufe nur ein Zehntel der aufgenommenen Energie weitergegeben; 90 % werden für den Stoffwechsel, die Fortpflanzung und die Fortbewegung verbraucht.

Wasser ist Voraussetzung für alles Leben auf der Erde. Wir nutzen **Grund-** und **Oberflächenwasser.** Wasser geht in einem ewigen Kreislauf zwar nicht verloren; es kann aber auch nicht vermehrt werden.
Stehende Gewässer werden je nach Größe und Tiefe in Seen, Weiher, Teiche und Tümpel geordnet. Am Ufer bis in das Gewässer hinein finden sich Tier- und Pflanzengruppen in verschiedenen Gürteln.
Verunreinigungen von Wasser bestehen aus Schwebeteilchen, organischen und anorganischen Stoffen. Die künstliche Abwasserreinigung erfolgt in Kläranlagen mit mechanischer und biologischer Reinigungsstufe.

Natur- und **Landschaftsschutzgebiete** dienen dem **Artenschutz. Monokulturen** sind Störungen des biologischen Gleichgewichts; sie fördern die Anfälligkeit der Kultur für Schädlinge. Diese können biologisch (Fressfeinde) oder chemisch bekämpft werden. Chemische Schädlingsbekämpfung kann zu **Resistenzen** führen. Die Gifte können in Nahrungsketten angereichert werden.
Schädlinge werden Insekten genannt, deren massenhafte Vermehrung insbesondere in Monokulturen zu Ernteschäden oder sogar -ausfällen führen kann. **Nützlinge** sind demgegenüber Fleisch fressende Insektenarten, die sich von Schädlingen ernähren.
Viele einheimische Insektenarten sind bereits ausgestorben oder stark gefährdet. **Intensive Landwirtschaft** mit Einsatz von Düngemitteln, Herbiziden und Insektiziden schadet auch Insekten.

Stichwortverzeichnis

A

B

C

D

E

F

G

H

I

K

L

M

N

O

P

Q

R

S